翻开此书，你会遇见

一个在绝境中呐喊的孤勇者

一个用文字改变时代的革新者

一个让欧阳修、苏轼景仰的宗师

一个有血有肉、会痛会哭的凡人

他的故事，关乎坚持

关乎热爱，更关乎如何在浊世中活成一道光

大唐孤勇者

谷曙光

著

韩愈传

北京联合出版公司
Beijing United Publishing Co.,Ltd.

图书在版编目（CIP）数据

大唐孤勇者：韩愈传 / 谷曙光著 . -- 北京：北京
联合出版公司 , 2025. 6. -- ISBN 978-7-5596-8412-7

Ⅰ . K825.6

中国国家版本馆 CIP 数据核字第 2025UH1408 号

大唐孤勇者：韩愈传

作　　者：谷曙光
出 品 人：赵红仕
责任编辑：周　杨
版式设计：豆安国
责任编审：赵　娜

北京联合出版公司出版
（北京市西城区德外大街 83 号楼 9 层 100088）
北京华景时代文化传媒有限公司发行
北京中科印刷有限公司印刷　　新华书店经销
字数 258 千字　　710 毫米 × 1000 毫米　　1/16　　21.5 印张
2025 年 6 月第 1 版　　2025 年 6 月第 1 次印刷
ISBN 978-7-5596-8412-7
定价：78.00 元

目 录

1

外篇　多面的韩愈和韩愈的周边

广东省潮州市韩江　视觉中国供图

序　章

我们今天为什么需要韩愈？

圣贤未远：韩愈就在我们身边

世人只知其桂冠耀眼、文章锦绣，几人解他心中喜乐、无奈与悲戚？本书将带您走进一位唐代大宗师的厚重丰满人生，结识一位发于穷困、一生孤勇、碧血丹心、披荆斩棘的朋友。他，就是文章巨公、百代文宗——韩愈。

这本书，将给大家讲讲大唐孤勇者韩愈的传奇故事。也许，这是一本不一样的韩愈传。

说起韩愈，大家并不陌生。他的标签，是唐代著名的文学家、思想家、政治家。这么说，还是距离普通老百姓太遥远了。其实韩愈依然活在我们的日常生活中。为什么这样说？大家去翻一翻《汉语成语词典》，就会发现里面有几十页的成语都是属于韩愈的。有人统计，韩愈一人就创造了三百多个成语，了不起啊！什么业精于勤、焚膏继晷、力挽狂澜、踔厉风发、地大物博、秀外慧中、浑然天成、轩然大波、痛定思痛、垂头丧气、形单影只、耳濡目染、坐井观天、落井下石、冥顽不灵、面目可憎、飞黄腾达、蝇营狗苟、摇尾乞怜、蚍蜉撼树……或激励人心，或形容精妙，或描摹工巧，或讽刺辛辣，或譬喻机睿，韩愈可以说是最擅长创造成语的古代文学家。我本想说一个词——"含英咀华"，却意外发现也是韩愈的创造！总之，我们日常生活中那些脱口而出的成语，很有可能就是出自韩愈的智慧，只不过大家不一定知道罢了。

今人喜旅游。您如果去河南的孟州、沁阳，广东的潮州、阳山，江西的宜春，河北的昌黎，陕西的华山，就会发现诸多跟韩愈有关的古迹、景点、公园。以潮州为例，甚至连山名、水名、路名、学校名，都有韩山、韩江、昌黎路、昌黎路小学，可谓"一片江山尽姓韩"。潮州在餐饮上还开发了"韩公宴"，有些与韩愈相关的景点，更成为"网红

潮州市韩江与广济桥　纪录片《千古风流人物》项目组供图

打卡地"。早在宋神宗元丰年间，就诏封韩愈为昌黎伯，从祀孔庙了。北京的孔庙和国子监里，都有韩文公的祠庙，这恐怕很多北京本地人都不知道。作为旅游资源的韩愈，在古代的大文豪中，也是名列前茅、佼佼不群的。

关于韩愈，还有一件有趣的事儿。钱锺书的父亲钱基博说："自明以来，北京吏部、翰林院、礼部、国子监土地神俱祀韩愈。"没想到吧，韩愈居然成了京城好几家衙门的土地老爷。清代文人赵翼曾作长歌解嘲，中有句云：

> 况公日星河岳气，立朝大节炳千古。
> 绝脉能开道学先，余事亦号文章祖。
> 抗疏几碎佛氏骨，从祀不惭宣圣庑。
> 岂宜罚作土地神，坐使淮阴哙等伍！

韩吏部、韩文公，那么大的功绩，让他做土地爷，难道是惩罚他吗？当然不是。韩愈做过吏部、国子监的官，去世后又被追赠礼部尚书，再加上他的道德文章为一世楷模，这几个衙门"选"他做土地爷，求其庇护，就显得顺理成章了，甚至感觉是不二人选。这恐怕是很多研究韩愈的人都未必知道的趣闻了。

为何有如此多的打上了韩愈标签的旅游景点、文化景观？就因为韩愈是个"超级IP"，其拼搏精神、诗文创新、教育贡献、儒学功绩、政治作为，以及唐宋八大家之首、百代文宗等荣耀桂冠，具有经久不衰的生命力和历史文化价值。韩愈对今天的我们，到底有什么借鉴和启示的价值意义？我认为最重要的，就是他愈挫愈勇、再接再厉的拼搏奋斗精神。韩愈"仰不愧天，俯不愧人，内不愧心"（《与孟尚书书》），他不只有超世之才、卓越之文，更永不言退、永不言败，经历几多坎坷、几多磨难，坚忍不拔，水到渠成，终于铸就了绝世的功绩。

我只给孔子做弟子

韩愈诗文中的警句、金句特别多，我想给读者介绍三句，也是极打动我的话。

第一句是："大贤事业异，远抱非俗观。报国心皎洁，念时涕汍澜。"（《龊龊》）韩愈操行坚正，赤心事上，忧国如家，永远对国家怀有一颗皎洁的报国之心，永远对人民的疾苦怀有怜悯之心。我想，这才是一个读书人该有的样子。

第二句是："君子居其位，则思死其官；未得位，则思修其辞以明其道。"这句话可以说是"穷则独善其身，达则兼善天下"的另一种说法了，但是更为壮烈，更显操守。韩愈从来就不是一个明哲保身的人，他常思奋不顾身，以救国家、人民的急难。

说君子的这句话，出自韩愈的文章《争臣论》，题目变换一下，就是"论争臣"，也就是论述何谓诤臣。此文很重要，韩愈作时才二十五岁，进士及第不久。文章针对的，是五十七岁的谏议大夫阳城。他是当时一位极有名望的人，大家都把他看作贤人。隐居的阳城被人推荐，出来做官。我们说，谏议大夫有"讽朝政之得失，谏皇帝之功过"的职责，但阳城在职位上待了五年，却未进一言。初出茅庐的韩愈看不下去了，于是作《争臣论》，有质问他的意思。阳城在其位，却不谋其政，岂不是尸位素餐？

从这篇文章，可以看出青年的韩愈就不迷信权威，敢于挑战权威。

即便是原本很尊敬的人，一旦经过观察，看出了他的问题、弊病，就改变观点，甚至进言劝诫。这是非常难得的品格。阳城后来在朝发议论、进讽谏，极有风骨，不能说跟青年韩愈的发难质问毫无关系。

第三句是："如仆者，自度若世无孔子，不当在弟子之列。"（《答吕蒥山人书》）这句话，从字面理解，就是我韩愈自忖，如果世上没有孔子的话，我不应该给谁当弟子。双重否定等于肯定，就是说，我只做孔子的弟子。孔子是何许人也？宋代大儒朱熹说："天不生仲尼，万古如长夜。"也可以说，孔子及其儒家学说，是数千年中华文化的核心，无孔子，中华文化也将失去最重要的砥柱。孔子与韩愈，相隔一千余年，而韩愈居然就要径直上接孔子，其下的儒家人物都不在他的眼里，

坐落在韩江东岸、韩山之上的韩文公祠　作者供图

其格局、气魄之大，堪称兀傲不羁、睥睨一世。难怪韩愈能提出儒学道统之说，以儒家正宗嫡传自居。韩愈给我们的启发是，欲成大器，没有崇高的理想、气吞湖海的魄力，是不行的。只给孔子做弟子，这话掷地有声！

狂与怼

韩愈的品格中，有一种难得的风骨，就是"怼"。他发言真率，无所畏避，怼天，怼地，怼同僚，怼上司，怼宰相，怼皇帝。需要说明的是，"怼"的本义，是怨恨，但是在近年的网络环境中，"怼"成为一个网络常用语，语义也发生了奇妙的变化。今人口头常说的"怼"，有不服、辩解、反驳、唱反调、顶撞、对着干等丰富的含义，具体如何理解，还要看应用的语境。本书中所用的"怼"，已经不是它的原意，而是采用了如今网络上常用的意思。

这样说来，韩愈岂不成了"杠精"？不是说韩愈有意跟人唱反调，喜欢跟人抬杠，不是的。他的内心有杆秤，"不平则鸣"，该说时一定说，绝不会吞吞吐吐，刻意隐藏自己的想法。韩愈仕途中的几次大危机，也是重大挫折，都缘于他的直言极谏。他明知谏诤的结果是被贬，但"不平则鸣"是他的本性，勇于任事是他的本色，他一定会去谏诤。而屡屡怼人的结果，就是韩愈被冠以"狂"名，知交柳宗元说他狂，宰相也说他狂，甚至连皇帝都说他狂！韩愈少年时就自称"楚狂小子韩退之"，后来更反复说自己"狂妄""狂直""戆狂"。所谓狂人狂言，狂，正是韩愈在时人眼中的真实印象和形象。狂与怼，在本书中时常出现，甚至可以作为本书的关键词，这也许与其他韩愈传不一样，缺少其他传记作者对韩愈的那种崇敬和膜拜，但或许如此写，恰恰进入了当时的历史语境，抉出了较为真实的韩愈形象。不平则鸣、勇于任事的韩愈，不可贵吗？不可爱吗？当然，狂与怼，成就了大唐孤勇者，亦成就了大唐的文化强人。

韩愈活着的时候就闻名遐迩了，身后更成为百代文宗，受人景仰。可我必须指出，韩文公祠庙当中的韩愈塑像，正襟危坐，一身正气，庄严肃穆，那不过是后人想象和美化了的韩愈，与真实可感、真情流露、真真切切的韩愈，还是相距有间的。我们想讲的，不是祠庙中"吃冷猪肉"的大儒韩愈，而是历史舞台上有声有色、有情有义、力挽狂澜的韩愈。

狂人韩愈给我们的一个重要人生启示就是：活着就要战斗！

朋友圈视角下的大唐孤勇者

本书的一个创意和特色，是历史语境下的"朋友圈"视角。我们当然主要叙述韩愈的人生和事功，但是，也顺道关注他的一些重要朋友，如柳宗元、孟郊、刘禹锡等人。特别是对柳宗元着墨较多，这不是偶然，因为韩、柳虽并称，却是不同的家世、性格、为人处世方式，仕途的起伏、文章的特色、人生的结局，更是大不相同。描柳，是为了衬托韩；摹柳，才能更好地观照韩。韩、柳不分家的处理，能带给读者沉甸甸的历史厚重感，令读者深切体会宗师们不一样的人生况味。

本书注意在同一时空下，彼时彼地，韩愈和他的朋友们的行止、踪迹、心路历程，如宪宗元和九年（814年），韩愈在干什么，柳宗元又在干什么……通过对历史语境的多线叙述、"朋友圈"关注，起到一种对比照应的作用，有利于大家认识中唐的诸多杰出人物，也更好地认知把握一个丰腴饱满的韩愈，同时对中唐的时代、社会有更多了解。这是以往的韩愈传所没有采取的新写法，希望能达到互文观照、立体丰满的效果。

后世评价韩愈的人太多了，但是谁也没有苏东坡讲得精辟、讲得言约义丰。苏轼评价韩愈的名句是："文起八代之衰，而道济天下之溺，忠犯人主之怒，而勇夺三军之帅。"（《潮州韩文公庙碑》）这四句，分别对应着韩愈的文章文学、儒学道统、侍君之道和典型事功。说韩愈"文起八代之衰"，实则他的文章集八代之成，也就是集大成，韩愈不愧为百代文宗。"道济天下之溺"，是说韩愈力振儒学，建立道统，扶树教道。"忠犯人主之怒"，可以用韩愈自己的诗来解释，就是"欲为圣明除弊事，肯将衰朽惜残年"！韩愈不惯着皇帝，该怼就怼，是敢于"批龙鳞"的！"勇夺三军之帅"，是形容韩愈知文亦知兵，智勇双全。但"勇夺三军之帅"也是特指韩愈一生当中的某个"高光时刻"。他为了国家，可以将生死置之度外。我们先卖个关子，等到后面的章节再详细讲。

在序章快结束时，谈一个有趣的话题。韩愈的长相是怎样的？想必这是很多人感兴趣的话题。我们看到的韩愈画像，多是小面而美髯，戴纱帽。但其实，这不是韩愈，而是另一位姓韩的名人——韩熙载。意想不到吧！据记载，真实的韩愈容貌，是"丰肥寡髯"，既胖，胡子又少。关于韩愈，还有"丰肥喜睡"的说法，可以相互印证。他的文章那么好，自然是久坐的。而坐太多，少运动，身体就肥胖，似亦正常。开个玩笑，唐代卢延让的诗说："吟安一个字，捻断数茎须。"（《苦吟》）作好诗要拔胡子，而作出好文章，恐怕也需要拔胡子吧。这难道是韩愈

韩文公祠侍郎阁韩愈石像　作者摄图

"寡髯"的原因吗？

总之，我给韩愈的特别标签，是"大唐孤勇者"。我们不采用那种平铺直叙的方式，什么早年、中年、晚年，科举考试、做官经历、政治作为、学术思想、文学成就、地位影响……我想讲得更真实、更有趣、更灵动些，既对韩愈的人生有鸟瞰式的概括分析，又挑选韩愈生平中的若干片段，有重点地描摹剖析，还对韩愈研究中的一些疑难问题提出新的见解，同时穿插着名篇佳作的赏析，进行微观、历史现场般的深描和分析。

希望这本传记生动、鲜活、立体、有趣，能让读者历韩愈之所历，感韩愈之所感，体会大宗师的坚韧与不屈，带领大家认识一个不一样的、别有风采的大唐孤勇者——韩愈。本书旁及韩愈同时代的文人和政治家、中唐政治风云与文学，期待对现代读者尤其是青少年具有启发和教育意义。

"自笑平生夸胆气，不离文字鬓毛新。"（《奉酬振武胡十二丈大夫》）纵有悲凉底色，笑对人生浮沉。韩愈弘奖仁义，操行坚正，文章精卓，是一位完美的"六边形战士"。

人生一趟，烟花一瞬，当务功业，名垂青史。愿您如韩愈，活得勇敢、坚毅而又热烈。

安徽省宣城市敬亭山　视觉中国供图

正篇

大时代、强人与百代文宗

宣城敬亭山昌黎别业　视觉中国供图

第一章

韩愈的身世和生母之谜

从来孤儿懂事早

韩愈降生的年代，安史之乱平定不久，但大唐内忧外患，危机重重。在文坛上，王维、李白等巨星先后去世，杜甫自夔州出峡，辗转多地，也进入了人生的暮年。"我劝天公重抖擞，不拘一格降人材"，中唐在呼唤着新的巨星。

韩愈的原籍，有昌黎、南阳、颍川徙陈留等多种说法。特别是韩愈屡屡自称"郡望昌黎"，流传更广。但恰恰是韩愈自己，让问题更具迷惑性了。我们不做烦琐考证，可哪个是准确的呢？其实，昌黎、南阳都类似郡望，因两地在唐代皆出过韩姓宰相，于是姓韩者多往这两地去"靠"。如此说来，似乎韩愈家亦有攀附之嫌。然而，唐代"正所谓门阀之见，贤哲不免"（岑仲勉语），当时人确是非常看重门第家世的，像韩愈家这样的情况并不在少数，如姓刘就言出彭越，姓李则悉出陇西，故又不足为怪。韩愈真正的籍贯，是河南河阳县，即今天河南省的孟州市。清代的林则徐有首诗就叫《孟县拜韩文公墓》，他专门去孟县拜谒韩愈的墓，诗里说："几缘唐史误乡贯，紫阳考异加推求（《新唐书》误公为邓州之南阳人）。公家河阳三城侧，祖茔迤逦孟津北。"勾勒地理位置精准，可谓确凿无疑。

韩愈的远祖及韩家世系，虽有记载，但也存在附会的问题，因与韩愈关系不大，似不必多谈。我们不妨从其祖父谈起。韩愈的祖父韩睿素，曾官朝散大夫、桂州都督府长史。父韩仲卿，官至秘书省秘书郎，又曾任武昌令、鄱阳令等，对百姓"惠如春风"，颇有政绩。今天看，仲卿最有荣耀之事，是得大诗人李白为其作《武昌宰韩君去思颂碑》，颂扬他在武昌的美政：

> 未下车，人惧之；既下车，人悦之。惠如春风，三月大化。奸吏束手，豪宗侧目。……官绝请托之求，吏无丝毫之犯。

做一任地方官，得如此美誉，足以自豪。想来也是让韩愈称心快意的。韩愈的几位叔父中，二叔云卿最有成就，官至礼部郎中。云卿与李白关系甚好，李白评价他"文章冠世，拜监察御史，朝廷呼为子房"，可见推崇。仲卿、云卿兄弟与"诗仙"李白皆有交往，这极难得。云卿对韩愈颇有影响，当时人如"欲铭述其先人功行，取信来世"，都会找云卿。这说明其碑志文远近闻名。韩愈后来的碑文墓志超群绝伦，令人叹为观止，恐怕与这位叔父大有关系。

简言之，韩家是官宦世家，只不过在祖、父两辈，仕途前程没有特别突出者。更重要的是，韩愈出身庶族，并非士族，其家族非世家大族。辨析这一点，很要紧，对于理解韩愈日后的个性品行、政治主张、交游作为等，都有特殊的意义。

大历三年（768年），韩愈出生在长安，排行十八（家族从兄弟排行）。如说亲兄弟，则是四人，韩愈居末。《新唐书·韩愈传》载："愈生三岁而孤，随伯兄会贬官岭表。会卒，嫂郑鞠之。愈自知读书，日

河南省孟州市韩园韩愈像　作者供图

记数千百言，比长，尽能通六经、百家学。"伯兄就是长兄。韩愈的大哥韩会，曾官起居舍人，"以道德文学伏一世"，很有名望。二哥名韩介，曾官率府参军。

所谓韩愈三岁成为孤儿，主要指他失去了父亲。此后，他就靠长兄韩会抚养。韩愈在读书上，很有天赋，也知上进。韩会以王佐之才自许，好言经济大略，后与宰相元载关系密切，得其拔擢。韩愈七岁随韩会至长安，也算是"早充观国宾"（很早就见过世面）了。

七岁那年是韩愈记忆深刻的一个年份。他后来的文章中屡屡提到，如"生七岁而读书""读书著文，自七岁至今"，皇甫湜也说"先生七岁好学，言出成文"。七岁的韩愈，已是出口成章。

长兄如父。韩会宦游各地，都带着韩愈，对这个弟弟管教照拂，用韩愈的话说，就是"念寒而衣，念饥而飧。疾疹水火，无灾及身"，尽到了抚育的责任。宰相元载虽有作为，但亦敛财骄纵，后被赐死，而韩会受元载案牵累被贬。大历十四年（779年），韩会再贬韶州刺史，过了一两年就因忧愤卒于岭南贬所。此时的韩愈还是个少年。

韩愈成长中"明面"和"暗面"上的两位贤德女性

在韩愈的成长过程中，有两个女人极为重要。

韩会去世后，韩家立即陷入了困顿。面临的首要难题是：扶护灵柩，归葬故里。他们不能再居住在"穷荒海隅"的韶州了，必须迁回中原家乡。可是故乡万里，家口甚重，孤儿寡母，又谈何容易呢！关键时刻，长嫂郑夫人担起了家庭的重任，韩愈甚至说"微嫂之力，化为夷蛮"!

　　长嫂郑夫人，是韩愈人生中"明面"上的第一位重要女性。在当时，一个大家庭，没有男性主人，仅靠女性支撑，艰难是不言而喻的。但郑夫人苦心孤诣地维系韩家，抚育孤儿。她出自荥阳郑氏，是有名的高门大姓，果然持家有方，可独当一面。当丈夫不幸去世时，她面临最严峻的人生考验，"万里故乡，幼孤在前。相顾不归，泣血号天"，真无比艰难。她先将丈夫的灵柩归葬河阳老家，但中原一带兵乱不断，家乡也难以维持。可能韩家在江南的宣城一带有祖产，她又带领韩家三十余口，扶老携幼，迁往宣城，就食江南。接下来，在宣

宣城敬亭山昌黎别业韩愈像　纪录片《千古风流人物》项目组供图

城的五年，是相对安定的，也是韩愈立志读书的真正起点。韩愈后来的《祭郑夫人文》中说："我生不辰，三岁而孤。蒙幼未知，鞠我者兄；在死而生，实维嫂恩。"兄长是抚育我韩愈的人，而郑夫人，是在我陷入绝境时，让我起死回生的人。没有郑夫人，我韩愈就不能长大成人！所以，他永远忆念长嫂的恩情。

在韩愈的"暗面"上，还有一位重要的女性，就是他的乳母。读者注意到一个问题没有？韩愈长兄韩会卒年四十二岁，那时韩愈才十三岁，两人竟相差近三十岁。以常理推测，韩会、韩愈当不是同一个母亲。

颇为怪异的是，在韩愈的现存诗文中，无一处提及其生母。这很不正常。为什么不提？难道是要刻意遮蔽什么？后来李翱的《韩公行状》，皇甫湜的《韩文公神道碑》《韩文公墓铭》，这几篇研究韩愈生平最重要的文献，无一例外，都不提韩愈之母。已有学者指出，韩愈是庶出，不免觉得矮人一等，故不愿谈及。这是讲得通的。著名历史学家陈寅恪说："唐世士大夫之不可一日无妾滕之侍，乃关于时代之习俗。"韩愈的父亲有妾，无疑是正常的。但我们还是不免好奇，韩愈的生母到底是谁？难道一点蛛丝马迹都没有吗？

值得注意的是，韩愈虽然不提其母，但他有一位李姓乳母，号正真。他后来专门为乳母作了一篇墓志铭，文章虽短，信息量却很大。宋代《五百家注昌黎文集》引韩醇之言："葬乳母，且为之铭，自公始。"既安葬乳母，还撰写墓志铭，确实不同寻常。其中难道有什么隐情吗？

《乳母墓铭》中一句关键的话，是"愈生未再周月，孤失怙恃，李怜不忍弃去，视保益谨，遂老韩氏"。怙恃一般指父与母，韩愈还没到三周岁，父母就都不在了。但请注意细节，这里的母，应是指韩愈的嫡母，而非生母。庶出之子对外称母亲，是要指嫡母的。我们看《红楼梦》里的贾探春，对嫡母王夫人和生母赵姨娘的区别，就可以了解了。韩愈的嫡母去世，这个李姓乳母，就可怜他，不忍弃去。但这哪像是对乳母的口吻？分明就是对生母的情感。

李姓乳母一直待在韩家，亲眼见证了韩愈"举进士第，历佐汴、徐军，入朝为御史、国子博士、尚书都官员外郎、河南令，娶妇，生二男五女"，十八郎仕途和婚娶生育的每一步，她都看在眼里，喜在心里。李氏在韩家前前后后住了四十余年，如同家人一般。更不同寻常的是，韩愈"时节庆贺，辄率妇孙列拜进寿"，明显是像对待生母一样地尊敬、孝敬她。古人认为，既安葬，又撰写墓志铭，已经非同寻常了。现在逢年过节，韩愈还率领妻子孩子恭恭敬敬地祝贺，行礼如仪，那就更不可理解了。李姓乳母"卒三日，葬河南县北十五里。愈率妇孙视窆封"。下葬时，韩愈又带着妻儿到墓地，操持丧事，亲眼看着墓室关闭，郑重其事。还有一个细节是，墓志铭两次用"妇孙"，这是媳妇、孙儿对待婆婆、祖母的口吻。这更令人疑窦丛生了。

总之，韩愈做的这些，客观讲，已经远远超出一般人对乳母的礼数，说是儿子对待生母的礼数，亦不为过。卞孝萱等人的《韩愈评传》已经推测，韩愈的乳母就是其生母，这在逻辑上是没问题的。韩母应该地位卑微，大约就是丫鬟之类的底层女子。韩父虽与其生下韩愈，但韩母未有任何名分。这里可能还有外人难知的内情。当韩愈的父亲去世后，其生母不好再待在韩家，但也未改嫁。出于对儿子的情感，如何实现继续在韩家抚养亲儿的愿望？思来想去，就以乳母的身份"潜伏"下来，对韩愈尽心尽力地抚育。韩愈长大后知悉个中实情，更不能张扬，只得讳莫如深。因此，韩愈的乳母即生母，是一种可能性很大的合理推测。乳母去世后葬于河南县，而非祖茔，原因也在于此。

墓志说，乳母"年六十四，元和六年三月十八日疾卒"。元和六年即811年，乳母虚岁六十四岁，当是748年出生，而韩愈是768年生人，这在时间上也是没问题的。

一篇短短的《乳母墓铭》，毕恭毕敬，但"机关"甚多，韩愈煞费苦心，既想隐瞒些事情，又想纪念亲生母亲。千载之谜，经抽丝剥茧的分析，或许已离真相不远。

庶出的孩子更懂得踔厉风发

中国古代的家族，宗法规矩严格，讲究长幼有序、嫡庶有别，亲疏远近，可谓等级森严。庶出之子在古代遭受歧视，乃常有之事。远的不说，《红楼梦》中的贾环，就不被姑娘们喜欢，甚至连丫鬟都"看人下菜"，贾环为之愤愤不平。

庶出的韩愈，颇为聪慧，很早就意识到自己的不利地位，故而极为勤奋上进，一心想着早日崭露头角，改换门庭。韩愈自己说："生七岁而读书，十三而能文。"这属正常，不算什么。韩愈的记忆力尤其惊人，可"日记数千百言"。他又说："仆少好学问，自五经之外，百氏之书，未有闻而不求、得而不观者。"这就更厉害了，意味着他博览群书，无所不读，亦即杜甫所说的"读书破万卷"。

光死读书不行，还得立大志。韩愈说："念昔始读书，志欲干霸王。屠龙破千金，为艺亦云亢。""干霸王"云云，胆量包天，极为雄健，"屠龙"则是指文章有屠龙之力。他还说："事业窥皋稷，文章蔑曹谢。"事功上，以上古的圣贤皋陶、后稷为榜样；文章上，要超过曹植、谢灵运。一个"蔑"字，真有一往无前的气概。老话讲"学成文武艺，货与帝王家"，韩愈就自负其艺，早有凌云之志。

唐德宗建中四年（783 年），韩愈十六岁，他的从父兄韩弇登进士第。这对韩愈而言，绝对是好榜样。到贞元元年（785 年），韩愈十八岁，正避乱江南，刻苦读书，暂时无人知晓；而中唐的另一位大家，与韩愈齐名的柳宗元时年十三，早慧，已略有文名了。这一年，宗元与弘农杨凭之女订婚。弘农杨氏自东汉起，就是显赫士族。至唐代，犹有"余威"。这门亲事，让少年的柳宗元扬眉吐气。

韩愈的家庭出身，决定了他没有门荫的特权，如果想头角峥嵘，只能靠个人奋斗，走科举之路。再加上宗族日渐没落，直系亲属中的男性——父亲、叔父、兄长，在其少年时渐次亡故，真所谓"天祸我家，降集百殃"，他的艰难窘迫，是不言而喻的。韩愈又是庶出，这就让他更敏感，自尊心更强。"少小尚奇伟，平生足悲吒"的他，身上有一种不出人头地绝不甘休的意气。他一度天真地认为"青紫其可拾"，对未来充满了希冀。

在韩愈孤勇闯天涯之际，等待这个少年的，究竟是什么？

西安大明宫国家遗址公园丹凤门　视觉中国供图

第二章

科举路上的孤勇：俯拾青紫之梦

"落榜生"韩愈的七次考试

大家可能不知道，唐宋八大家之一的韩愈是个"落榜生"，早年参加过七次考试，是个屡败屡战的典型。他自己说"四举于礼部乃一得，三选于吏部卒无成"，礼部的进士考试考了四次，终于进士及第；吏部的博学宏词科考了三次，仍没有成功。成语"再接再厉"就出自韩愈与孟郊的《斗鸡联句》，足见韩孟诗派中人皆倔强人也。下面就来详细谈谈韩愈坎坷的求仕之路。

一般来说，唐代文人入仕有四条途径。第一是科举。这是多数人的选择，分为常科、制举。常科是常设的考试，如礼部贡举。制举是特科，用于选拔非常之才，不定期举行，就不多谈了。韩愈要考的，自然是常科，且是其中最难、最吃香的进士科。第二是从军佐幕。大家还记得电影《长安三万里》吧，高适就是从军佐幕飞黄腾达的代表。这条路可养家糊口，但要出人头地亦不容易。第三是隐逸。如李白，以隐求仕，隐居是半真半假，求仕才是终极目标，所谓终南捷径。第四是献赋。这条路走的人更少了，杜甫就是靠献赋得官的。概言之，科举是最普遍的路，从军佐幕次之，靠隐逸和献赋头角崭然的，相对要少。韩愈出生在世代仕宦的家族，所以对他来说，参加科举中的常科，早日进入仕途，是顺理成章的。韩家十八郎的这条应举之路，走得怎么样呢？

"四举于礼部乃一得"

我们说：人人心中有长安。贞元二年，也就是公元786年，韩愈十九岁，携一束书，孤独地从宣城出发了。他渡江北上，经河中，赴京城长安，开始了漫长的求仕之路。他豪迈地表示："我年十八九，壮气起胸中。作书献云阙，辞家逐秋蓬。"这是一位意气风发、壮志凌云的少年郎！韩愈第一次独自出远门，当经过中条山时，作了一首短诗《条山苍》：

条山苍，河水黄。浪波沄沄去，松柏在高冈。

虽然只有十六个字，但很有气势，中条山苍苍，黄河水蜿蜒，还有高冈上的坚贞松柏，诗已见出气象不凡了。还有一种说法，认为这首诗是赞誉隐居的贤士阳城的。此人后文还会提到。

俗话讲，在家靠父母，出门靠亲友。韩愈一个苦孩子，到京城无依无靠，如何立足呢？韩愈可以想到的，应该也是预先计划好的，是去投靠担任殿中侍御史的从父兄韩弇，即叔父韩云卿之子。韩愈或许一开始得到了从兄的照顾。但遗憾的是，贞元三年（787年）闰五月，韩弇在执行与吐蕃议和缔盟任务时，不幸罹难，命丧平凉。此事的背景是，唐朝与吐蕃商议在平凉会盟，结果吐蕃反悔，伏兵劫盟，唐军措手不及，被杀者甚多。韩愈有一首诗《烽火》，可能就是为吐蕃入寇、韩弇殉国而作。韩弇曾任殿中侍御史、朔方节度掌书记，如果不是遭遇意外，仕途甚有希望。韩家痛失一千里驹也！之后，韩愈的生计渐渐困顿。

人在难中，会绞尽脑汁，思考并调动所有的关系。此时韩愈又想到，韩弇与北平王马燧是旧交，为了在长安生存，韩愈在长街拦住马燧的马，以"故人稚弟"的身份，求他援助。这实在是山穷水尽的时候才能做出来的事。杜甫困居长安时诗里写的"朝扣富儿门，暮随肥马尘。残杯与冷炙，到处潜悲辛"，真是光景艰难；而韩愈在长安"无僦屋赁仆之资，无缊袍粝食之给。驱马出门，不知所之"，也是穷得不能自存，租不起房子，吃不饱饭，走投无路，为了生存，只有豁出去了！

客观讲，北平王马燧对韩弇等人的死负有相当责任。马燧当日轻信吐蕃结盟的谎言，力主缔盟，结果导致唐军遭暗算，伤亡惨重，韩弇也蒙难。大约北平王恤念韩弇为国尽忠，死得惨烈，对韩愈生出恻隐之心，于是"问而怜之"，加以周济，"轸其寒饥，赐食与衣"。此后的八九年间，韩愈在京城的衣食，可能主要仰仗北平王。马燧的儿子待韩愈亦厚。详细情形，难以知悉，但韩愈长期处于寄人篱下的状态，是确定无疑的。他迫切需要崭露头角，证明自己。

韩愈到长安不久，就开始研究怎样应举、如何准备。唐代的科举考试属于礼部，分为明经、进士等多个科目。有句俗话叫"三十老明经，五十少进士"，是什么意思呢？明经以记诵为主，年纪轻轻考中不稀奇；但进士就难考多了，五十岁考上的都算年轻。时人更看重的，无疑是进士科。韩愈迎难而上，选择了进士科，所谓"人多贵之，仆诚乐之"。他还求得了礼部以前的诗赋策题目，也就是今天讲的"往年真题"。他看后非常自信，甚至觉得"可无学而能"，即不用准备，直接去考都行！请看，年少的韩愈多么自负！

接着，韩愈就"诣州县求举"，先在河阳县、河南府获得乡贡即进士考试的资格。再回长安，就摩拳擦掌，跃跃欲试了。贞元四年（788年），韩愈开始应进士试。但第一次赴考，韩愈落第了，这也无妨，他才二十一岁，来日方长。

贞元五年（789年），韩愈接着考，又一次失败了。接连的科场蹉跎，使韩愈想缓口气，调整一下，也可能是囊中羞涩，需要寻求衣食接济，于是他暂离长安，回江南省亲。贞元五年的柳宗元十七岁，也谋划着要应进士试了，先求乡里保荐，惜未成。韩、柳都在积极发力，不知道他们谁先成功呢？

唐代的科举考试，是不糊名的，还有所谓行卷、温卷的风气。宋代赵彦卫说："唐之举人，先藉当世显人以姓名达之主司。然后以所业投献，逾数日又投，谓之温卷。"（《云麓漫钞》）换句话说，举子是可以做一些"场外功夫"的。他们把自己的文章送给权贵，如能得到青眼，在外揄扬，甚至推荐给主考官，自然是最好不过的。投献文章后，过些日子，可以再次投献，让显人"温习温习"，乃"勿忘我"之意。那些有知名度，预先"挂了号"的，考中机会才大。韩愈何等聪明，自然也试着去干谒一些权贵。他的《上贾滑州书》，就是探亲途中，写给滑州刺史贾耽的，请看最后几句：

> 伏以小子之文，可见于十五章之内；小子之志，可见于此书。与之进，敢不勉？与之退，敢不从？进退之际，实惟阁下裁之。

韩愈把自己的文章恭恭敬敬地呈上，似乎很有信心，语气不卑不亢。最后两句，用现代汉语讲，就是"您要觉得我行，我一定尽力；您要觉得我不行，我也无怨言。帮与不帮，皆在于您"。但这文章恐怕没起什么作用，贾刺史不会理睬这个操着异乡口音的骄傲年轻人吧！

贞元七年（791年），韩愈第三次应试，还是铩羽而归！这一年的考题是《珠还合浦赋》《青云干吕诗》。韩愈是多么渴望青云有路、蟾宫折桂，但现实是残酷的，还是名落孙山！他自叹："长安百万家，出门无所之。岂敢尚幽独，与世实参差。"早先踌躇满志，到此时已有些灰心丧气了。他觉得偌大的长安，与他无关，想一个人幽独地待着。韩愈的朋友陈羽也应举不第，韩愈作《落叶一首送陈羽》，落第者就像一片落叶，又像断蓬无根，那么无助，诗的后四句感慨尤深："悄悄深夜语，悠悠寒月辉。谁云少年别，流泪各沾衣。"少年举子们深夜不寐，因落第而触动心事，抛洒热泪。

中年诗人孟郊这一年进京赶考了，与韩愈相识，他们虽然相差十七岁，但一见如故。这大约是让困窘中的韩愈高兴的一件事吧！有时候，朋友交往，是要看"眼缘"的。按史书的记载，孟郊"性介，少谐合，韩愈一见，为忘形交"。韩、孟二人就大有"眼缘"，所以孟郊后来的诗说"逢着韩退之，结交方殷勤"。

贞元八年（792年），二十五岁的韩愈第四次应试，终于进士及第！这一年是著名的陆贽主司，他是文章巨公，德宗时的名相，又喜奖掖后进。陆贽选拔人才的眼力是可以信赖的。辅助陆贽的副主考，是古文家梁肃、王础。需要说明的是，梁肃与韩会关系很好，这对韩愈无疑是个"利好"消息。考试的题目是《明水赋》和《御沟新柳诗》。待发榜时，录取进士二十三人，人才颇盛，除了韩愈，还有陈羽、李观、冯宿、王涯、李绛、崔群、欧阳詹等，"多天下孤隽伟杰之士"，故号称"龙虎榜"。这些人名，有的还会出现在韩愈今后的人生中。韩愈此时作《北极赠李观》，跟李观缔交，诗中有两句"风云一朝会，变化成一身"，显出鲲鹏展翅、潜龙飞天的远大志向。

韩愈连考四次进士，方才成功，这就是他说的"四举于礼部乃一得"。这一年，柳宗元得到了乡贡的资格，积极准备来年春应进士试。后与韩、柳二人关系密切的刘禹锡，年方二十一，"弱冠游咸京"，也是信心满满。还是本年，另一位与韩愈后来的人生休戚相关的名人裴度——大唐名相，登博学宏词科，早韩愈一步。人生有喜有悲，韩愈是登第了，孟郊却未第。孟郊深刻认识到了"失名谁肯访，得意争相亲"的世态炎凉，韩愈则作诗安慰了老大哥。

俗话讲，金榜题名，洞房花烛。韩愈可能正是在本年结的婚。夫人卢氏，乃卢贻之女，出范阳卢氏。这是著名的五姓名家女（指赵郡李氏、清河崔氏、范阳卢氏、荥阳郑氏、太原王氏），此门亲事当令韩愈面子十足。韩愈的岳父不但能文章，且刚直有德。遗憾的是，我们对韩愈的婚姻之事，所知甚少，但他们早年是贫贱夫妻，则毫无疑问。

韩愈从七岁读书，到十三岁能文，再到二十五岁进士登第，前后十八年的奋斗，迎来了阶段性的成功。虽然考了四次，但二十五岁登第，亦不算晚。比比四十六岁才登第的孟郊，就知道韩愈还是幸运的。情商颇高的韩愈后来认识到，考试之外的因素很多，甚至很关键，所谓"有司者好恶出于其心"，主考官的好恶实在重要，真是一言难尽！

总体而言，韩愈事业的开局还是不错的。

"三选于吏部卒无成"

在唐代，进士及第了，是不是就可以直接做官呢？非也。这只是得到了入仕的资格，接下去通常需要守选，等待三年方得机会授官。为何要守选？因为僧多粥少。如果不愿等，想提前入仕，则有两条途径，或考制举，或考吏部的科目选。制举是特科，由皇帝亲设，选拔非常之才，但不定期举行，得碰机会；而吏部的科目选是相对固定的，每年都考，一登第即授官，可谓仕途捷径。宋元之际的马端临说："唐士之及第者，未能便解褐入仕，尚有试吏部一关。"（《文献通考》）在吏部科目选中，一条最有前途的路，是去应博学宏词科。

就像游戏闯关，好不容易过了一关，又面临另一条满是艰险荆棘的路。打个比方，今天的大学生、研究生，毕业了，不能直接做公务员，还要参加公务员考试，考上了才能进入各级政府部门工作。这个博学宏词科考取了，就可以"释褐"做官了，而且是"美仕"。但其实是极难考的，录取人数极少（通常每年仅三人），可因为考上了就前程远大，考的人又极多，更被时人看重。韩愈后来作的一篇文章《蓝田县丞厅壁记》里说，一个叫崔斯立的朋友，"贞元初，挟其能，战艺于京师，再进，再屈千人"，此人贞元四年中进士，两年后又登博学宏词科，可谓太顺利了。考场犹如战场，从韩愈说的"屈千人"，足以看出博学宏词科真是千里挑一，太难考了！考上者既是精英中的精英，亦是幸运儿。

韩愈是胸有大志的，喜以王佐之才自居。他进士登第后，没有"躺平"，没有停止进取的脚步。当时的文士，多尚渊奥的古学，独

西安大雁塔，又名慈恩寺塔，唐玄奘主持修建　视觉中国供图

孤及、梁肃被认为是最渊博的学者，韩愈就"从其徒游，锐意钻仰，欲自振于一代"。实际上，韩愈这一批登第者，人才济济，他们踔厉风发，没过一两年，一些人就赫然有声了，这其中，当然包括韩家十八郎。

贞元九年（793年）正月，韩愈、孟郊、李翱、柳宗元等同登长安慈恩寺塔，各自题名。此处乃大唐士子的"打卡胜地"。这群文人，各怀心事。韩愈憧憬着博学宏词科，而孟郊、柳宗元则想着进士科。他们能否如愿呢？

有意思的是，韩愈为应博学宏词科，又求得"往年真题"，在一番研究后，仍觉得不在话下，又一次显示了胸有成竹。可后来的经历，足以让韩愈愤愤不平。

贞元九年，韩愈正式应博学宏词科，作《太清宫观紫极舞赋》《颜子不贰过论》，这一年只有两人登科。据说主司崔元翰赏识韩愈的文章，吏部已经准备录取韩愈了，但上报中书时，宰相把韩愈的名字划掉了。可是，不录取的理由何在？韩愈崇尚的，是古学古文；而宰相看重的，或许是华美的文章。一句轻飘飘的"实与华违，行与时乖"，就把韩愈刷掉了，退之退之，"果竟退之"，韩愈的命运实在多舛！但韩愈此时的心态，还是泰然自若的。他在《上考功崔虞部书》中说："夫古之人四十而仕，……愈今二十有六矣，距古人始仕之年尚十四年，岂为晚哉？行之以不息，要之以至死，不有得于今，必有得于古；不有得于身，必有得于后。"韩愈的态度是积极乐观的，自我安慰也言之成理。古人常四十岁出仕，我今年不过二十六岁，急什么呢？他准备重振旗鼓，并不言弃。

也是在贞元九年，刘禹锡、柳宗元都登进士第。刘禹锡甚至稍后又登博学宏词科，一年两捷！此时的刘、柳，春风得意，颇有后来居上之势。韩愈那四十三岁的老大哥孟郊又一次落第，"弃置复弃置，情如刀剑伤"，孟郊是内伤啊！这真是"刘柳欢笑韩孟愁"了。

成语"再接再厉"，是孟郊与韩愈炫奇争胜，大作《斗鸡联句》时的创造，用在这时的韩愈身上，再合适不过。不可气馁，砥砺再战吧！贞元十年（794年），韩愈继续应吏部试，仍然功亏一篑。这一年二月，韩愈的嫂嫂在宣城去世，老成护送灵柩归葬。叔侄于河阳相见，伤何如哉！韩愈作《祭郑夫人文》，对其嫂有一种"子欲养而亲不待"的悲伤。他遵从兄长韩会的嘱托，"丧服必以期"，尽孝心，报深恩。接下来怎么办呢？只有擦干眼泪，屡败屡战，坚持不懈！

贞元十一年（795年），韩愈第三次应吏部试，还是折戟沉沙。有人就要问了，这么多次考试，屡试不中，是韩愈的才华不够吗？肯定不是。这里面有诸多原因，比如韩愈文章的议论、观点、风格，跟朝廷和主考官的期许或有不合。总之，原因是复杂的。一个人的才华固然重要，但大环境、大形势恐怕更重要。三战三败，让年轻气盛的韩愈愤懑极了，他在给好友崔立之的信中抱怨："诚使古之豪杰之士，若屈原、孟轲、司马迁、（司马）相如、扬雄之徒，进于是选，必知其怀惭，乃不自进而已耳。"即便古代的贤哲来应试，一定也会感到惭愧而主动打退堂鼓的。这种考试，对于我们读书人，就是一种侮辱！韩愈甚至觉得自己写的那些考卷，都是俳优之辞，扭捏作态，令人不堪。此时的韩愈是一肚皮的不合时宜呀！可是不考的话，出路又在哪里呢？

"摇尾而乞怜者，非我之志也"

在唐代，文人干谒非常重要。简单讲，干谒就是求在高位者提携、援助。韩愈何等聪明，在未登进士第前，就积极干谒，时常"投文于公卿间"。韩愈遇到的一个重要伯乐，是郑馀庆，他的渐有声名，也在此时，所谓"故相郑馀庆颇为之延誉，由是知名于时"。人的成名，往往有契机。韩愈的才华，还是打动了一些达官显贵的。

今人看待干谒，或许认为卑微、低贱、抬不起头，连杜甫都说"独耻事干谒"。但在唐代，干谒却是一时之风气，读书人普遍尝试着去做。当然，做了，未必有用；但不做，或许更没希望。现实就是这么残酷。韩愈本人是怎么看待干谒的？他在《与凤翔邢尚书书》中说：

> 布衣之士身居穷约，不借势于王公大人则无以成其志；王公大人功业显著，不借誉于布衣之士则无以广其名。是故布衣之士虽甚贱而不谄，王公大人虽甚贵而不骄，其事势相须，其先后相资也。

这是韩愈贞元九年游凤翔时，写给京西节度使邢君牙的书信。韩愈认为，干谒之事，该做就做，不能不好意思，否则干不成大事。但是，干谒者亦不可过于谄媚，得有底线。而且，干谒者与被干谒者双方是各取所需，并不是单方面的。布衣之士需要借势于王公大人，以成其事；而王公大人亦需借布衣之士，以扬其名。这就是文中讲的"相须""相资"之理。韩愈的"干谒理论"自成逻辑，可谓达权通变，但仍不免遭到一些人的非议。

韩愈不只观点如此，也在"实践"着自己的这套理论，可以《应科目时与人书》为代表。李白著名的干谒书信《与韩荆州书》，心雄万夫，平交王侯，传扬天下；其实，韩愈的《应科目时与人书》也是气宇不凡，情态诙诡，极为可观的。

韩愈在文中说："天池之滨，大江之渍，曰有怪物焉，盖非常鳞凡介之品汇匹俦也。其得水，变化风雨，上下于天不难也。"在天池旁，大江边，听说有一大怪物，它与普通的鱼虾龟鳖之类，大不相同。"常鳞凡介"泛指水中的鱼虾龟鳖等平常动物。这大怪物，本有呼风唤雨之能，上天入地，不在话下。但是现在，困于沙滩，不能施展，期待有力者"一举手一投足之劳而转之清波"。韩文简直像是《庄子》中的寓言。世间哪有这样的大怪物？其实就是韩愈的自比呀！虽然现在亟须帮助，只要有权势的人施以举手投足之劳，就可实现风云际会，但如"俯首帖耳，摇尾而乞怜者，非我之志也"。无论如何，我不会卑躬屈膝、奴颜媚骨的！这样的干谒文章，兀傲而不失品节。杜甫的干谒诗说"白鸥没浩荡，万里谁能驯"。不只李白、杜甫，韩愈也是一方面期待得到援助，另一方面又不甘被"驯服"，希望保持独立的人格。其间的分寸，好难把握啊！

三上宰相书：初露怼人的峥嵘之姿

自比为"大怪物"的韩愈，显然不是"常鳞凡介"。韩愈三次参加博学宏词科不第，怎么办呢？无比焦灼的他"策划"了一个惊人之举，做了件令人侧目的事，就是给宰相连写了三封信，接连三次，去光范门上书。光范门是长安大明宫西内苑东门，由此门可进入中书省。可以想见，韩愈是三次把书信直接送到大唐中央政府办公所在地的"传达室"了。古代有所谓的"越衙告状"，而韩愈是"越级上书"。这会让朝野上下都知道的，更会酿成新闻事件，韩愈火了！韩愈出名了！

三书分别是《上宰相书》《后十九日复上宰相书》《后二十九日复上宰相书》。第一封书说："前乡贡进士韩愈，谨伏光范门下，再拜献书相公阁下。……今有人生二十八年矣，……四举于礼部乃一得，三选于吏部卒无成；九品之位其可望，一亩之官其可怀。"这是低声下气的口吻，而且表达的诉求不高，欲以陈情动人。下面几句"遑遑乎四海无所归，恤恤乎饥不得食、寒不得衣，滨于死而益固"，就更凄惨了，饥寒交迫，无有归属，完全是一种哀哀求助的身姿。这第一封书千回百转，能打动宰相吗？未能。

第二封书，韩愈略微改变了策略，表示："愈之强学力行有年矣。愚不惟道之险夷，行且不息，以蹈于穷饿之水火，其既危且亟矣，大其声而疾呼矣，阁下其亦闻而见之矣，其将往而全之欤？抑将安而不救欤？"韩愈以知其不可而为之的坚决态度，强学力行，却跋前疐后，困窘不堪。他试图以深陷水火的艰难处境，苦求哀怜，希望宰相出手相助。韩愈仿佛一只勇敢扑火的飞蛾，宰相救还是不救？未救。

第三封书，更不一样了，"倔强益甚"，直接说今天的宰相，应该学习周公的吐哺握发、举荐人才，"亦宜引而进之，察其所以而去就之，不宜默默而已也。愈之待命四十余日矣。书再上，而志不得通；足三及门，而阍人辞焉"。阍人，指守门人。三次到光范门上书，守门人将韩愈拒之门外。这封书信的背后，是韩愈强压怒火，有质问宰相的味道。你们是不是尸位素餐？为什么我一而再、再而三地上书，得不到回音？文章一路顿跌，如怒涛出峡，直言无忌。

结果是可以想到的，他既没有见到宰相，也没有得到宰相的回复。其实，他是将了宰相一军，让宰相陷入两难境地。宰相如果真的拔擢了韩愈，说明之前的人才选拔有问题；如果否定韩愈，但其人又确有才华，而且已经声誉鹊起。这让宰相怎么回复呢？只能是置之不理。当时的宰相是谁？贾耽、卢迈、赵憬，让我们鄙夷当日这些庸碌宰相吧！白白浪费了韩愈的好文采！这贾耽，就是前文提到的贾滑州，他已领教过年少气盛的韩愈了。反复上书，恐怕只会增加他对韩愈的不悦。还有一个情况，就是唐初有"上书拜官"的特例，韩愈病急乱投医，但在中唐想靠上书直接拜官，恐怕是异想天开了。

柳宗元对韩愈的文章用过一个词——"猖狂恣睢"，其实用在三上宰相书上，倒是挺合适的。韩愈的三封书信，咄咄逼人，魄力大极了，显出地负海涵之势。书信表面上是写给宰相的，但实际上已经在士林广为传布。这对韩愈声名的进一步传扬，肯定是有作用的。韩愈三度去光范门投书，本身就是个容易上"热搜"的事件，他其实就是想让更多人知晓他的举动。明知会引起时人的关注，偏偏要如此行事，说明韩愈对扬名立万，是念兹在兹的。虽然没有考上，但我偏要让京城都知道一个叫韩愈的有才之人！我是才大难为用，这不公平！

相对于吏部的科目选，唐代制举的名目繁多，什么详明政术可以理人科、才识兼茂明于体用科、博通坟典达于教化科、识洞韬略堪任将帅科、孝悌力田闻于乡闾科……名字五花八门，有的或许就是皇帝一拍脑袋想出来的。我突发奇想，也许韩愈不该去应博学宏词科，而应去考制举的"贤良方正能直言极谏科"，从名称看，韩愈是最适合这一科的，他不但贤良方正，而且能直言极谏，敢冒天下之大不韪。那么，韩愈的选择真的错了吗？

从心理学看韩愈的人格

从心理学的角度看，有一种人格叫表演型人格。韩愈的人格是非常复杂的，但或许表演型人格这一概念对我们理解韩愈会有帮助。一般来说，表演型人格者，有魅力，渴望舞台，希望引起他人的关注。当然，他们具有强烈的动机，既激情洋溢，也容易冲动。韩愈的个性，不必讳言，是争强好胜、锋芒毕露的，他无比渴望脱颖而出，但在某些人眼里，可能就成了狂妄自大、哗众取宠。

韩愈的求名之心甚重，也可以理解。他的家族荣誉感，他的破碎家庭，他幼年的凄苦经历，都坚定了他必须早日出人头地的志向，只有功成名就，改换门庭，才能"具裘葛、养穷孤"，才能改变命运，赢得尊重。再有，他在长安的八九年间，根本没有任何经济来源，"日求于人以度时月"。如果不是北平王的帮助，或许他已沦为乞丐。这样的状况，他怎能不焦虑？怎能不痛苦？穷则思变啊！由此言之，他的求名心重，是有着切身的苦衷的。不过，韩愈似乎天然就有成为焦点的禀赋，他的运筹规划能力、心理驾驭能力、语言表达能力，都是出类拔萃的，这是一方面。另一方面，他的所作所为，过于急躁，搞不好，会显得急功近利，引人侧目。韩愈为出名而进行的一系列活动，在旁人眼里，或许就变得不可理喻，甚至是出风头、博名利，夜郎自大，不知进退。如果从"了解之同情"去体会，韩愈上书宰相，倒是坦坦荡荡，公开干求；比起那些想做而不敢做的，或者为达目的不择手段、耍阴谋诡计的，不强胜多矣？总之，韩愈三上宰相书，如从心理学角度分析，会让我们对其人格、行事等，有更深刻的理解。

话又说回来了，韩愈此时已略有声名，文章肯定也是好的，为什么不能成功？他在《答崔立之书》中自言的"黜于中书"，或许透露出一点信息。还是有大官看不上韩愈，譬如韩愈好古道、文风古雅，在某些人眼里，未必就合时宜。他的张扬个性，更易引人非议。具体的内幕、详情，不得而知，但是韩愈的仕途，因某些人而受阻，确是实情。

合理推测，在博学宏词科中，压制韩愈的，极有可能就是宰相。所以韩愈才有针对性地上书，一而再，再而三。从三上宰相书，我们可以看出韩愈的急于干禄、倔强不屈。苏轼的诗说"平生倔强韩退之"，真是一点都没说错。三上宰相书，韩愈已经初露"怼"人的峥嵘之姿。韩愈虽然仕途受阻，但却毫不意外地收获了声誉，这是他声名鹊起之时，"名"也正是他想得到的另一种东西。

上面讲的，就是"落榜生"韩愈的七次考试。其实，也不是七次全都失败，而是分成两个阶段，考进士的第四次，成功了。应博学宏词科，接连三次失败后，韩愈按下了暂停键，不考了。韩愈是睿智的，此路不通，换一条路，换一种活法，他选择了从军佐幕，到"基层"去历练才干。

大家还记得韩愈的名作《马说》吧，那其实是他的夫子自道啊。"世有伯乐，然后有千里马。千里马常有，而伯乐不常有。"我们只有深入了解了"落榜生"韩愈的七次考试，知晓韩愈曾三上宰相书，才能真正体会《马说》的背后，是怀才不遇者无尽的悲凉！

"滚滚长江东逝水，浪花淘尽英雄"，韩家十八郎这匹"千里马"，在苦苦地等待他的伯乐呀！

陕西省渭南市潼关三河口晚霞　视觉中国供图

第三章

高薪的幕府、「不和谐声音」与两度历险

倦鸟知还，短暂的休整

长时间的考试生涯，对韩愈来说不啻一种折磨，他既痛苦，又矛盾。就在两次博学宏词科失败后，他竟萌生了退隐的念头，在给朋友的信里写了一段极有文采的排比句："将耕于宽闲之野，钓于寂寞之滨，求国家之遗事，考贤人哲士之终始，作唐之一经，垂之于无穷，诛奸谀于既死，发潜德之幽光。"（《答崔立之书》）退而归隐，耕种、垂钓，考订国史，追慕前贤，发愤做出有唐一代的经典，要让乱臣贼子惧怕，更要彰显美好的善德。文章虽整齐漂亮，但归隐著书只不过是一个遥远的迷梦罢了！

贞元十一年五月，韩愈"怀书出皇都，衔泪渡清灞"，心事重重地离开了长安，郁郁东归。这一年，他二十八岁，在长安苦苦奋斗了近十年，颠顿狼狈，没有结果。

我认为，韩愈还是一个通达而有智慧的人。此时的他，年龄不算太大，如果继续待在长安，寻求机会，不是不可以。譬如杜甫，为求仕，就在长安待了更长的时间。但是，韩愈果断地按下了暂停键，没有一条道走到黑。其实，到贞元十一年底，他的三年守选期就满了，可以参加正常的吏部铨选，有机会被授官。但他进士及第后没有守选，而是要走捷径，三次参加吏部的科目选（博学宏词科），惜皆败北，已被时人目为"躁求"之人。之后的三上宰相书更是有些偏激的行为，一般士子是做不出来的。他既然做了，没得到结果，就不好再留在长安了。离开而另谋他途，自是明智之举，但这等于韩愈自动放弃了正常的冬集铨选。此决定极难下，他的内心一定无比煎熬。

就在决意东归之前，韩愈在回复友人侯继的书信中说："惧足下以吾退归，因谓我不复能自强不息，故因书奉晓。冀足下知吾之退，未始不为进；而众人之进，未始不为退也。"侯继跟韩愈是同榜进士，关系很好。这封信对我们理解韩愈此时的心情、打算，是极有帮助的。"您别以为我韩愈是知难而退了，别以为我不再自强不息了。我不会这样的。希望您明白，有的时候，退也是一种进，我现在就是以退为进。相反，很多人看上去是进，可其实是退。"这封信颇能显示韩愈的智慧。很多人知进不知退，而韩愈达权通变，以退为进，以守为攻。我们可以放心了，韩愈没有"躺平"，他是有策略的。

韩愈在东归途中，经过潼关附近时，碰到了地方向天子进贡的队伍。车马严整，尘土飞扬，使者大喝于道，威严无比，路上的百姓吓得慌忙躲闪，不敢正视。地方使者向天子进献的，是什么珍稀宝物？韩愈不免好奇。一番打探后才知，原来是两种鸟——白乌和白鹨鸽。二鸟仅因羽毛美丽，就被"采擢荐进"，得以"蒙恩而入幸"。一路上的护送，郑重其事，严加保护。韩愈看后，大受刺激，想到自己在长安苦苦奋斗了差不多十年，结果黯然神伤地离开，岂不是生不逢时、人不如鸟？他感慨万端，作《感二鸟赋》。这篇赋所抒发的情感复杂，自悲、自悼、耿耿、怅然……我还读出盛唐王昌龄的名句"玉颜不及寒鸦色，犹带昭阳日影来"的类似意思来。怀才不遇，是才子心底永远的痛。

此年八月，韩愈的恩公北平王马燧去世，这对韩愈也是一个打击，他于客舍哭之。

幸运地入董晋之幕，经历惊险一幕

韩愈在老家河阳待了数月，平静心情，蓄积能量，谋划下一步。贞元十一年九月，韩愈到了东都洛阳，他对长安失望极了，转而到洛阳寻找机会。他确实也感觉洛阳更"友好"一些，所谓"旧籍在东都"，这里距离家乡更近，有很多年少时的记忆吧。韩愈在洛阳幸运地遇到了他的贵人——董晋。根据后来韩愈作的《董公行状》，董晋的头衔有一长串，简直是"乱花迷眼"，请看：检校尚书左仆射、同中书门下平章事、汴州刺史、宣武军节度副大使知节度事、管内支度营田汴宋亳颍等州观察处置等使。

董晋是做过宰相的，绝对是资深高官，当时以兵部尚书充东都留守。更重要的是，他与韩家有旧，早年与韩愈叔父绅卿同事过，愿意帮助韩愈。或许，韩愈当年三上宰相书，就让曾经为相的董晋注意到了这个极有个性的年轻人。董晋任东都留守不过数月，贞元十二年（796年）七月，汴州兵变，朝廷任命董晋为汴州刺史、宣武军节度使，治所就在汴州，而韩愈则随董晋成为入幕之宾。这是韩愈的第一份正式工作，而且起点很高，因为汴州号称"天下第一雄镇"，这差不多像是今天在经济最发达的城市做公务员。

贞元十二年，韩愈的好友孟郊终于登进士第，欣喜若狂之下，作

河南开封大梁门，古汴州即今开封　视觉中国供图

出"昔日龌龊不足夸，今朝放荡思无涯。春风得意马蹄疾，一日看尽长安花"（《登科后》）的名诗，我们完全能够理解一个年近五旬的读书人的窘迫与狂喜。而柳宗元，应博学宏词科虽然失败，但他还年轻，正所谓来日方长。比比孟老哥，才知道韩、柳的幸运。

董晋的幕府中，知名者、资历深者、富才华者很多，韩愈不过是后生之辈。其中，陆长源资历颇深，被委任为宣武军行军司马，很受重用。在他面前，韩愈不过是新进小生。有人讥笑陆、韩二人年龄、资历相差太大，韩愈听说后，机智地答道："大虫（老虎）、老鼠，一大一小，都是十二生肖属相，这有什么奇怪的！"没过多久，韩愈的话就传到长安了。通过这则逸闻，很能看出韩愈的后生可畏，作为"职场新秀"，他丝毫不怵资深前辈，这也预示着韩愈绝非"池中物"。汴州富甲一方，韩愈在此的一大好处，就是"日月有所入，比之前时，丰约百倍"，他终于可以养家糊口了，而且收入颇丰，这是很值得庆幸的。

贞元十四年（798 年），董晋表署韩愈为汴州观察推官。从韩愈的《董公行状》落款——"观察推官、将仕郎、试秘书省校书郎"来看，居汴州时期的韩愈已算是正式入仕了，这里是他仕途的起点。观察推官是观察使的属官。将仕郎是文散官名，在唐代文官的官阶中，为第二十九阶，即最低一阶，从九品下。校书郎亦是唐代基层文官，但被视为"文士起家之良选"，加一个"试"字，说明是在地方幕府任推官或巡官等，而非真在京城书库校书。韩愈之前虽未登博学宏词科，但汴州入仕，也算"弯道超车"，起点并不低。总之，韩愈是从最底层干起来的。他不是漂在水面的浮萍，而是扎根于淤泥中的莲花。毫无疑问，韩愈是了解民情民意的。

韩愈的幕僚生涯起初还比较惬意，幕府推官不过是闲散官，董晋的年纪又在古稀以上，也许事务相对简省。况且，幕府推官的薪俸比起在京城做基层文官要高很多，"俸优于台省之官"，足可养家。韩愈休假期间作的《复志赋》，透露了此时的心态："非夫子之洵美兮，吾何为乎浚之都；小人之怀惠兮，犹知献其至愚。固余异于牛马兮，宁止乎饮水而求刍？伏门下而默默兮，竟岁年以康娱。时乘闲以获进兮，颜垂欢而愉愉；仰盛德以安穷兮，又何忠之能输？"韩愈在汴州，感董晋的提携之恩，愿意贡献才智，输效犬马之劳。但细玩字句间的意思，他还是有点淡淡的哀愁。此间虽好，终非久留之地。

韩愈此时已腾声海内，他的才大，又有"气场"，能够凝聚一批友人在其周围，大家讲文析道，好不热闹。韩愈往汴州，孟郊有《送韩愈从军》，后孟又从南方往汴州依陆长源。这样的话，韩、孟在汴州相逢，且往来亲密，经孟郊介绍，韩愈又认识了张籍。贞元十四年韩愈主持汴州乡试，张籍是考生，有了韩愈的举荐，张籍"一来遂登科，不见苦贡场"，非常幸运。再加上自徐州游汴州求学的李翱，孟、张、李，韩愈人生中三位最重要的朋友，在汴州聚齐了。韩愈与孟郊，主要是诗歌上的切磋；与张籍，则是师生间的交流；与李翱，又以古文斟酌为多。李翱四举进士不第，与韩愈都属"考运"不佳者，想来共同语言亦多。总之，而立之年后的韩愈颇有领袖的气质，而与好友往还，讲求学术，亦可安慰他寂寞的灵魂。

贞元十四年，柳宗元登博学宏词科，授集贤殿书院正字，此时才二十六岁。客观讲，刘禹锡、柳宗元的仕途起点，都高于韩愈。他们的求仕之路相当顺利，足令大多数唐代士子羡慕。

贞元十五年（799 年）二月，董晋在汴州去世，在任不足三年。韩愈护灵归其原籍安葬。令人咋舌的是，韩愈离汴不出四日，汴州的军队大乱，留后陆长源、判官孟叔度被杀，且被啗食，惨不忍睹。留汴的官员，多遭屠戮，"健儿争夸杀留后，连屋累栋烧成灰"。韩愈侥幸逃过一劫，但妻子和襁褓中的孩子仍在州中，真是惊险万端。后来他在《此日足可惜一首赠张籍》里写道：

夜闻汴州乱，绕壁行彷徨。

我时留妻子，仓卒不及将。

相见不复期，零落甘所丁。

骄女未绝乳，念之不能忘。

忽如在我所，耳若闻啼声。

中途安得返，一日不可更。

俄有东来说，我家免罹殃。

韩愈一度忧心如焚，担心家人遇难。幸运的是，他的妻儿后也安全逃出，全家无恙。这也算是吉人天相了。汴州的突发事件，让韩愈看到了藩镇混乱失序、对抗中央的一幕。他后来坚决维护中央权威、反对藩镇割据，当与早年在藩镇的工作经历不无关系。

爱提意见、不肯将就的"职场新人"

因董晋去世而"失业"的韩愈，很快又入徐州张建封幕，基本实现了"无缝衔接"。张建封自贞元四年起，即为徐、泗、濠节度使，他也曾当过宰相，有礼贤下士之名，且"文章称天下"，这又是一位资历很深的官僚。韩愈在长安期间，因马燧而识张建封。李翱也曾向张极力推荐过韩愈，说韩是数百年仅见的"豪杰之士"。大约张对韩愈印象不错，愿意接纳他。贞元十五年春，张建封先将韩愈安置在符离，供其衣食，秋八月，韩愈就受牒为节度推官，开始了第二段幕府生涯。

此时的韩愈，已经很有工作经验了。大约做幕僚的好处，就是吃一碗安乐茶饭。韩愈自己说："箧中有余衣，盎中有余粮。闭门读书史，窗户忽已凉。"徐州幕府的生活还是安逸的，衣食无忧，闲来读书，波澜不惊。有学者指出，在汴州、徐州任推官，是韩愈人生中相对安适、富裕的阶段，这大抵符合实际。

张建封仕宦日久，地位又高，虽然年迈，却很会享乐。他喜欢游猎、击马球，幕府中还时常摆宴席，歌舞欢会。韩愈的第二段幕府生涯，跟汴州时不大一样了。徐州幕中，他对节度使"发言直率，无所畏避"，甚至一再进谏，露出了诤臣本色。

或许因为董晋是他的恩公，对他提携爱护，更助他走上仕途；而刚得到一官半职的韩愈，不免谨小慎微，暂时戴上了面具。当韩愈在幕府干了一段时间，熟谙了事务，特别是经历了汴州幕的危险后，他意识到，人要为自己而活，压抑个性，一味逢迎，绝不是他想要的人生。于是第二段幕府生涯韩愈果断地扯下面具，以更真实的面目示人。

贞元十五年秋，韩愈刚入幕，了解到徐州节度使幕府的工作时间是"晨入夜归"，"非有疾病事故，辄不许出"，管理非常严苛。他感到不妥。九月一日，即上书张建封——"论晨入夜归事"。用今天的话讲，就是对上班时间过长提意见。在节度使的幕府工作，打个不很恰当的譬喻，或许有点像今天给私营企业的老板打工，双方有雇佣关系。在私企上班，大约事事都要听老板的，苛刻的老板，对员工用到极致，加班或许是常态。而给唐代的节度使干活，自然要听节度使的，上班时间多一点、少一点，那还不是节度使的一句话吗？估计一般人都不会提意见，即便心里嘀咕，嘴上也未必敢说出来。但韩愈不一样，他是"不平则鸣"，直截了当就说出来了。韩愈的诉求是，"寅（约凌晨五点前）而入，尽辰（约上午九点）而退；申（约下午三点）而入，终酉（约下午七点）而退"，中间有退出休息的时间。用今天的话讲，韩愈是希望执行八小时"弹性工作制"，相对灵活地安排工作时间。而且他认为，这样一点也不影响工作。

韩愈到底是年轻气盛，劝说的文章用了好多排比句，彼此两边写。他说，如果您答应我的要求，一方面，天下人会觉得："执事之好士也如此，执事之待士以礼如此，执事之使人不枉其性而能有容如此，执事之欲成人之名如此，执事之厚于故旧如此。"这是从张建封的角度谈。另一方面，天下会觉得："韩愈之识其所依归也如此，韩愈之不谄屈于富贵之人如此，韩愈之贤能使其主待之以礼如此，则死于执事之门无悔也。"这又是从自身的角度谈。用今天的话讲，您采纳了我的意见，就是"双赢"。您礼贤下士，从善如流，有容乃大；我不谄不屈，不卑不亢，辅弼有功。韩愈说得头头是道，如此"热闹"，但节度使有没有答应，不得而知。

之后，韩愈又对张建封打马球进谏，不但作诗，还有上书。打马球是唐代极流行的娱乐运动。韩愈谏击球的诗是《汴泗交流赠张仆射》：

> 汴泗交流郡城角，筑场千步平如削。
>
> 短垣三面缭逶迤，击鼓腾腾树赤旗。
>
> 新秋朝凉未见日，公早结束来何为？
>
> 分曹决胜约前定，百马攒蹄近相映。
>
> 球惊杖奋合且离，红牛缨绂黄金羁。

徐州黄楼，其东北方立有"汴泗交汇"碑阙。韩愈写古徐州："汴泗交流郡城角。"

视觉中国供图

　　侧身转臂著马腹，霹雳应手神珠驰。

　　超遥散漫两闲暇，挥霍纷纭争变化。

　　发难得巧意气粗，欢声四合壮士呼。

　　此诚习战非为剧，岂若安坐行良图。

　　当今忠臣不可得，公马莫走须杀贼。

　　这首诗有点长，而且相对来说，韩愈的诗都比较难读难懂。但是，诗确是好诗。简单讲，此诗用了汉赋"劝百讽一"的手法，对于张建封打马球的英姿勃发，大大赞叹了一番，什么"侧身转臂著马腹，霹雳应手神珠驰"，真是写得神采飞动，犹如健儿。节度使看了，当很舒服。只是在最后四句，略微规劝忠告了一下：打马球只是游戏，忠臣还是应该上马杀贼啊。如果您把击球的这股火热劲头，放在为国打仗上，岂不是更好？

　　客观讲，韩愈的"讽"，是含蓄的，规劝也算得体。张建封也不是"油盐不进"，他居然回了首《酬韩校书愈打球歌》，可谓"放下身段"，显示气度。其中说"儒生疑我新发狂，武夫爱我生雄光"，等于风趣地"回绝"了韩愈的进谏。这运动强身健体，有什么不好？最后四句"韩生讶我为斯艺，劝我徐驱作安计。不知戎事竟何成，且愧吾人一言惠"，张建封也不是深闭固拒，起码表示了韩愈的进谏是惠人的良言。

　　与诗相比，更加直接的，是进谏书信。韩愈径直对张建封说，打马球"有危堕之忧，有激射之虞，小者伤面目，大者残形躯"。马球真是危险运动，轻者面目受伤，重则摔下马来，导致身体残疾。韩愈如此直白地劝谏，话就更不好听了，张建封看了注定不会欢喜。

　　徐州幕中的酒席宴会也是常有的，韩愈诗中写道："妖姬坐左右，柔指发哀弹。酒肴虽日陈，感激宁为欢。"显而易见，韩愈虽然坐在宴席上，却心不在焉。那些粉白黛绿的歌姬环坐左右，弹奏歌唱，但韩愈毫不挂怀！他对于这种很多人喜欢的吃喝玩乐，深深厌弃。这简直就是在浪费生命！只不过韩愈没有说得那么直白罢了。

还有一首送给张建封的诗《赠张徐州莫辞酒》，韩愈话里有话：

> 莫辞酒，此会固难同。请看女工机上帛，半作军人旗上红。
> 莫辞酒，谁为君王之爪牙？春雷三月不作响，战士岂得来还家？

看出来了吗？"莫辞酒"是正话反说，说白了，其实就是规劝："您别喝了！"您是君王的"爪牙"，辅佐之臣，您要指挥战士打仗啊！特别是在国家有事的时候，不能"春雷三月不作响"呀。这跟前面对击马球的劝说，如出一辙。

如把这几篇诗文串起来看，在徐州幕时，韩愈已是"刺儿头"，个性张扬，胆识过人，敢言旁人不敢言者。韩愈一谏再谏，节度使是否从善如流？恐怕不可能。张建封此时年纪已大，官位又隆，所谓"中朝大官老于事"，从他耽于享乐来看，颇具"奢靡之风"，恐怕早已失去进取之心。他对韩愈的谏诤，不会当回事。但韩愈该讲还是讲，无所畏避。洪兴祖《韩子年谱》说韩愈："黜于徐，盖以鲠言无所忌，虽建封之知己，亦不能容也。"说明双方闹得很僵。一个值得注意的情况是，董晋去世后，韩愈作了《董公行状》；但张建封亡故，韩愈无诗无文，没有任何表示。如果说韩愈后来跟张节度使有不愉快，甚至闹些龃龉，都在情理之中。

韩愈的徐州幕府生涯注定是不快意的，借用两句杜甫的诗形容，可谓是"已忍伶俜十年事，强移栖息一枝安"。只是勉强安身，诸事皆不如意。他案牍劳形，眼睛也出了问题。贞元十五年冬，韩愈曾奉张建封之命，赴长安朝贺新正。在京城，发生了一件意想不到的事。国子监四门助教欧阳詹是韩愈的同年好友，他极欣赏韩愈的才华，两人肝胆相照，相知最深。他欲率其学生，伏阙下请愿，举荐韩愈做国子监博士。这对韩愈而言，是极有面子的事。事虽然未成，但值得关注。这充分说明，三十出头的韩愈，已经非常有声望了，士林闻名，足可自豪。令人唏嘘的是，这欧阳詹竟是个情种，后来为一歌伎殉情，无比遗憾。韩愈为贤者讳，没有写到《欧阳生哀辞》里。这一年，韩愈的儿子昶出生于徐州符离，故小名"符"。

归途中，韩愈作《归彭城》诗，透露出此时的心态。请看这几句："我欲进短策，无由至彤墀。刳肝以为纸，沥血以书辞。上言陈尧舜，下言引龙夔。言词多感激，文字少葳蕤。"明显是一种报国无门的扼腕之叹，更有"我以我血荐轩辕"的激愤之志。最后几句："归来戎马间，惊顾似羁雌。连日或不语，终朝见相欺。乘间辄骑马，茫茫诣空陂。遇酒即酩酊，君知我为谁？"尤其能感受到韩愈忧时伤乱的沉痛感，他一连几天都不想讲话，骑马外出，却不知到哪里去，动辄酩酊大醉，"知我者，谓我心忧；不知我者，谓我何求"，大类魏晋时阮籍的穷途之哭！

贞元十六年（800年）五月，张建封去世，徐州旋变乱，留后郑通诚被杀，韩愈因略早离开，又一次侥幸躲过危险。其实，这次韩愈是很有智谋的。张建封在病危时，徐州已现乱象，韩愈看在眼里，再加上他早已萌生离志，于是就果断地离开了。及时抽身，让韩愈无比庆幸。他想到那些遇难的同僚，恐怕要百感交集！

两度幕府历险，危险都迫在眉睫。徐州之乱，应该让韩愈更深刻地看清了一些事情，特别是对藩镇之乱，应有切肤之痛。反言之，中央政府的权威，必须维护。那些藩镇节度使，"虽称藩臣，实非王臣"，他们割据一方，不听中央号令，或父死子继，或以下犯上，俨然独立王国。而中央政府因集权弱化，无力节制，只能姑息。这些国之弊政，韩愈看得清楚，心急如焚，但何时才能得到机会，为国为君进策除弊呢？

韩愈的好友张籍，曾在徐州盘桓，临别时，韩愈作诗《此日足可惜一首赠张籍》送别。这首诗的题目就很值得玩味，什么叫"此日足可惜"？我认为，就是对时光白白浪费的一种惋惜。换句话说，韩愈自己对徐州的幕僚生涯是不满意的，虽然薪俸较高，但这不是他想要的生活。韩愈在诗里说："男儿不再壮，百岁如风狂。高爵尚可求，无为守一乡。"显然，徐州只是他人生中的一个驿站，他早就下了离开徐州的决心，所谓"我鳞日已大，我羽日已修。风波无所苦，还作鲸鹏游"（《海水》），韩愈感觉他的鳞甲、翅膀已经长成，他是有鲸鹏之志的，只待新的契机，去上天下海遨游。

李花　视觉中国供图

第四章

新任国子监博士的惊人议论

初为清苦的学官：国子监四门博士

离开徐州后，韩愈在洛阳、长安间往还，寻求新的机会。之前在节度使幕府的好处，一是"曲线救国"，以另一种方式入仕；二是有相对稳定可观的收入。更重要的是，这"基层"工作的经历，比做小京官，让韩愈更能得到能力的提升，对国情民生亦有清醒的认识。但现在，韩愈又面临新挑战了，他一大家子人，必须考虑如何解决衣食之忧，这是极现实的问题。

贞元十六年冬，韩愈至京师，参加吏部的冬集铨选，但没有成功。铨选，简言之，就是吏部常规的选官调职。韩愈之前通过汴、徐二幕，已算入仕。但此时，他希望获得在京城仕宦的机会。毕竟，京官是前程远大的，又是机会最多的。然而，这极不容易。虽然李翱把韩愈推荐给了祠部员外郎陆傪，极力赞誉，说孟子之后，就没见过韩愈这样的大才，但还是失败了。失败的韩愈作了首诗送给孟郊，诗中有云："君门不可入，势利互相推。借问读书客，胡为在京师？"（《将归赠孟东野房蜀客》）失望之情，溢于言表。由京城返回洛阳后，他赋闲等待，调整心态。这期间，他有时去佛寺游览，有时在山溪间垂钓。他是痛苦的，回顾自己"半世遑遑就举选，一名始得红颜衰"，不免自伤。他清醒认识到"人间事势岂不见，徒自辛苦终何为"，甚至生出归隐之意。经过反躬自省，他还是达到了内心的平衡和自洽。"惟否泰之相极兮，咸一得而一违"，既然如此，就只好"聊固守以静俟兮"。君子藏器于身，谋时而动，待时而飞。

一年后，再经调选，他终于得授学官。有的传记说韩愈再次参加吏部的考试，恐怕不对。在选官调职的过程中，韩愈经历了什么，已难知晓，但他必定又在京、洛一带干谒，仕途艰辛是肯定的。第二次的结果似乎还可以，韩愈得到祠部员外郎陆傪的荐助，调授国子监四门博士，终于开始了京城的仕宦生涯。

这一年，柳宗元自集贤殿书院正字调蓝田尉，从小京官调到基层任职，算是比较常见的唐代仕宦之路。但估计他满心不乐意。刘禹锡在淮南节度使杜佑的幕中任掌书记，颇受器重。最有意思的是，孟郊经调选授溧阳县尉。韩愈是了解老大哥的，"东野之役于江南也，有若不释然者"。果然，孟郊到任后，整天"专心"作诗，工作全耽误了。县令倒是宽容，支持孟诗人"搞创作"，另外找人干他的工作，把孟诗人的薪俸分一半给人家。大唐诗人，竟因作诗而疏忽职守，真是浪漫！这要放在今天，孟郊的工作考核注定不合格，早就被免职了吧？

韩愈的头衔很多，文学家、史学家、思想家、政治家，但其实，还可以再加一个。加什么？——教育家。韩愈入仕以后，担任过很多官职，在非常多的岗位上工作过。可如果细究起来，他累计做"学官"的时间是最长的。用今天的话讲，韩愈就是个典型的学者型官员。即便在他当地方官，如被贬潮州时，也努力兴办学校，力图开启民智。

西安碑林博物馆孔庙照壁。西安孔庙，由唐朝国子监孔庙传承下来　视觉中国供图

　　韩愈做学官的机构，是国子监。不妨简要介绍一下。国子监是唐代国家级的最高学府，下设六个学馆：国子学、太学、四门学、律学、书学、算学。国子学、太学、四门学，是综合性的贵族学校；而律学、书学、算学则是专门性的学校。韩愈从入仕之初的四门博士，到后来的国子博士、太学博士，再到晚年的国子祭酒，一生都没有远离学校。所以，天下的老师和学生，都会觉得韩愈是很亲切的——不妨叫一声韩夫子。

　　根据唐史职官志，国子监设四门博士三人，品秩为正七品上，主要"掌教文武官七品以上及侯伯子男子之为生者"。国子监的性质是贵族学校，韩愈做四门博士，以教授品阶较低的贵族及官宦子弟为要务。

任学官的韩愈，是志气高昂、颇为自得的。请看他的诗《夜歌》："静夜有清光，闲堂仍独息。念身幸无恨，志气方自得。乐哉何所忧？所忧非我力。"第一是无恨，说明心态比较平和；第二，志气自得，说明有追求的勇气；第三，乐哉无忧，说明心情是欢愉的，都顾不上忧愁。到国子监任职，比起汴州、徐州佐幕，收入肯定大为减少了，但韩愈是乐意为之的，因为这是他喜欢的工作。

从另一首诗《苦寒》来看，任四门博士时的韩愈，又是非常清苦的，经济情况应该远不如佐幕之时。"肌肤生鳞甲，衣被如刀镰。气寒鼻莫嗅，血冻指不拈"，虽说不至于艰难贫苦到衣不蔽体的程度，但似乎基本的生存条件都很恶劣。这足以说明国子监收入的菲薄，而长安本就米珠薪桂，居，大不易！此时的韩愈，已开始自叹衰老，他在《与崔群书》中说："近者尤衰惫，左车第二牙无故动摇脱去，目视昏花，寻常间便不分人颜色，两鬓半白，头发五分亦白其一，须亦有一茎两茎白者。"这一年的韩愈，才三十五岁，牙齿就开始掉落，眼也花了，头发、胡子也渐渐白了。他的奋斗，焚膏继晷，兀兀穷年，真是辛苦。

李肇的《唐国史补》记录了韩愈任四门博士期间的一件趣闻："韩愈好奇，与客登华山绝峰，度不可返，乃作遗书，发狂恸哭，华阴令百计取之，乃下。"读者读后有何感想？记得我第一次读到时，不免哑然失笑。自古华山一条路，"无限风光在险峰"。好奇的韩愈登临华山寻险探幽，是很自然的，但没想到他上去了，却下不来了，还作遗书，发狂恸哭，大文豪真"可爱"，也有两股战战的时候呀！我起初没有疑心此事的真伪，但后来发觉，宋以下的文人，对此议论纷纷，有的言真，有的说假，从宋至清，争得不亦乐乎。这就更有意思了。那到底有没有这桩事呢？答案就在韩愈自己的诗里，其《答张彻》云："洛邑得休告，华山穷绝陉。倚岩睨海浪，引袖拂天星。"他显然登过华山，更领略了名山的险峻壮美。最值得注意的，是诗里的"悔狂已咋指，垂诫仍镌铭"两句，足以说明他在华山真碰到了危险，但有没有"作遗书，发狂恸哭"，就死无对证了。这件事本身就是趣闻，而后人"踵事增华"，争论不休，又增添了许多趣味。

由此思之，名人的逸闻趣事，真是"难办"，真伪辨析是第一层，还有添油加醋的可能，后世的争执又增加了一些迷雾……开个玩笑，建议华山景区管委会，找个最险要的地方，建一块石碑，上书"韩愈发狂恸哭作遗书处"，或有望成为"网红打卡地"。

好文章的秘密：不顾流俗、抗颜为师的《师说》

我们今天说，教师是太阳底下最光荣、最令人尊敬的职业。但在漫长的历史上，并不是一贯如此的。大家可能意想不到，韩愈对我国师道尊严的建构，起到了重要的作用。就在贞元十八年（802年），韩愈做国子监四门博士时，作了一篇著名的《师说》，这是送给一个叫李蟠的十七岁的少年学生的。此文其实是借题发挥。文章里面的名句，如"师者，所以传道受业解惑也""是故无贵无贱，无长无少，道之所存，师之所存也""闻道有先后，术业有专攻"，大家都耳熟能详。然而，如果只是随随便便地读，不探究竟，可算是辜负了韩夫子的一片苦心了。

　　我告诉大家，韩愈当年作《师说》，可是冒了极大风险的。这么说有证据吗？韩愈的知交柳宗元的文章，就透露了真实的历史背景。当时国子监的学风极坏，柳宗元转述了时人的说法："太学生聚为朋曹，侮老慢贤，有堕窳败业而利口食者，有崇饰恶言而肆斗讼者，有凌傲长上而谇骂有司者。"（《与太学诸生喜诣阙留阳城司业书》）太学生中有的搞小集团，不尊敬师长；有的学业荒疏，恶语向人；有的满口假话，肆意斗狠；有的欺凌老师，辱骂学官。总之，"校风学风"的败坏，令人咋舌！在这样的学校当老师，风险既大，心情也不会愉快。

　　孟子有句话："人之患在好为人师。"柳宗元的《答韦中立论师道书》说，魏晋以下，国人日益不尊师道了。在我们唐朝，没听说谁愿意做老师。如果有，人们就群起而嘲笑，将他目为狂人。现在，只有一个韩愈，奋不顾流俗，犯笑侮，收学生，作《师说》，"因抗颜而为师，世果群怪聚骂，指目牵引"，"愈以是得狂名"。

　　看到了吧，时人对韩愈不但侧目，指手画脚，甚至还毁谤非议，认为他沽名钓誉，狂狷褊急。一方面是国子监学风的颓败，另一方面是韩愈孤独的呐喊。针对如此局面，韩愈知其不可而为之，孤身力矫颓俗，作《师说》，愈发显得可贵。这才是真实的历史。

　　今天看《师说》，好像一个循循善诱的老师，在和颜悦色地教导学生。但通过柳宗元的文章，我们才了解韩愈真的是痛切之言，抗颜为师，"放了一炮"。光看《师说》，看不出韩愈的胆识和勇气，结合时代背景，才能体会出韩愈的胆略和风骨来。柳宗元的《答严厚舆秀才论为师道书》中说："仆才能勇敢不如韩退之，故又不为人师。人之所见有同异，吾子无以韩责我。"这是颇有意味的。韩、柳并称，柳还赞许韩作《师说》。但当有人要拜柳为师时，柳是拒之门外的。他的理由是：我柳宗元不如韩愈勇敢，所以我不当老师。请你不要拿韩愈说事。

韩愈是韩愈，我是我！柳宗元还有一篇《报袁君陈秀才避师名书》，文章的名字就是回避做老师。文中说："仆避师名久矣。……世久无师弟子，决为之，且见非，且见罪，惧而不为。"请看，在唐代当老师，不但要勇敢，还要有决心，更要承受压力，甚至会被怪罪。今天看来似乎匪夷所思，但这确确实实是柳宗元亲自写的，所以他坚决不做老师。从这一点看，韩愈无疑比柳宗元更勇于任事，敢于担当，他真的是孤勇者。

韩愈在《师说》中的重要观点是"师道之不传也久矣"，人们"耻学于师"，一般老师只是教教句读之类的基本常识，缺乏能扶树教道的良师名师。尤其棘手的是，"士大夫之族，曰师曰弟子云者，则群聚而笑之"。情况的严重，出乎人的意料。越是精英阶层，越不讲师道。古语说："经师易求，人师难得。"试想，如果整个社会都不尊师，大家也都不愿意做老师，风气浇薄，长此以往，不是很可怕吗？这将导致学风浮躁、世风日下。韩愈作《师说》之后，虽然他本人暂时受到嘲讽讥笑，被目为狂悖，但后来逐渐得到有识之士的认同，社会风气也慢慢发生了变化。从某种程度上可以说，是韩愈让"老师"恢复了尊严。

韩愈总能看出社会的问题，从而针砭时弊。《师说》就是一篇典型的、向当时的不良风气发起抨击的文章。特别是韩愈看出了士大夫阶层耻于相师、羞于为师的巨大危害。《师说》有千钧之力，在当时振聋发聩，真正扭转了人们对于"师道"的理解。

想要改变风气，就要不畏人言，就要敢冒天下之大不韪。《师说》的背后，是大唐孤勇者韩愈的奋不顾流俗，抗颜为师。千百年来，这篇文章犹如定海神针，树立了中国的师道尊严，堪称古代教育史上的"有数文字"。往大里说，韩愈的《师说》，是孔子之后最重要的尊师重教之论，为中华民族塑造了崭新的师道观，具有震烁古今的力量。往小里说，今天，做老师是扬眉吐气的，受人尊敬的。我们不能忘了韩愈的功劳。

掌握了"流量密码"："动而得谤，名亦随之"

到目前为止，韩愈虽然仕途没有大的起色，声名却是与日俱增了。有趣的是，韩愈的名声，是在争议中不断积累的，他从来都是个毁誉参半的人。他的《进学解》里有句话："动而得谤，名亦随之。"如果用另一句俗话解释，就是：名满天下者，亦谤满天下。有的人承受力弱，接受不了这种情况，对于褒贬不一，会感到痛苦；但韩愈倒是通脱，认识到这是常情常理，欣然接受。

在"正七品上"的四门博士任上，韩愈有一次推荐行动和一次发声，值得谈谈。荐士是在贞元十八年，中书舍人权德舆主持进士考试，陆傪佐之。韩愈上书陆傪，一次性推荐了侯喜、侯云长、刘述古、李绅等十人，充分体现了"好贤乐善，孜孜以荐进良士"。韩愈举荐的人，此年就有尉迟汾、侯云长、沈杞、李翊四人金榜题名，其余人后亦陆续及第。作为老师的韩愈，品鉴人才之准、爱惜人才之切，既令人叹服，更令人钦佩。当他既愿意帮助人，又有能力帮助人的时候，大家就乐意聚集在他的周围了。"韩门弟子"的形成，当与韩愈此次大力举荐贤才有密切关系。

一次发声是《论今年权停举选状》，背景是贞元十九年（803年）关中大旱，朝廷决定罢吏部选和礼部贡举。对此，韩愈认为不妥。他的观点是：国家大灾之际，亦是用人之时。通过举选，选拔那些"忧国如家、忘身奉上"的"纯信之士，骨鲠之臣"，破格任用，正是国家迫切需要的，可以为国纾困解难。所以韩愈希望旱灾不影响举选。韩愈的这次发声，未能起作用，但毫无私心，纯粹为了国家选才，肯定会赢得举子们的爱戴。

或许有人认为，韩愈在人生的每个阶段、每个岗位上，似乎都要"搞"一些事情，不做出一些惊人之举，发出一些惊人之论，那就不是韩愈了。再进一步，某些人就会对韩愈形成偏见，认为他的性格躁急偏狭，他的风格很能耸动人听。但我认为，不能说韩愈擅长"作秀"，而是韩愈的人格和行事风格，决定了他的所作所为，他要做的，永远是特立独行的大丈夫。我深刻体会到，韩愈宁愿暴死在未知的荆棘小路上，也不会去走寻常人走的老路。韩愈思维敏锐，言辞犀利，谈言微中，其议论、文章总能引起关注，话题性很强，甚至会引发轰动效应。用今天的话讲，韩愈常能"自带流量"。

韩愈是偏于热血的性格，他看到不平之事，不会冷眼旁观、三缄其口，义愤填膺、仗义执言才是他的风格。韩愈提携过的贾岛，作过一首诗叫《剑客》："十年磨一剑，霜刃未曾试。今日把示君，谁有不平事？"我以为，这诗送给韩愈，是最合适的。韩愈的这种天然能引发关注的能力和风格，急人之困的热忱，不是所有人都具备的。更关键的是，韩愈不是装腔作势、故弄玄虚，他是真能看出社会的症候，揭示问题的病灶，指出向上的一路。他所具有的强烈的敏感性、明锐的注意力、深刻的洞察力和勇猛的责任心，综合于一身，参互作用，才成就了他这样一个不世出的伟人，极不容易。

总之，韩愈确有耸人听闻的一面，但又不是为了哗众取宠，而是要聚焦热点，剖析问题，革除弊病。韩愈的名气，就在质疑声中一点点积累，可以说他掌握了"流量密码"。好在他从没停歇前进的脚步，大喝道："安得长翮大翼如云生我身，乘风振奋出六合，绝浮尘！"（《忽忽》）这壮句如同出自李白的笔端，鲲鹏展翅，翱翔天外，雄健无匹！这才是韩愈该有的样子！

纪录片《千古风流人物》项目组供图

第五章

第一份满意的工作只干了月余，就被贬谪

慷慨激昂的新任监察御史

贞元十九年秋冬，韩愈由四门博士转为监察御史。任监察御史，完全可用一个"擢"字。为什么这样说？监察御史虽然官阶只有正八品下，但却是负有言责的谏官，负责"分察百僚，巡按郡县，纠视刑狱，肃整朝仪"。用今天的话讲，不但具有"话语权"，而且有实权，更是皇帝的"耳目"，未来甚有前途，故而算是拔擢了。

这是韩愈第一份满意的工作。何以见得？唐史中形容御史，有句耐人寻味的话："御史出都，若不动摇山岳，震慑州县，诚旷职耳。"一下子就把御史的"威风煞气"渲染出来了。当年韩愈在徐州幕府时，作过一首诗，名字就很奇怪，叫《龊龊》，形容当时文士的器量偏狭、谨小慎微。诗里有几句："愿辱太守荐，得充谏诤官。排云叫阊阖，披腹呈琅玕。"请看，他很早就心仪做"谏诤官"了，现在真的做了监察御史，岂不是得偿所愿？他踌躇满志，想要上书皇帝；披肝沥胆，意欲贡献最好的谋略。总之，韩愈这位新御史是一腔热血，摩拳擦掌，如果不能"动摇山岳，震慑州县"，他是不会甘休的。

有意思的是，此时刘禹锡、柳宗元都到御史台工作了，与韩愈成为同僚，这实在太巧了。据说三人都是御史中丞李汶所引荐，此人可谓巨眼英豪。韩、刘、柳皆大才子，同衙为官，切磋学问，议论朝政，真可谓风华正茂、意气风发。不妨盘点对比一下三人的过往。他们皆寒门出身，贞元八年，韩愈率先登进士第。只晚一年，刘、柳同时登进士第。三人全都才华横溢，都有大志向，应该在科举考试中，就相互认识了。之后的博学宏词科，韩愈就蹉跎了，名落孙山；而刘、柳却青云有路，榜上有名。再往后，三人如"兄弟登山，各自努力"，没想到因缘际会，多年后竟然相逢在御史台！这一年，韩愈三十六岁，刘禹锡三十二岁，柳宗元最小，三十一岁。闰十月，刘禹锡自京兆渭南主簿擢任监察御史，柳宗元自蓝田尉征为监察御史里行。"里行"用今天的话讲，就是不在编制内的额外官员。故此时的柳宗元，尚不及韩、刘。

在御史台，三位大才子是怎样交流的？刘禹锡在韩愈亡故后撰写的祭文中，描摹了鲜活的画面："昔遇夫子（指韩），聪明勇奋。常操利刃，开我混沌。子长在笔，予长在论。持矛举盾，卒不能困。时惟子厚，审言其间。赞词愉愉，固非颜颜。"（《祭韩吏部文》）我们似乎看到了三位有志青年头角峥嵘，胸怀大志，辩才无碍。其中，韩、刘常在一起唇枪舌剑，磨砻淬砺。柳宗元似乎温厚些，于二人间调和。三人论学辩道的坦荡愉快，宛在目前。

韩、刘、柳聚在一起，纯属巧合？恐怕未必。他们都算是中唐政坛的"清流"，居然同时任职于御史台，是否有人在"招兵买马"，刻意聚集一批青年才俊，有所图谋？但，这只是推测。请注意，韩、刘、柳的政见不同，更重要的是，他们不属于同一阵营。刘、柳亲如兄弟，而韩与刘、柳，则是有一定距离的。后来，三人间发生了很多故事、纠葛，既扑朔迷离，又出人意料，而源头，就出自短暂的御史台同僚时期。

满朝朱紫不敢言的奏疏：《御史台上论天旱人饥状》

之前在徐州幕中，敢言好谏的韩愈已经小试牛刀。现在，终于坐到了监察御史的职位上，韩愈摩拳擦掌，准备大展宏图。板凳还没坐热，韩愈就碰到了一个现成的进谏机会。这一年，气候恶劣，从正月到七月，长安一带都未降雨，旱灾严重，饥馑相仍，饿殍甚多，甚至"人死相枕藉"。即便灾情如此严重，京畿的官员仍如往年聚敛征求，百姓苦不堪言。在这种情况下，韩愈如骨鲠在喉，不能不发声。

韩愈精心准备了一封奏疏，名曰《御史台上论天旱人饥状》，直接点题。状文描述当时灾害的严重："有弃子逐妻以求口食，坼屋伐树以纳税钱，寒馁道途，毙踣沟壑。"然而，灾害严重到了这种地步，地方官吏还征敛如故、不稍宽待。考虑到京师是"四方之腹心，国家之根本"，韩愈提出"其百姓实宜倍加忧恤"，请求皇帝特敕京兆府停征、缓征今年的赋税。韩愈的奏疏，据实陈述，有理有节，谏诤的姿态是恰当的，言辞也是恳切的。

韩愈的奏疏还表示，所言都是"群臣之所未言，陛下之所未知者也"。这就值得注意了，可见当时说真话的不多，皇帝并不了解情况。更准确地说，是群臣所未敢言！群臣未敢言而韩愈敢言，这才是韩愈的可贵之处。此次韩愈的"怼"，是完全没有问题的，天子哀怜京城百姓，司空杜佑赞同韩愈的建议……似乎一切都在往好的方向发展，皇帝也应该会采纳韩愈的意见。

出人意料的是，韩愈忠心报国，剀切上疏，不到十天，即被远贬为连州阳山令，令人扼腕！事后韩愈自言"天子恻然感，司空叹绸缪。

谓言即施设，乃反迁炎洲"，用了一个"反"字，说明反常，连当事人都丈二和尚摸不着头脑。仿佛事情是突然起了变化，而且是意想不到的突变。足见当时的政治生态大有问题，甚至很诡异。韩愈的另一篇文章《论今年权停举选状》中有一句话，极值得注意，就是"有君无臣，是以久旱"。这等于把时政全盘否定了，朝中大官被一笔抹倒，批评实在犀利！总之，韩愈的突然被贬，大有文章。其实，当日并不是韩愈一人发声并被贬，为天旱人饥而上疏的，还有张署、李方叔诸人。这个张署，跟韩愈同病相怜，被贬为郴州临武令。韩、张当时一同南迁，时在贞元十九年十二月。他们带着满腹疑窦，踏上了漫长的南谪之路，"凌大江之惊波兮，过洞庭之漫漫"。

唐时的贬谪常以"度岭"与否，作为惩罚轻重的标准。"岭"指五岭，既是江西、湖南与广东、广西的分界，又是长江水系与珠江水系的分水岭。沈佺期的诗说"天长地阔岭头分""崇山瘴疠不堪闻"（《遥同杜员外审言过岭》）。被贬岭南，等于被贬天涯海角，那里多瘴气、毒雾、蛮溪、鬼疟，生存条件恶劣，少有能生还者。元稹甚至表示，岭北是"冠冕中华客"，而岭南即"梯航异域臣"（《和乐天送客游岭南二十韵》）矣。由此言之，将韩愈贬阳山，惩罚是异常严酷的。

扑朔迷离的阳山之贬

连韩愈这样的一代文宗，其生平中的很多事情，都是暗昧不明的。譬如，关于他被贬阳山，新旧《唐书》都明确写是因为上疏论宫市，《资治通鉴》则言以上疏论天旱人饥而被贬，试问哪个说法准确？中唐

广东省清远市阳山县韩愈文化公园韩愈像　纪录片《千古风流人物》项目组供图

的宫市，类似今天的政府采购，由内监采办。但宦官巧取豪夺，仗势盘剥掠夺民间的财物，导致百姓苦不堪言。韩愈上书进谏宫市，而被贬斥。这看起来是情通理顺的。后来的年谱、传记多因袭此说。然而这显然是不确的。

那么，被贬阳山是否因韩愈的直言极谏？问题的根源还出在《御史台上论天旱人饥状》上，状文似乎有所指。指的是谁？当人民遭受急难，请宽民徭、免田租，乃人之常情。此时连皇帝也叹息，哀怜百姓之苦。但京畿地方官却征求聚敛，一如往昔，岂不是奸佞之臣、贼民之官？虽然韩愈没有点名，但是《资治通鉴》和后世学人多认为，文章的矛头指向当时的京兆尹李实。然则，韩愈的被贬是因为李实恼羞成怒、打击迫害吗？

按李翱《韩公行状》的说法，韩愈的上疏，"为幸臣"所忌惮、谗毁，皇甫湜《韩文公神道碑》则言"专政者恶之"，因而遭贬。这大抵不错。但，这里的"幸臣""专政者"就一定是指李实吗？李实是皇亲国戚，道王李元庆（与李世民是兄弟）的玄孙，以荫入仕。贞元十九年三月，李实拜京兆尹，颇得恩宠，权倾一时。不过请注意，《御史台上论天旱人饥状》没有点李实的名字。文章的主旨，是希望皇帝减免京兆府的赋税，"伏乞特敕京兆府，应今年税钱及草粟等在百姓腹内征未得者，并且停征"。如果从反面去想，这岂不是在帮李实说话？因为京兆府在大灾之年减免赋税的话，李实的"工作压力"反而减轻了。这倒不像弹劾李实，而像是为京兆府陈情的折子了，策略性地给李实台阶下。

就在上疏稍早，韩愈在等待新的工作岗位的当口，还作了篇《上李尚书书》，就是写给李实的。此文极值得注意。文章先大大地赞美了李实一番："愈来京师，于今十五年，所见公卿大臣不可胜数，皆能守官奉职，无过失而已；未见有赤心事上，忧国如家如阁下者。"赞颂李实"赤心事上，忧国如家"，简直就是公卿大臣中的模范了。关于长安的旱灾，韩愈也谈到了："今年已来，不雨者百有余日，种不入土，野无青草，而盗贼不敢起，谷价不敢贵。百坊、百二十司、六军、二十四县之人，皆若阁下亲临其家；老奸宿赃，销缩摧沮，魂亡魄丧，影灭迹绝。非阁下条理镇服，布宣天子威德，其何能及此！"这说明李实的行政能力颇强，即便在旱灾严重的年份，京城的里里外外、方方面面都应对处理得很好，特别是粮食价格不涨，社会治安良好。李实在打击犯罪、惩治奸人方面，也做出了成绩。这不是皇帝最希望看到的吗？把这两篇文章放到一起判断，韩愈既没有专门针对李实，更没去弹劾李实。韩愈能到御史台工作，说不定还得到了李实的帮助，因为李实"许人荐引，不次拜官"，可左右官员的升迁。要之，认为李实阴谋迫害了韩愈，恐怕证据不足。

接下来的问题是，这两篇文章是不是韩愈真实的意思表示？韩愈在文章中或许隐藏了什么。一个棘手的问题是，韩愈日后主持编修的《顺宗实录》，对李实是大加鞭笞的，说他"恃宠强愎，不顾文法"，"陵轹公卿已下，随喜怒诬奏迁黜"，"勇于杀害，人吏不聊生"。李实不但霸道，而且欺负人，甚至可以说残暴。后来李实被贬时，竟然"市里欢呼，皆袖瓦砾遮道伺之"。前面的"赤心""忧国"，到这里变成了聚敛毒民，百姓衔恨至极，李实倒台时，非"扔砖头"不足以解恨。如何解释前后不一、判若天渊？请注意，《上李尚书书》是干谒文，那时韩愈正处在接受考核、谋求新职位的阶段，他希望李实援引，所以有溢美之词。况且李实彼时刚任京兆尹，尚未显露出什么罪恶。而作《御史台上论天旱人饥状》时，韩愈还是有所忌惮的，正因为知道李实的气焰嚣张，"随喜怒诬奏迁黜"，公卿都不在他的眼里，何况一个小小的御史？所以韩愈虽上疏，却不敢点出李实的名字，他要给李实留面子，婉转陈情。因此，我们应该从韩愈的角度想问题，多理解彼时彼地的韩愈。他在上疏的同时，也要保护好自己。如果刚刚上疏，就被罢官，甚至被治罪，那岂不是太失败了？今人不宜有"道德洁癖"，一味主观地让韩愈做"不怕死的忠臣"。斗争是要讲策略的。

至于《顺宗实录》中的李实，早已"尘埃落定"，其形象已然定格为奸臣。在韩愈之前，《顺宗实录》已有初稿。诸人的忠奸，更是早有公议。韩愈接手修撰史书，更多体现的，即是公议，而非私见。当盖棺论定时，韩愈"从公论"即可，不必再有任何的顾忌。因此，不宜把《顺宗实录》看作韩愈个人的著作，其中的裁断也不能说都是他个人的观点。

南宋魏了翁的评价很耐人寻味："韩文公《上李实书》极其称誉，至《顺宗实录》，亦公所作也，而抵排之词乃如此，韩公每是有求于人，其词辄卑谄不可据。"话虽不好听，且略病偏颇，却也点出了韩愈有"灵活性"的一面。其实，何止是韩愈，当李实炙手可热时，愿意结交攀附的，岂在少数？刘禹锡就有《为京兆李尹贺雨表》，柳宗元亦有《为李京兆祭杨凝郎中文》，可见他们都与李实有过从，柳宗元还为李代笔，关系应当更近。由此言之，就不宜单独谴责韩愈了。当李实居高位煊赫之时，大家都在捧；当其倒台之际，则墙倒众人推，此乃人之常情。平心而论，韩愈在李实煊赫之时，仍能上书，为百姓婉转陈情，仅此一点，就值得肯定。

韩愈是如何看待干谒的呢？他的《与于襄阳书》中说："其故在下之人负其能不肯谄其上，上之人负其位不肯顾其下。故高材多戚戚之穷，盛位无赫赫之光。是二人者之所为皆过也。未尝干之，不可谓上无其人；未尝求之，不可谓下无其人。"议论很辩证，在下之人有时就得低声下气地"谄其上"，否则不能"曲线救国"，为了实现理想，干求不可免，韩愈是懂得这个道理的。《上李尚书书》就是韩愈在干谒方面的生动实践。

"朝为青云士，暮作白头囚"

上一节，谈如何看待韩愈和李实的关系。说李实打击迫害了韩愈，似乎证据不足。韩愈突然遭贬的缘故，仍是谜案。"解铃还须系铃人"，还是看当事人自己的陈述吧！韩愈的《赴江陵途中寄赠王二十补阙李十一拾遗李二十六员外翰林三学士》起首就说："孤臣昔放逐，血泣追愆尤。汗漫不省识，恍如乘桴浮。或自疑上疏，上疏岂其由？"最后两句直指要害。韩愈说，我怀疑是因为上疏而遭到了贬逐，果真如此吗？实在是无妄之灾啊！韩愈用了一个反问，话里有话地否定了上疏之由。历史是复杂的，我想，无论如何，韩愈是当事者，他本人在事后的看法，是最值得重视的。既然上疏不是遭贬的缘由，那李实基本就可以撇开关系了。关于李翱、皇甫湜笔下的"幸臣""专政者"是谁的问题，姑且按下不表，等到下一章分解。

还是在这首重要的作品中，韩愈痛苦地回忆：

中使临门遣，顷刻不得留。

病妹卧床褥，分知隔明幽。

悲啼乞就别，百请不颔头。

弱妻抱稚子，出拜忘惭羞。

俛俛不回顾，行行诣连州。

朝为青云士，暮作白头囚。

被贬后的处置，简直如同遣送罪犯！遭贬的突然、上路的狼狈、家人的可怜、奔赴贬所的艰辛，韩愈刻骨铭心，不能忘怀。病重的妹妹，雪上加霜，命将不久，弱妻幼子，"被驱不异犬与鸡"！一家人仓皇南迁，血泪交迸！说是家破人亡，亦不为过。

从贞元十九年十二月谪阳山，韩愈和张署结伴同行，经蓝田入商山，越秦岭，浮襄汉，过洞庭，经冬至春，行至湘中。经过汨罗江时，韩愈顿时想起了屈原，觉天地愁惨，不能自已。张署路稍近，先抵郴州临武，韩愈更远，经连州，乘舟继续南下，过贞女峡、同冠峡，到阳山大约就是第二年的二月了。

耐人寻味的是，韩愈被贬之日，恰好是刘禹锡、柳宗元得意之时。此时的刘、柳，仍在御史台任职，他们发扬蹈厉，前途似乎一片光明。不过，漫漫人生路，高低起伏，此消彼长，拼的是长年累月的恒心和毅力。有智慧的人，既不因暂居优势就沾沾自喜，又不以马失前蹄而妄自菲薄。韩、刘、柳三人的人生悲喜剧，至此只演了个开场，后面还长着哩！

纪录片《千古风流人物》项目组供图

第六章

迷雾重重的官场浮沉

阳山：荒江老屋中的大学者

唐代的阳山是一个极为偏僻的小县，说是穷山恶水，亦不为过。韩愈自己说："阳山，天下之穷处也。……县郭无居民，官无丞尉，夹江荒茅篁竹之间，小吏十余家，皆鸟言夷面。始至，言语不通，画地为字，然后可告以出租赋，奉期约。"（《送区册序》）唐代全国的县，有一千五百多个，大致分成上中下数等，阳山属于绝对的"下县"，给人的感觉，何止是民智未开，简直就是离原始社会的状态不远。这里山陵险峻，猛兽出没，河流湍急，行舟危险，人迹罕至，一般是没有外来客的。韩愈这个阳山令，成了"光杆司令"，手下无丞、尉可用。那里的"南蛮鴃舌"之人，讲话根本听不懂，只能在地上写字，比画而已。

阳山虽苦，却有一个特别的好处，就是得一"静"字，能让韩愈远离政治中心的是非，彻底平静下来，就像他自己在阳山写的诗中所说："出宰山水县，读书松桂林。萧条捐末事，邂逅得初心。"（《县斋读书》）韩愈抛开俗世的纷扰，在山水之间、松桂树下，读书思考，找到自己的初心，沉思人生的去就。他甚至开始尝试构建宏大的儒学道统，显示出恢宏的学术气魄。有一种观点认为，韩愈最重要、最著名的理论文章——"五原"（《原道》《原性》《原毁》《原人》《原鬼》），就作于贬谪阳山时期，或许有一定的道理。杜甫说"文章憎命达"，韩愈虽然在仕途的低谷，但一腔忧愤，转为文思泉涌，终于化作锦绣文章。总之，在阳山期间，是韩愈学术思想突飞猛进的丰收期。

当代大家钱锺书说："大抵学问是荒江老屋中二三素心人商量培养之事，朝市之显学必成俗学。"这句话套用在居阳山的韩愈身上，何其恰当！其实，不只韩愈，柳宗元也是懂得这个道理的，他说："贤者不得志于今，必取贵于后，古之著书者皆是也。"（《寄许京兆孟容书》）发愤著书，必取贵于后，讲得何其精辟！这也是贬谪中的韩、柳穷且益坚、不懈努力的一大动力。

"五原"的"原"字，是推究的意思。《原道》是宣扬儒家道统的纲领性文献；《原性》是要推究人性的本原；《原毁》是推究人为什么会相互毁谤；《原人》是推究人的本原、人与自然的关系；《原鬼》则是推究鬼神的本原，关注生死的问题。由此而论，"五原"何其重要，是韩愈对天道、人生、自然、生死的系统思考和感悟，宇宙人生的荦荦大端，他都关注到了，充满了大智慧、大关怀。《原毁》比较特殊，应该跟韩愈屡遭毁谤的人生际遇有一定关系。

兹把"五原"之首的《原道》，单独挑出来谈谈。此文不是故弄玄虚的高头讲章，而是关乎日用伦常的大文章，有学者赞为"唐代的中国文化宣言"。请看：

> 夫所谓先王之教者，何也？博爱之谓仁，行而宜之之谓义，由是而之焉之谓道。足乎己，无待于外之谓德。其文：《诗》《书》《易》《春秋》；其法：礼、乐、刑、政；其民：

士、农、工、贾；其位：君臣、父子、师友、宾主、昆弟、夫妇；其服：麻、丝；其居：宫、室；其食：粟米、果蔬、鱼肉。其为道易明，而其为教易行也。

　　试问所谓的先王之教，指的是什么？简言之，就是仁义道德。泛爱众叫作仁；行为符合人情事理叫作义；以仁义为安身立命的标准，凡事都遵照施行，叫作道；自己内心充盈，不凭借任何外在的东西，叫作德。韩愈对仁义道德的解说可谓言简意赅。大到文法民位，小到服居食物，一一论列，简明扼要，通俗易懂。通过《原道》，韩愈构建了一个传承有序的儒家道统谱系："尧以是传之舜，舜以是传之禹，禹以是传之汤，汤以是传之文武周公，文武周公传之孔子，孔子传之孟轲，轲之死，不得其传焉。"言下之意，孟子之后，道统就中断了，现在我韩愈要接续前贤，担负起如孔孟般光荣而伟大的历史使命。韩愈的道统论等于是为儒家制定了最重要的传承谱系，故而堪称雄文，千古卓立。

　　此时的韩愈，知名度已经很高了，可以说他是输了官场，却赢得了声名。阳山这穷乡僻壤，居然来了这么个有名的人物，是有史以来第一次。阳山周边的文人墨客、青年学子奔走相告。南海的青年区册，第一个乘舟来求教，韩愈说他"仪观甚伟，坐与之语，文义卓然"，评价很高。之后，区弘、窦存亮、刘师命等好学青年，都排除困难，慕名而来，他们的共同点是"乘不测之舟，入无人之地，以相从问文章为事"，可见求学问道的虔诚。区册甚至长期陪伴韩愈，这让寂寞中的韩愈不寂寞矣。说实话，环顾全国，当时有此人格魅力，能让好学青年奔赴山海、千里问道的，恐怕只有韩、柳二家。这就是宗师的魅力。韩愈的《县斋读书》中还有几句："诗成有共赋，酒熟无孤斟。

青竹时默钓，白云日幽寻。"跟他一起赋诗饮酒、钓鱼寻幽的，就是这些可爱青年吧。我突然想起，著名摇滚乐队Beyond的名曲《大地》普通话版歌词中，有几句是："眼前不是我熟悉的双眼，陌生的感觉一点点，但是他的故事我怀念。回头有一群朴素的少年，轻轻松松地走远，不知道哪一天再相见。"这歌词，仿佛讲的就是韩愈与好学青年的故事，朴素而动人。

从贞元二十年（804年）二月，至第二年四月，韩愈在"穷处"阳山，仅待了一年零两个月，当地人民却永远记住了韩愈。《新唐书·韩愈传》说："有爱在民。民生子，多以其姓字之。"韩愈在阳山，施教化惠政，有遗爱在人民。阳山的老百姓生孩子，甚至多以韩愈的

阳山摩崖石刻，韩愈手迹　纪录片《千古风流人物》项目组供图

姓字之。这是对韩愈的最高褒奖。

笔者曾两到阳山，这座县城今天仍不算发达，但果真山水清明，远离喧嚣，可涤荡尘虑，静心调摄。小小的县城中，满满都是韩愈的标签，贤令山、松桂林、读书台、钓鱼台，还有韩文公祠……我在摩崖石刻"鸢飞鱼跃"前久久徘徊，陷入沉思。阳山之贬没有打倒韩愈，这里反倒成为他的一个休憩之所，韩愈在此独处，养心安神，与灵魂对话，以期迎接未来严酷的挑战。

一年三大赦：从阳山到郴州，再到江陵

贞元二十年的冬天，韩愈与"难友"张署相约在临武边界聚会。他们俩是贬官，不能互相拜访，只好相约边界，打打"擦边球"。这次相聚，竟发生了意想不到的趣事。好不容易见一面，自然有谈不完的话，从白天聊到夜晚，两位好友"枕臂欹眠，加余以股"，甚至睡在一起，你把头枕在我的手臂上，我把腿压在你的身上，真是亲密极了。但是，到了半夜，仆人前来报告，居然有不速之客——老虎，闯入厩中，将县太爷骑的驴叼走了！插一句话。从天而降的老虎，应该是华南虎，这说明唐代阳山、临武一带的生态环境是很好的，所以才有猛兽出没。可惜的是，华南虎今已野外灭绝。

"坐骑"被虎叼走吃掉，韩愈好不沮丧！张署就劝韩愈，这个驴，其实也跑不快，被老虎叼走，或许是个吉兆哩！理由是，老虎被称为寅，或许新一年的寅月（即正月）就会有好事发生。韩愈无可奈何，只好祈祷这是个吉利的预兆。

果不其然，老虎的出现，带来了转机，这不请自来的老虎可以说是政局转变的先兆。贞元二十一年（805年）正月，唐德宗驾崩，顺宗即位，二月依例大赦天下。王伾、王叔文、韦执谊、刘禹锡、柳宗元等一干人都陆续升迁了，而京兆尹李实被贬为通州长史，很快死去。王伾、王叔文这"二王"，是顺宗最亲信的人，一时如日中天，甚至可决定人的前程命运。二十四日，大赦天下，而赦令传到阳山，当在三月中下旬。

据《顺宗实录》，二月二十四日，"上御丹凤门，大赦天下"，具体说，"大辟已下，罪无轻重，常赦所不原者，咸赦原之。……其在外者，长吏精加访择，具名闻奏，仍优礼发遣"。据此，韩愈是应该得到赦免并另行妥善安置的。但韩愈接到赦书后，具体到自己将被如何安置，却暂无消息。他只有苦苦等待。在一系列新的人事安排中，最有意味的，是李实的被贬，这说明了他与"二王"（指王伾、王叔文）等人的尖锐对立，亦从另一层面印证了韩愈与李实应该不是敌对的关系。当时的朝堂生态何其诡异凶险！

到了四月，顺宗册立太子李纯，又一次大赦。可对韩愈的处置，仍无下文。再晚些时候，韩愈和一同被贬的张署都暂到郴州，翘首待命。赦免韩、张或许已提到议事日程上了，但如何处理，仍需官家斟酌。当时的郴州刺史是李伯康，一年多以前，韩愈被贬阳山，路过郴州，李伯康热情地招待了韩愈，他对韩愈的道德文章很是敬重，两人在郴州有着友善的交流互动。韩、李的关系，用韩愈自己的话说，是"白头如新，倾盖若旧"，他跟李刺史虽然相识晚，但真是一见如故，交情匪浅。毫无疑问，李刺史是极愿帮助韩愈的；但是，刺史的权力毕竟有限，韩愈的命运，仍在未定之天。

这一年，朝堂上的变化极大，顺宗虽然刚登基，但身体极差，又因上一年九月风疾失音，无法理政，皇宫中暗暗酝酿着新的变化。五月，诏王叔文为尚书户部侍郎，但旋因其母丧而去位。七月，太子监国。转眼八月，顺宗内禅，宪宗即位，又一次大变天，最大的变化是"二王"倒台，旋贬王伾为开州司马、王叔文为渝州司户。九月，贬柳宗元、刘禹锡、韩泰等为诸州刺史，不久再追贬为司马。朝堂上仅半年即上演"扭转乾坤"的惊悚大剧。这背后，是宦官与藩镇勾结，逼迫顺宗退位，扶太子上位。而王叔文一党一败涂地。接着再次大赦。这意味着韩愈、张署又得到一次赦免的机会。

八月的大赦，很快有了结果，韩愈量移江陵府（即荆州）法曹参军，张署则是江陵府功曹参军。真是一对难兄难弟！韩愈写赠张署的诗说："回头笑向张公子，终日思归此日归。"我们仿佛看到了韩参军的一脸苦笑。量移是什么意思？唐宋时的官吏因罪远谪，遇赦酌情迁近处任职。说实话，对韩愈、张署的处置，并不算优待，他们已经苦等了甚久，原本期望值更高，满心以为能回到京城的。这让他们怎能甘心！

"站队"的官场玄学与"不站队"的韩愈

一年多次大赦，实属罕见。唐德宗、顺宗、宪宗，三人如走马灯，在一年之中，轮番上台、下台。这一年的特殊，还在于顺宗执政的数月之中，有一个短暂的"永贞革新"。皇帝换得勤，下面的臣僚换得就更勤。说这一年在唐朝历史上有些"恢诡谲怪"，也未尝不可。

正因为大形势的波诡云谲，韩愈等人的命运也随之扑朔迷离。大赦天下，对贬迁者而言，是有回到京城的机会的。但是，顺宗即位和册立太子的大赦，韩愈、张署的命运并未改变，他们依然处在一种颇为诡异的氛围之中，焦急地待命，很长时间没有下文。当然，韩、张等人也在远远观察京城的风吹草动，心中凛凛，不敢轻举妄动。应该指出，韩、张倒霉之时，却是"二王刘柳"得意之日。

　　然而，当八月顺宗内禅，宪宗即位，形势立刻就不同了。韩愈的一首名诗《八月十五夜赠张功曹》，恰好作于此时。这个张功曹，就是张署。此诗是解读韩愈这一段遭遇前因后果的第一手材料，亦被认为是韩诗中最好的七言古体之一，姑且引全诗，以便欣赏分析：

> 纤云四卷天无河，清风吹空月舒波。
>
> 沙平水息声影绝，一杯相属君当歌。
>
> 君歌声酸辞且苦，不能听终泪如雨。
>
> 洞庭连天九疑高，蛟龙出没猩鼯号。
>
> 十生九死到官所，幽居默默如藏逃。
>
> 下床畏蛇食畏药，海气湿蛰熏腥臊。
>
> 昨者州前捶大鼓，嗣皇继圣登夔皋。
>
> 赦书一日行万里，罪从大辟皆除死。
>
> 迁者追回流者还，涤瑕荡垢清朝班。
>
> 州家申名使家抑，坎轲只得移荆蛮。
>
> 判司卑官不堪说，未免捶楚尘埃间。
>
> 同时辈流多上道，天路幽险难追攀。
>
> 君歌且休听我歌，我歌今与君殊科。
>
> 一年明月今宵多，人生由命非由他，有酒不饮奈明何！

　　作品既高明雄秀，又料峭悲凉，可谓情韵兼美。诗先点题，描摹

湖南省郴州市小东江　视觉中国供图

中秋之夜的皓月当空，明河共影，韩、张二人却心事重重，无心赏月。接下来，诗借张署之口，再言韩、张遭贬的苦况，路途无比艰辛，贬所湿热郁蒸，真是度日如年。更重要的是，张署道出了不为人知的隐情：新皇帝即位，大赦天下，连死罪都赦免了，像我们这样的贬谪官员，自然也要返回朝堂了。但是，"天路幽险"，预料之中的事情，并没有发生！问题来了，诗里的"嗣皇"即新皇帝，是谁？是顺宗还是宪宗？深长思之，当然是指宪宗，因为是在"州前"捶大鼓，韩、张都经历了，说明在郴州。如果是顺宗即位的话，那在春天，韩在阳山，张在临武，他们不会亲身经历州前捶鼓。

　　这首诗的关键句是——"州家申名使家抑"，意思是："州家"——当时的郴州刺史李伯康，把赦免我们（指韩、张）的建议报上去了，可"使家"又压制了对我们的赦免，导致对我们的"处理结果"迟迟不能公布。请问，这里的"使家"又是何许人也？矛头直指当时的湖南观察使杨凭。他是湖南最高行政长官，可决韩、张的前程。无巧不成书，杨氏乃柳宗元之岳父。这就牵涉到了柳宗元、刘禹锡，乃至刘、柳背后的王伾、王叔文、韦执谊等一干人了，情况错综复杂。

到底是谁一再压制韩愈？就做官而论，"站队"是极重要的。同一阵营的官员，相互援引、相互支持，不遗余力；不同阵营的官员，道不同不相为谋，等而下之者，甚至落井下石，构陷诬蔑，打击报复，不择手段。德宗晚期，宠信宦官，朝政渐坏。太子（即后来的顺宗）看在眼里，欲日后有作为，在其周围，就渐渐形成了政治小团体，王伾、王叔文侍读东宫，"娱侍太子"，得"大爱幸"，韦执谊亦得信任，顺宗即位后对此数人言听计从。其中最核心的人物乃王叔文，他在暗中招兵买马，而王叔文又极赏识刘禹锡，认为有"宰相之器"，再去拉拢柳宗元，史书上屡言的"二王刘柳"，就呼之欲出了。刘、柳是"二王"集团的重要成员，该集团还包括韦执谊、陆质、吕温、韩泰、陈谏等十余人，"定为死交"。立场不同，看问题的角度不同，结论自然不同，有时甚至大相径庭。后来的《资治通鉴》评价王叔文"谲诡多计"；而在柳宗元眼里，叔文"坚明直亮，有文武之用""有匡弼调护之勤"，可见他们互相欣赏。

顺宗即位后，"二王"春风得意，任翰林学士，韦执谊拜相，诸人各有封赏。柳宗元三十三岁，即从监察御史里行擢为礼部员外郎，进入其人生最得意时，所谓"超取显美"。短短数月间，他们发动了一系列改革，如罢官市、五坊小儿，取消进奉，释放宫女等，即"永贞革新"，但遭到宦官、对立朝臣等的强烈抵制，成效不大。其实这些改革措施，都很正面，韩愈也会赞同，但却湮没在政争权斗之中了。

"二王"当日"挟天子以令群臣"，大搞小圈子，任人唯私，杀伐果断，让宦官、朝臣都深致不满。耐人寻味的是，韩愈和刘、柳虽是好友，却没有加入这个小集团。按说，韩愈是有条件加入的，"二王"在德宗后期就到处罗致人才，刘、柳未必不想拉韩愈"入伙"，但韩愈却有自己的独立判断。

"二王"虽得太子宠信，但"出身"亦卑微，为人诟病。王伾"以书（书法）待诏"、王叔文则"以棋（围棋）待诏"，说得难听点，是以"奇技淫巧"博得顺宗的好感和信任。特别是王叔文，以下棋服侍太子李诵十八年，终得宠信。这在正牌科举出身的韩愈看来，恐怕是天大的笑话。韩愈那么孤傲耿介，对"二王"的出身和作为，大概率是不屑的。再加上他的兄长韩会早年因依附宰相元载而被贬，且郁死贬所，这个刺激是极大的，也让他对结党营私保持着高度的戒备。韩愈警惕地与王伾、王叔文集团保持一定的距离，恐怕还有可能劝诫过刘、柳。隐秘的内情早已难知晓，可韩愈的诗句，"天路幽险难追攀"，欲言又止，话里有话。韩愈与他们断然不是一个阵营的。即便政见多有相合，但人事显然更重要。当"二王"手握权柄时，立贬李实，反倒说明韩愈与李实"同病相怜"了，亦反证当日策划贬韩的，绝非李实。"站队"抑或"不站队"，才是决定官场进退的首要因素。

柳宗元的岳父打压韩愈？

大赦被阻，给人的感觉，确实是有连带原因的。唐代的观察使，乃地方的军政长官，权任甚重。柳宗元的岳父、湖南观察使杨凭有没有刻意打压韩愈？如果没有，"州家申名使家抑"又作何解释？杨凭对

"永贞革新"的态度如何？从韩诗字面看，确确实实有人压制。今人钱仲联言，杨凭"自必仰承（王）伾、（王叔）文一党意旨，公与署（指韩愈和张署）之被抑，宜也"。这种说法，流传很广，不能说没有道理，但还是显得简单化了。

杨凭亦是中唐时比较重要的人物，他交游广泛，颇有文名，与韩愈、刘禹锡、柳宗元等俱有交往。特别是柳宗元，十三岁就与杨凭之女定亲，当是两家有旧，而杨凭极为看重、欣赏宗元的才华，才订下少年姻亲。可惜婚后三年，杨氏女即夭亡。宗元未再正式娶妻，见出伉俪之情。即便妻早丧，杨、柳翁婿之间也一直保持着亲密的联系。然而，从现有材料，看不出杨凭对永贞党人的态度。考量杨凭与韩、刘、柳的现存诗文，体会其中情意，自然是与柳宗元、刘禹锡更亲近，而与韩愈仍有一定距离。有意味的是，韩愈之兄韩会跟杨凭就是故旧，而韩愈与杨凭、杨凝兄弟及凝子仪之，均有交往。相比而言，韩愈与杨凝父子似更熟络。韩愈被贬阳山令，往来经过湖湘，皆曾联络杨凭，且量移离开时，过湖南，还献诗一首。韩愈的这首五古《陪杜侍御游湘西两寺独宿有题一首因献杨常侍》非常重要，其中要紧的句子是：

> 静思屈原沉，远忆贾谊贬。
>
> 椒兰争妒忌，绛灌共谗谄。
>
> 谁令悲生肠？坐使泪盈脸。
>
> 翻飞乏羽翼，指摘困瑕玷。

杨常侍即杨凭。诗甚长，前面皆是风景游赏，为省篇幅，就不引了。韩愈从诗歌中间部分才开始抒情。显然，韩愈是向杨凭倾吐苦水、申诉委屈，他把自己比作屈原、贾谊，冤屈非常，不但有人妒忌，更遭人谗诟。被人泼了脏水，指指点点，却无法辩解；受到戕害，远谪岭南，更无人援手。韩愈不禁悲从中来，潸然泪下。单从诗，看不出杨凭对韩愈有压制，或韩愈对杨凭有责怪。但韩愈是一肚子委屈，要向杨凭申诉，更隐约写出了心中的芥蒂，这是没问题的。椒、兰、绛、灌是譬喻谗毁迫害韩愈者，而"指摘困瑕玷"，就不妨理解成"使家抑"了，不过"使家"并不一定就指杨凭本人。杨凭或许没有直接压制韩愈，一个很大的可能是，杨的观察使署中的幕僚，对如何处理韩愈意见不一致，聚讼纷纭。韩愈从来都是个"争议人物"，在人生和官场的多个阶段都遭到谗毁，这是确定无疑的。杨凭可能会把衙署会商的情况告知韩愈，表示他这个观察使，也有为难之处，没有办法缓颊或施以援手。用今天的话讲，不是我杨凭不帮忙，而是你韩愈的"群众基础"不好，口碑不佳。杨凭的解释，无疑会让韩愈感觉更加委屈，以至于泪流满面。这才是"指摘困瑕玷"的确解。

我如此推测，还有一个旁证，就是韩愈不久后作的《祭郴州李使君文》。与韩愈交好的李伯康刺史，不幸在这一年的十月卒于任所，韩愈为他作了祭文。文中的一些句子，是颇有意味的，如"美夫君之为政，不挠志于谗构"，是说李伯康乃君子，不会以谗言构陷人。这不正说明当日在湖南谗构韩愈的另有其人吗？"遭唇舌之纷罗"，则形容对韩愈的说长道短，而李刺史是"洞古往而高观，固邪正之相寇"，洞察是非邪正，坚决站在韩愈一边，为韩愈披肝沥胆，不惜与人抗争。韩愈"幸窃睹其始终"，目睹了李刺史为自己所做的一切，感激于心。虽然更详细的情况不能知悉，但祭文足证韩愈在郴州待命时，遭到过严峻的物议批评，这无疑对韩愈的处理结果造成了很大的负面影响。

综合判断，说杨凭故意压制韩愈，是存疑的。在大赦的问题上，压制韩愈的到底是谁？仍不好确定。我的新观点是，对韩愈其人其行，看法向来有争议。观察使衙署中，对韩愈应有不同声音，大家说长道短、众口不一，大概率是存在的。这就影响了对韩愈的赦免。从某种程度上讲，作为观察使的杨凭，在处理韩愈这件事上，涉嫌不作为。而且，杨凭没有力排众议，甚或顺水推舟。我还想说，政治上的是非曲直，很多时候是看"立场"的。杨凭未必就"站队""二王刘柳"，但以他的立场看韩、柳，评判短长，更倾向于柳宗元，是完全可以理解的。他即便不明确表态，内心还是会有所偏向的。杨凭与韩愈往还，诗酒唱和，都是人之常情；但当碰到关键问题，涉及出处进退，是否援引帮助，则又是另一回事了。其实，韩愈对遇赦后的压制遭遇，是有心理准备的，"前日遇恩赦，私心喜还忧。果然又羁絷，不得归锄耰"（《赴江陵途中寄赠王二十补阙李十一拾遗李二十六员外翰林三学士》）。他早已预料到前路不会顺利，各种关系盘根错节，非常微妙复杂。果然节外生枝，如其所料！因材料所限，只能做这样的分析，力求言之成理。

抽丝剥茧，细细分析，已经不只是有人压制韩愈赦免的问题了，连更早的为何被贬阳山，都"拔出萝卜带出泥"，重新进入了我们的关注视野。

韩愈遭遇了"连环迫害"？

这样说来，韩愈似乎遭遇了"连环迫害"，先是被贬阳山，后面的遇赦又遭拦阻。至此，如同连环谜案，真相尚未浮出水面。其实，赴江陵途中，韩愈还有一首诗，直接点出了姓名，就是前面提到过的长达七十韵的《赴江陵途中寄赠王二十补阙李十一拾遗李二十六员外翰林三学士》："同官尽才俊，偏善柳与刘。或虑语言泄，传之落冤仇。二子不宜尔，将疑断还不。"顺宗在位的几个月间，刘禹锡、柳宗元是新贵，炙手可热；如果不是宪宗即位，政局又一次大变更，刘、柳失势，韩愈岂敢说出二人的名字？！不妨简单疏解一下这几句诗：我韩愈在同僚中，和刘、柳的关系最好。也许是刘、柳泄露了我们私下谈话的内容，传到不该传的人那里，结下了冤仇吧！但是，此二人应该不会这样做吧？可我总是将信将疑的！

宋朝刘克庄的《后村诗话》对此有过分析，他说："按退之阳山之贬，此诗及史皆云因论宫市，似非刘、柳漏言之故。当时乃有此说，市朝风波，可畏久矣。然退之于刘、柳豁然不疑，故有'二子不宜尔'之句，庶几不怨天、不尤人矣。"刘氏好比和事佬，调和了矛盾，说不是刘、柳泄密，韩愈对刘、柳"豁然不疑"。但这，显然距离事实真相甚远。前面已经讲过，贬阳山与论宫市无关，刘氏的议论，纯属无的放矢，已毫无价值。可见对古代名人的言论，也不必轻信，应具体问题具体分析。

分析得切中肯綮的，还属清代赵翼的《瓯北诗话》："（韩）先与柳宗元、刘禹锡交好。及自监察御史贬阳山令，实以上疏言事，柳、刘泄之于王伾、王叔文等，故有此迁谪。然其《赴江陵》诗云：'同官尽才俊，偏善柳与刘。或虑言语泄，传之落冤仇。二子不宜尔，将疑断还不？'是犹隐约其词，而不忍斥言。"可谓有理有据，真相已呼之欲出。韩、刘、柳三人关系确好，必私下交谈过一些"知心话"，大约除了明面的上疏之事外，还有更私密的"体己话"，譬如对国家大政、时局、人事，甚至皇帝的看法等。这种类似密室交谈的内容，后由刘、柳传到王伾、王叔文那里，刘、柳当然不是有意构陷，但言者或无心，听者却有意。"二王"或许早就对韩愈有偏见，认为他攀附李实，又伪饰作秀（指《御史台上论天旱人饥状》），再加上刘、柳的传话，"二王"认为韩愈乃"隐患"，不能容忍，于是暗中动用权力，打击迫害，借上疏之故，将韩愈贬出朝廷，远谪岭南。

这一招颇显阴险，显出借刀杀人的谋略来，韩本人一开始也不能理解，甚至疑心李实，等到顺宗即位，李实被贬，韩才明白其中的玄

湖南省岳阳市岳阳楼　视觉中国供图

机。这更说明"二王"的"谲诡多计"。需要辨析的是，刘、柳在此过程中，是有意构陷，还是无意泄言，抑或"二王"问及韩愈时，如实传话而已？笔者不认同有意陷害。刘、柳绝非要置韩愈于死地，但作为"二王"的耳目，他们会把韩愈的言论据实报告，故不存在卖友求荣。清人王鸣盛《蛾术编》有云："子厚心事光明如此，若云泄言冤仇，以卖其友，梦得亦不肯，况子厚耶！"其实，从韩愈的诗句看，连韩本人亦不信刘、柳加害，有意表现出半信不信的姿态，有点替刘、柳缓颊的味道。"或许刘、柳不是故意为之吧！情有可原吧！"分寸拿捏恰当，总算是给二人留了点面子。

其实，宋代的方崧卿早已参透个中机关，他的《韩子年谱增考》说："是盖为王叔文、韦执谊等所排矣。德宗晚年，韦王之党已成，韦执谊以恩幸，时时召见问外事。……又《忆昨行》云：'伾文未揃崖州炽，虽得赦宥常愁猜。'是其为王叔文等所排，岂不明甚？特无所归咎，驾其罪于上疏耳。"解说最为切实。宋代葛立方《韵语阳秋》亦云："阳山之贬，伾、文之力，而刘、柳下石为多，非为李实所谗也。"王叔文、韦执谊等早已厌恶韩愈了，所谓上疏，只不过是王、韦拿下韩愈的"由头"而已。不过，葛氏言"刘、柳下石为多"，则未必，以刘、柳的人品，尚不至于落井下石。方崧卿还谈了件值得深思的事。同一年稍早，补阙张正买上疏进谏，得皇帝召见。后来与张关系好的数人，都去祝贺。王叔文、韦执谊知道了，怀疑张正买在皇帝面前说他们是朋党，就先下手，反诬张正买与朋友宴会是图谋不轨，借机将张及其友人全部赶出了朝堂。此事可谓杀伐果断，毫不手软，足见王、韦诸人的躁悍酷烈。方崧卿认为，对韩愈的打击，有类于此。盖"二王"早就看出韩愈的孤勇忠鲠，生怕他将来上疏弹劾，乃先下手为强。这就是政治的残酷。

我认为，王叔文一党的失败，一个重要的原因，恐怕就是他们政治上的暴戾恣睢，打击报复，绝不手软。除了韩愈、张正买等相对低阶的官员，王叔文对高官也是心狠手辣的，一副顺我者昌、逆我者亡的模样。现成的例子，就是韩愈《顺宗实录》里记载的武元衡和韩皋。贞元二十年，武元衡为御史中丞，这个位置相当重要，王叔文"欲使附己，使其党诱以权利，元衡不为之动"。软的利诱不成，叔文大怒，就来硬的，设法让元衡改官左庶子。请看，不依附，就调岗！老资格的韩皋时任尚书左丞，亦不愿依附叔文，对人说"吾不能事新贵人"！颇显骨气。谁知韩皋从弟韩晔，媚附叔文，竟告密，"叔文故出之"，将韩皋贬到地方。这个例子更典型，颇有点像对韩愈的迫害，带有告密的意味。王叔文一党实在是气焰嚣张，太猖狂了。

韩愈在量移路上，还作了一首《岳阳楼别窦司直》，窦司直即窦庠，当时以武昌幕大理司直权知岳州，即代理岳州的行政长官。此诗是与窦庠留别之作，作于稍晚时段，韩愈又一次提及自己最大的心事，可谓反复申说，不能释怀。其中的紧要句子是：

> 爱才不择行，触事得谗谤。
> 前年出官由，此祸最无妄。
> 公卿采虚名，擢拜识天仗。
> 奸猜畏弹射，斥逐恣欺诳。
> 新恩移府庭，逼侧厕诸将。
> 于嗟苦鸳缓，但惧失宜当。

诗句略显晦涩，但"前年出官由，此祸最无妄"，是明白无误的，点出了有人谗毁迫害的事实。最关键的是"奸猜畏弹射"，奸人怕我韩愈"弹射"，于是使出阴狠手段，暗箭伤人，我吃尽了苦头。即便是遇赦承恩量移，也"逼侧厕诸将"，仍然处于被压制的境地，可谓进退失据。清人何焯的《义门读书记》破解了诗中的隐秘："退之出官，颇猜刘、柳泄其情于韦、王，乃此诗即以示刘，令其属和，毋乃强直而疏浅乎？或者窦庠语次，深明刘、柳之不然，劝其因唱和以两释疑猜，而刘亦忍诟以自明也。"韩愈的贬官，乃"刘、柳泄其情于韦、王"，可谓抓住了问题的根本，是去皮见骨之论，非深谙历史真相者不能道。意想不到的是，这段话还点出了刘禹锡。韩愈居然令刘"属和"，而窦庠出面，为韩、刘两家"解和"。这就更复杂了。我们下一节接着"破案"。

另一神秘人物浮出水面

韩愈作了那么长的一首《岳阳楼别窦司直》，绝非偶然。韩愈为什么在诗中对窦庠和盘托出，略无隐讳？诗的背景是韩愈量移江陵、途经岳阳时，故友窦庠热情招待，韩愈作诗留别，窦有和作。谚语说：可为知者道，难为俗人言。韩愈在诗中向窦庠推心置腹，倾吐心迹，而且把很隐私的恩恩怨怨，都毫不避讳地谈出来了。这必定是有原因的。窦庠是一个重然诺、有侠气的人，所谓"一言而合，期于岁寒"。以他的个性，必定会同情韩愈的遭遇并提供力所能及的帮助。再加上"主人孩童旧"，窦、韩乃少时故友，更觉亲切。换句话说，韩愈这首写给窦庠的诗，是针对特定人"量身定做"的。如果换了别人，韩愈就不会这样写了。

最尴尬的是，此时刘禹锡因贬连州，亦过岳阳，竟然也参加了这场聚会，还"被迫"和诗。关于韩愈、刘禹锡会面之地，另有江陵一说。姑采岳阳会面说。亦有言柳宗元也参加者，恐非是。刘禹锡的和诗题目甚长，《韩十八侍御见示岳阳楼别窦司直诗因令属和重以自述故足成六十二韵》，"因令属和"，似乎不够客气，但韩愈确憋了一口气。俗话说，"仇人相见，分外眼红"。韩、刘虽不好说是仇人，但重逢，又何其难堪也！好在中间有个窦庠，充当和事佬，为两家解和。无论如何，"因令属和"的背后，是韩愈的不忿："现在事过境迁了，请你交代！你对我，必须有个交代！"刘禹锡不给个说法，显然是不行的。这就是前面何焯所讲的韩愈"强直而疏浅"。韩大人与人交往，喜直来直去，毫不顾及旁人的面子。

然则，窦庠跟韩愈有何特殊的关系？有一个成语，叫"五窦联珠"，指中唐文坛，有窦氏五兄弟，常、牟、群、庠、巩，皆擅作文，有《联珠集》行世。联珠之意，仿佛昆弟五人如连串之珍珠。有意思的是，五窦与韩愈，"平生风义兼师友"，关系甚好。曾国藩说："公（指韩愈）于窦氏兄弟最为契好，故于欢宴之余，追忆前事，言之沉痛。"诚哉斯言！韩愈为窦牟作的《唐故国子司业窦公墓志铭》载："愈少公十九岁，以童子得见，于今四十年。始以师视公，而终以兄事焉。公待我一以朋友，不以幼壮先后致异。"可见亦师亦友，非常亲切。韩愈跟窦家兄弟，是在山清水秀的宣城结识的，韩愈尚在少年，求学心切，而年长的窦氏兄弟当对韩愈有所指授。值得一提的是，窦牟贞元元年进京，参加次年的科举考试，一举中第；贞元二年，韩愈就到长安来了。不能说韩愈没有受到窦牟的勖勉。

在窦氏兄弟中，窦群堪称奇人，其余四兄弟皆登进士第，窦群独为处士，但恰恰他最有个性，"性狠戾，颇复恩仇，临事不顾生死"（《旧唐书》）。用今天的话讲，窦群是个"狠人"，爱憎分明，奋不顾身。

更有意味的是，窦群跟"二王刘柳"集团是严重对立的。《旧唐书》载一事：

> 王叔文之党柳宗元、刘禹锡皆慢群，群不附之。其党议欲贬群官，韦执谊止之。群尝谒王叔文，叔文命撤榻而进。群揖之曰："夫事有不可知者。"叔文曰："如何？"群曰："去年李实伐恩恃贵，倾动一时，此时公逡巡路旁，乃江南一吏耳。今公已处实形势，又安得不虑路旁有公者乎？"叔文虽异其言，竟不之用。

首先，柳宗元、刘禹锡轻慢窦群，而窦群也并不去攀附。既然不是"同路人"，"二王刘柳"就想把窦群贬官，幸亏韦执谊阻止了。意想不到的是，在王叔文最得志之时，窦群还不留情面地揶揄了叔文。他以京兆尹李实去年何等得意，今年却狼狈被贬为例，皮里阳秋地劝诫叔文收敛，不然有重蹈李实覆辙的可能！逡巡路旁之小吏的譬喻，堪称高级政治笑话，最有意味。"之前你看李实的笑话，将来谁看你的笑话？天下事何其难料？"叔文权倾一时，窦群如此打比方，真可谓是不畏强权了，但叔文拿窦群也没办法。这让我们充分领教了"狠人"窦群的厉害。

在新旧《唐书》的《刘禹锡传》和《资治通鉴》中，还记载了窦群的一桩"功绩"。刘禹锡在顺宗做皇帝之前，就与王叔文交好，而叔文极器重刘，每称其"有宰相器"。凭借叔文的威势，禹锡"颇怙威权，中伤端士"。禹锡有人撑腰，几乎变成"打手"，竟中伤端方之士。时任侍御史的窦群，看不惯禹锡的作为，"奏禹锡挟邪乱政，不宜在朝"。窦群可谓强项，在禹锡最得意时，竟敢弹劾。结果如何？"群即日罢官"！可见"二王"的厉害，不能容忍，立下辣手！如何理解"中伤端士"？那就是迫害端正良善之人了。史书记载，窦群与武元衡交好，而窦弹劾的幕后指使者即武。我想再补充一句，韩愈跟武元衡关系亦好。从多条线索判断，韩愈确与"二王"距离较远。

窦群控告的具体所指，今或不明，但韩愈的蒙冤被贬阳山，似乎可与窦群的指控"遥相呼应"。韩愈不算是"端士"吗？朝中有人借一封上疏，就将看不惯的大臣远贬南方，让人到底意难平！窦群无论是讥讽王叔文，还是弹劾刘禹锡，时间都应在顺宗即位后不久，虽不好说此时"二王刘柳"权势熏天，但从窦群即日罢官，已经看出《新唐书》讲他们一伙人"凡所进退，视爱怒重轻"，真是一语中的，毫不夸张。总之，"二王"结党营私，打击报复，肆意妄为。从某些方面来看，窦群的个性，倒有点像韩愈，甚至比韩愈还要偏执过激。

韩愈是否原谅了老朋友？

绕了一大圈，从窦庠讲到五窦，讲到韩愈与五窦的交好，再聚焦窦群，讲窦群与"二王刘柳"坚决对立，并因弹劾刘禹锡而被罢官。然则，韩愈到岳阳时，为什么那么亲近窦庠，愿意跟窦庠大吐苦水、倾诉心声，就可以涣然冰释了吧！窦群跟"二王"的纠葛与斗争，窦庠必定了解详情，此时"二王刘柳"已倒台，他不必再忌惮，可以和盘托出，告诉韩愈了。韩愈其实是引窦氏兄弟为同病相怜者的。或许韩愈原本就对刘、柳怀疑，但还不敢板上钉钉，在窦庠这里，韩愈应当知悉了更多的内幕，他勾连前因后果，与窦庠详加分析，进一步确认刘、柳就是"泄密者",导致"二王"出狠手,而自己遭遇无妄之祸,痛苦地蒙冤远贬。事情的真相就是如此,殆无疑问了。

再回过头来审视何焯《义门读书记》的解说,便觉得何其精辟了。韩愈知道了真相,故意将此诗示刘,"令其属和",是有点存心让刘禹锡难堪的味道。无论如何,请君解释吧!要给我个说法!这就看出韩愈的强直个性了。窦庠是深知底细的,刘禹锡本就理亏,因而窦劝刘唱和,"以两释疑猜"。而刘的心中,确实愧疚,也只好忍诟唱和,求得韩愈的谅解。刘禹锡的和诗里,下面几句最值得关注:

> 陋容昧俯仰,孤志无依倚。
> 卫足不如葵,漏川空叹蚁。
> 幸逢万物泰,独处穷途否。
> 锻翮重叠伤,兢魂再三褫。
> 蘧瑗亦屡化,左丘犹有耻。

刘诗的大部分,都是写风景,可谓"顾左右而言他",但正题没法躲过,终究要点一下,不然如何交代?但又是意在言外,点到为止。"孤志无依倚"其实有自证清白的意思,我刘禹锡没有结党营私啊!"卫足不如葵"是譬喻自己尚且无法自保,太难了,太难了;"漏川空叹蚁",是形容祸事起于细微,我也完全没料到。刘禹锡还有一文《上杜司徒书》,是多年后在朗州司马任上写给老上司杜佑的,剖明心迹,一如太史公的《报任安书》。其中提及"会友人江陵法曹掾韩愈以不幸相悲",岳阳一见,韩、刘以"不幸相悲",亦有一种互诉衷肠之意。韩愈先被贬,不到一年,刘禹锡被贬,事由虽不同,但此时却"同是天涯沦落人"。从结果看,事已至此,韩愈又能怎样?他们终究还是相逢一笑泯恩仇了。但刘禹锡到底是痛苦的:"小人不知感从中来，始赧然以愧，又缺然以栗，终悄然以悲。悲斯叹，叹斯愤，愤必有泄，故见乎词。"又愧，又栗，又悲，又愤，真可谓百感交集，百口莫辩，百身莫赎！

接下来的岁月，韩愈迎来了希望，等待翻盘；而刘、柳面临的，是艰难时世，秋后算账。韩愈考虑到这一层，也就会相对释然了，他不必"痛打落水狗"，对老友过于刻薄寡恩。事实上，当年八月，宪宗就贬王伾为开州司马、王叔文为渝州司户。九月，刘禹锡由屯田员外郎贬连州刺史，柳宗元由礼部员外郎贬邵州刺史。这还不算完，十一月，追贬刘朗州司马、柳永州司马，韩泰、陈谏等人都因与王叔文交好，被贬远州司马，可谓"连环杀"。总之，"二王八司马"全被严厉处置，无一幸免。

当此大事底定之时，韩愈再作《永贞行》，就有对顺宗一朝之事，特别是对二王、韦执谊等"下结论"的意味了。他们那么快就倒台，是值得深长思之的。韩愈直言"小人乘时偷国柄""一朝夺印付私党""狐鸣枭噪争署置"，贬斥之直接，用语之狠重，刀刀见血，完全是公开的谴责和厉声的呵斥了。"夜作诏书朝拜官，超资越序曾无难"，这大约是令韩愈最不忿的，"奸党"对官员的提拔，指鹿为马，为所欲为，一片乱象。譬如王叔文，原来仅是苏州司功参军、翰林待诏，不过以下棋侍君，竟厚颜无耻地把自己擢升为"起居舍人，充翰林学士"。这需要解释一下，翰林待诏与翰林学士二者有着天渊之别。翰林待诏是无科名、出身卑微的匠艺弄臣，而翰林学士多进士、明经出身，何等清贵！整个唐代，从翰林待诏到翰林学士，仅有"二王"两例。这样无原则的"超资越序"，足令韩愈等清流之士咬牙切齿。"公然白日受贿赂，火齐磊落堆金盘"，贪污受贿，更是家常便饭，恶劣之至。史书特别记载了王伾及其妻子的贪欲极盛，家中专门设"无门大柜"，好多装金银财宝，而王妻则贪婪地睡在上面。应该指出，韩愈对王伾、王叔文、韦执谊与对刘禹锡、柳宗元还是有区别的。"二王"乃首恶，弃之如敝屣；而刘、柳"胁从"，罪恶没那么大。而且，韩对刘、柳还有一层惋惜，惜二人为"二王"所牵累。有意味的是，诗的后部，韩愈对刘、柳等被贬的八司马，有所"劝惩"。"郎官清要为世称，荒郡迫野嗟可矜"，你们由众人瞩目的郎官，贬斥荒远，是值得怜悯的。而贬所的艰难苦厄，你们要有思想准备啊！我韩愈可是过来人，都受过苦了，先写给你们看看，现在要轮到你们受罪了！这些话可真不好听，韩愈就那么不留情面地落到纸上了。最后三句"吾尝同僚情可胜，具书目见非妄征，嗟尔既往宜为惩"，总给人一种怪怪的感觉，不能说韩愈有幸灾乐祸的心理，却也有一种"让我目送着你们去接受惩罚吧"的意味。这就是韩愈，快意恩仇。至此，韩愈对"二王刘柳"的"系列性"讨伐鞭挞，才算告一段落。

其实，韩愈对自己的阳山之贬，开始亦不能明，甚至百思不得其解，日久才渐渐参透其中的玄机。多年后，当好友张署去世，韩愈作祭文，仍恨恨地说："彼婉娈者，实惮吾曹；侧肩贴耳，有舌如刀。"（《祭河南张员外文》）韩愈令他们害怕的，到底是什么？还是"奸猜畏弹射"，韩愈的谏诤极言，无所忌惮，令永贞党人心惊肉跳，必欲除之而后快。这里虽然没点出人名，但又一次证明，韩愈被贬肯定是"二王"等的打击迫害。这是确定无疑的。

根据唐史，荆南节度使兼江陵尹，而江陵府设法曹参军二人，正七品下，是掌管刑狱、议决等法律事务的官员。韩愈对于江陵法曹参军的任命，并不满意。他在诗中抱怨："判司卑官不堪说，未免捶楚尘埃间。"官卑职小就不说了，还要督捕盗贼、鞭挞黎庶，真是烦心！

话又说回来，量移，也是机会，总比在阳山时好多了。况且，江陵府（荆州）属冲要大府，在唐代为"发达地区"，薪俸亦不会少。但这里只不过是韩愈仕途的一个中转站罢了，他等待着新的时机。

纪录片《千古风流人物》项目组供图

第七章

二度任国子监博士：流言蜚语
围绕着的『著名教授』

人生反思:"三十八年非"

贞元十九年的大唐,诡异多事,多股势力暗中较量……新任监察御史韩愈深陷其中而不自觉,竟因亢直敢言,遭到意外迫害。阳山之贬的真相,实乃官场倾轧之恶果。

上一章,重点谈了韩愈的贬所心迹与艰难的东山再起。在江陵法曹参军任上,韩愈作了一组文章,叫《五箴》,是非常值得关注的。永贞元年(805年)的韩愈,已经三十八岁了,身体衰老明显,仕途更遭遇大风大浪。他需要反思一下过往的人生,直面问题,修正错误,重新出发。这一组文章的序言说:

> 人患不知其过,既知之,不能改,是无勇也。余生三十有八年,发之短者日益白,齿之摇者日益脱,聪明不及于前时,道德日负于初心。其不至于君子而卒为小人也,昭昭矣!作《五箴》以讼其恶云。

一个人,有"自讼其恶"、自揭其短的人生态度,是可堪钦佩的。看不到自己问题的人,无疑是浅薄的。特别是在遭受了大磨难之后,更需要再回首，考是非，辨过错，寻初心。韩愈人到中年，容颜渐老，心境尤其复杂。所谓"五箴"，指《游箴》《言箴》《行箴》《好恶箴》《知名箴》。这其中，最值得注意的，是《言箴》和《知名箴》。《言箴》很短：

> 不知言之人，乌可与言？知言之人，默焉而其意已传。幕中之辩，人反以汝为叛；台中之评，人反以汝为倾。汝不惩邪，而呶呶以害其生邪！

但信息量很大。有些话，只能对可以讲的人讲，不应该讲的，坚决不讲。这是韩愈的人生教训呀！他之前吃亏，就吃亏在这上面了。最关键的话，是"幕中""台中"几句，回顾当年在徐州幕府之中，与人争执，人家反以为你有反叛之心；在御史台发表的言论，人家又以为是"作秀"，是别有用心。这就有意思了，可以看作韩愈自己事后对御史台上疏的反思。"人反以汝为倾"的"倾"字，含有不正派的意思。赤心上疏，反被人认为是不正派，这说明什么？是谁认为韩愈不正派？当然不是李实，而是"二王"。这再一次隐晦地说明，韩愈没有专门针对李实，韩倒是与"二王"确实疏远，是"二王"觉得韩愈搞攀附、"不正派"，才设法借上疏事将其贬斥的。李实那时势大，"二王"虽鄙厌，但暂时还动不了。等到顺宗即位，"二王"操实权时，才远贬李实。总之，韩愈屡次因言获罪，他是吃够了这方面的苦头了！

　　至于《知名箴》，说明韩愈对扬名立万，也是看得很清、很透的。他反思："今日告汝，知名之法：勿病无闻，病其晔晔。"出名最怕的就是才华外露，遭人忌恨。韩愈明知道理如此，他自己不免深陷其中。奈何？韩愈还对自己的好为人师有所反省："汝非其父，汝非其师，不请而教，谁云不欺？"今后不要再好为人师了吧！到处指指点点，有什么好处？从这句话，亦可反证韩愈之前作《师说》所冒的风险。

从《五箴》可以看出，韩愈在扪心自问、闭目思过，其自讼之深、悔过之切，足以说明他的人生远没有止步。从他反思的深度和精准度看，他绝对还有大希望。这是一个欲大有作为的君子的赤诚之心，真可谓坦坦荡荡。总之，作《五箴》或许可以视作韩愈人生的一个转折点。

时人眼中的"古怪形象"

韩愈"窜身岭外，思归京国"，当他判司江陵半年有余，心情应该好多了。但这小小的参军，并非他心所愿，每天"走官阶下，首下尻高"的无聊生涯，何日才是头呀！皇帝对永贞党人的惩处还在"加码"，王叔文终在贬所被杀。韩愈与荆南节度使裴均的关系很融洽，按道理节度使应该帮他，他自己也在积极努力，争取早日返回长安。韩愈的难兄难弟张署，似乎不如他想得开，有点撑不住了，韩愈劝慰张署的诗中说"眼中了了见乡国，知有归日眉方开"，真的感觉归期不远了。

元和元年（806 年）六月，韩愈终于由江陵法曹参军召授国子博士。他在同被贬谪南迁的三人中，是率先还朝的，亦云幸矣！这是韩愈二度任学官了。据唐史，国子监设国子学，有博士五人，正五品上，"掌教三品以上及国公子孙，从二品以上曾孙为生者"，换句话说，国子博士是专门教授权贵子弟的，而且是品阶最高的一批达官显贵的子孙。如果当时韩愈的文名不盛，恐怕不会有此任命。这次的国子博士，比起上次的四门博士，算是提拔了。值得注意的是，郑馀庆元和元年九月任国子祭酒。早在长安科举时期，郑氏就注意到韩愈了。未来几年，此人与韩愈休戚相关，关系极为密切、微妙。

此时的韩愈，返回长安，作了一首前所未有的奇诗——《南山诗》，描摹终南山的风光景致，超过千字。才力之大，遮天蔽日，又一次以腾蛟起凤之笔震动了京城。历代的评论家常把这首诗和杜甫的名作《北征》放在一起品评高下。我想让读者看看此诗的最奇之处，连用了五十一个"或"字：

或连若相从，或蹙若相斗。或妥若弭伏，或竦若惊雊。

或散若瓦解，或赴若辐辏。或翩若船游，或决若马骤。

或背若相恶，或向若相佑。或乱若抽笋，或嵲若炷灸。

或错若绘画，或缭若篆籀。或罗若星离，或蓊若云逗。

或浮若波涛，或碎若锄耨。或如贲育伦，赌胜勇前购。

先强势已出，后钝嗔譆譳。或如帝王尊，丛集朝贱幼。

虽亲不褒狎，虽远不悖谬。或如临食案，肴核纷饤饾。

又如游九原，坟墓包椁柩。或累若盆罂，或揭若登豆。

或覆若曝鳖，或颓若寝兽。或蜿若藏龙，或翼若搏鹫。

或齐若友朋，或随若先后。或迸若流落，或顾若宿留。

或戾若仇雠，或密若婚媾。或俨若峨冠，或翻若舞袖。

或屹若战阵，或围若蒐狩。或靡然东注，或偃然北首。

或如火熺焰，或若气饙馏。或行而不辍，或遗而不收。

或斜而不倚，或弛而不彀。或赤若秃鬝，或熏若柴樞。

或如龟坼兆，或若卦分繇。或前横若剥，或后断若姤。

韩愈作诗也要逞奇炫才，这笔力变态极妍，铺张繁缛，形容山势的千奇百怪，也是"前无古人，后无来者"了，足可印证欧阳修讲的

"退之笔力，无施不可"。用韩愈自己的话讲，就是"大之为河海，高之为山岳，明之为日月，幽之为鬼神，纤之为珠玑华实，变之为雷霆风雨，奇辞奥旨，靡不通达"。我韩愈什么都能写，什么都能降服在我的笔下。有人说，读《南山诗》如观《清明上河图》，就是看到了其中的铺陈罗列之妙。同时的王建赞叹韩愈的手笔"咏伤松桂青山瘦，取尽珠玑碧海愁"。才华之高，干霄凌云！韩愈其人倔强，其诗亦倔强。而倔强的诗，又反证了倔强的人。实在有趣！我感觉，韩愈作此诗，内心深处，或许是要表达"长安，我又回来了"的倔强意思吧。而这首诗的横空出世，也确实骇目振心，进一步巩固了韩愈的文坛地位。

宪宗元和元年正月，剑南刘辟反，左神策行营节度使高崇文奉诏征讨，九月克成都，擒刘辟，押回长安，斩之于独柳树下。这是宪宗元和中兴的开端，无疑是个好兆头。此时的韩愈，沐浴皇恩，再入长安，既由衷感激，又跃跃欲试。他激情澎湃，给宪宗献了一份厚礼，就是元和二年（807年）正月精心撰写的《元和圣德诗》，试问是谁人之圣德？当然是歌颂宪宗之圣德，更对大唐中兴无比期待。诗的最后说：

> 皇帝正直，别白善否。擅命而狂，既蔥既去。
>
> 尽逐群奸，靡有遗侣。天锡皇帝，庬臣硕辅。
>
> 博问遐观，以置左右。亿载万年，无敢余侮。
>
> 皇帝大孝，慈祥悌友。怡怡愉愉，奉太皇后。
>
> 浃于族亲，濡及九有。天锡皇帝，与天齐寿。
>
> 登兹太平，无怠永久。亿载万年，为父为母。
>
> 博士臣愈，职是训诂。作为歌诗，以配吉甫。

这首作品正是韩愈豪杰自命的表现，特意采用了《诗经》的四言形式，凡一千零二十四字，鸿篇巨制，典丽雄富，配得上大唐之国威，堪称一代之制作。韩愈反复地赞颂天子文武神圣，并虔敬地表示，自己愿效犬马之劳，为皇帝建不世之功勋尽绵薄之力。韩愈是冰雪聪明的，"有所为而作"，以长篇之伟观，一下子就让宪宗牢牢记住了自己的名字。

不过，事情没这么简单。韩愈向来属于有一定争议的人物，他早已成就"狂名"（柳宗元语），其"狂人狂事"，也在流传。特别是他的那些直率的忠言谠论，得罪人太多，树敌太多，朝野上下对他聚讼纷纭，看法各异。这次虽被任命为国子博士，但前面尚有"权知"二字，即代理代掌之意，说明是暂且任命，要看后续的表现，视情况再定的。这或许让韩愈隐隐有些不安。

韩愈任江陵法曹参军时作的《上兵部李侍郎书》里说："薄命不幸，动遭谗谤，进寸退尺，卒无所成。"真是一把辛酸泪！分司东都后作的《答冯宿书》，更对老友透露了他在长安的困厄局面："在京城时，嚣嚣之徒，相訾百倍。"围绕韩博士的各种议论，乃至流言蜚语，从未停止，他甚至有寸步难行的感觉。冯宿与韩愈同榜中第，两人又曾同在张建封幕中做过事，故而韩愈愿意对他倾吐知心话。

韩愈自言"鄙钝不通晓于时事"，他在仕途上的每一步，都走得很艰难。这个"权知国子博士"，到底让他心有不甘！而执政大约既想用韩愈，又带着一些怀疑的态度，于是，才加了"权知"，试着用用看吧。

韩愈自己很明白一个道理，即"名之所存，谤之所归也"（《答刘正夫书》）。有名望的人，注定逃不开谤语。其实，各种流言蜚语一直围绕着韩愈，几乎没有停止过。大家还记得，韩愈做国子监四门博士时抗颜作《师说》，已经遭人非议了。这次，傲世轻物的韩愈，又会引发什么意想不到的风潮呢？其实，国子博士的工作对韩愈也是个挑战。众所周知，权贵子弟娇纵难教，而韩愈又刚直不阿。何况韩愈教的又是那些地位颇高的官二代、官三代，他能对付得了那些公子王孙吗？贵族学校中哪怕出一点琐碎细事，都会传到公卿大员的耳朵里，众口铄金、积毁销骨啊！

胆敢诽谤宰相？

据李翱的《韩公行状》，韩愈在国子博士任上时，宰相很爱惜韩愈的文才，准备把韩愈提拔到合适的职位上，但是，竞争者出现了，构陷诬蔑，制造谣言，硬说韩愈诽谤宰相。这让韩愈极为难堪，提拔之事也就落了空。

更详细的情况，在韩愈的文章《释言》中有解释。韩愈到长安国子监任上后，去拜见中书侍郎郑絪，很恭敬，郑就表示，以前读过韩愈的诗，希望韩愈把自己的诗文写一通呈来。郑主动希望韩愈"行卷"，韩愈求之不得，当然照办。又过了几个月，郑絪拜相。韩愈听到传闻，有人在郑相面前，以"相国岂知我哉"，造谣谗毁，搬弄是非。似乎韩愈在向人宣称："郑絪不配读我的诗文！"这听起来很荒唐的谣言，居然对韩愈造成了伤害。他无奈地表示，倨傲、藐视人，是不吉祥的，我怎么敢？只有那些有靠山的，才会这样做。我韩愈一没有家族势力，二无可联盟攀附的人，三不善交际，四在朝廷上无生死之交帮我，五乏钱财去沽名钓誉，六才华既弱、力量又小，七不会钻营投机谋取权力……总之，我凭什么敢倨傲，去藐视宰相呢？韩愈多方辩解，讲得口干舌燥，希望自证清白。

韩愈对于自己的尴尬处境，也有反思："仆在京城一年，不一至贵人之门，人之所趋，仆之所傲。与己合者，则从之游；不合者，虽造吾庐，未尝与之坐。此岂徒足致谤而已？不戮于人则幸也！追思之，可为战栗寒心。"（《答冯宿书》）他还是过于清高傲气了，羞于奔竞，不搞关系。他只跟投契者交往，看不上的人，主动来拜访，他也不会接待。这种孤芳自赏的个性，让他得罪了太多人！韩愈自己反省，都觉得胆战心寒，仕途能走到这一步，不被人暗杀，就算不错了!《韩文公神道碑》中对韩愈用了一个词"不丽邪宠"，乍看不好理解，细思，可指韩愈不走邪路，不搞歪门邪道，不去争宠求官。

真是风起于青萍之末，有时，一点谣喙，都会掀起大风浪。就是这么一点离谱的谗毁，都对韩愈造成了重大的影响。他虽然自己解释了，胸怀坦然，但他的内心深处，恐怕还是忧谗畏讥、战战兢兢的。

一波未平一波又起，谗毁宰相事件才过去几个月，新危机又出现了。韩愈又听说，有人在翰林学士李吉甫、中书舍人裴垍面前毁谤自己。具体事实是，在李吉甫拜相的当口，李让裴垍推荐可用之才，即"精鉴才杰"，裴居然推荐了三十余人，而李"数月之间，选用略尽"，"称得人"。譬如，韩愈的好友李绛、崔群新任翰林学士。而韩愈恰恰在此时被人说三道四，"文日益有名，则同进者忌"，他早就意识到了。这个时机的选择是很微妙的，显然有人不愿看到韩愈升迁。韩愈是否在裴推荐的名单之内，不得而知，但这一波提拔没有他，则是确定无疑的。每到要提拔的当口，总有人搬弄是非，官场诚如敌场，人事纠结，诡异莫测。长安居住，固然不易；长安当官，恐怕更是艰难。屡次遭谗毁的韩愈，如坐针毡，如芒在背，如履薄冰，如鲠在喉！

韩门弟子：诗与远方

此时的韩愈，官场失意，好在还有一群志同道合的朋友。元和元年（806年）六月，韩愈抵达久违的长安，与旧友张籍、孟郊、张彻等相聚，作《会合联句》，喜不自胜。张籍率先起兴，"离别言无期，会合意弥重"，久别重逢，情深意切；韩愈一声长叹，"病添儿女恋，老丧丈夫勇"，显得有些颓唐；孟郊鼓励老友，"剑心知未死，诗思犹孤耸"，其实就是今天讲的"诗与远方"；张彻好言劝慰，"愁去剧箭飞，欢来若泉涌"，赶紧忘却烦恼吧，这是欢乐的聚会。他们是韩愈真正的朋友，"诗书夸旧知，酒食接新奉"，荣枯不易，如胶似漆。这次联句聚会，标志着韩孟诗派的正式形成。

关于韩门弟子，有不同的说法，见仁见智。张清华《韩愈大传》提出了四友、八弟子的说法，不妨介绍一下。韩愈的四友指孟郊、李观、樊宗师、欧阳詹；八弟子指张籍、李翱、皇甫湜、沈亚之、贾岛、李贺、卢仝、刘叉。其中李翱还是韩愈的侄女婿（娶韩弇之女）。韩愈有如此凝聚力、号召力，不是偶然，不能仅以好客、喜交友解释。王建写给韩愈的诗有两句"不以雄名疏野贱，唯将直气折王侯"，很值得重视。王建与韩愈是同时代人，两人熟稔。王诗说明，韩愈名虽高而待普通人却真诚，倒是王侯大官，韩愈往往不放在眼里，没有好脸色。这才是让天下英才仰慕、倾心韩愈的关键原因。李白自己说"安能摧眉折腰事权贵，使我不得开心颜"！杜甫亦写李白"天子呼来不上船，自称臣是酒中仙"。太白笑傲王侯，流传众口，其实韩愈也有类似的襟怀气度。

这一年，韩愈和老大哥孟郊走得更近了，两人大作联句，什么《纳凉》《秋雨》《城南》《斗鸡》《征蜀》……老兄少弟尽情享受"文字决斗"之乐，亦是抒写重回长安的喜悦。他们的诗，是以瑰怪之言，"舒忧娱悲"，发泄不平之鸣。人生有那么多的不如意、不公平，大约只有清夜联句赋诗，才是他们最快意的时刻。韩愈还作了一首《荐士》诗，向河南尹郑馀庆推荐孟郊。在诗里，韩愈形容孟郊作诗"横空盘硬语，妥帖力排奡"。这正是韩愈心仪孟郊的原因，他本人也是如此作诗的，主打一个"奇"字。慢慢地，在实践中，一个新诗派——韩孟诗派，日益成熟，为大唐诗坛添一异彩。

这一年，互为至交的刘禹锡、柳宗元在贬所彼此思念、相互鼓励，用刘的话讲，就是一种"相思之苦怀"。体衰发白的刘禹锡还上书"老领导"杜佑，怀着"量移"的迷梦。殊不知，未来的路荆棘密布，他们正面临人生中最大的危机。宪宗下诏，被贬的韦执谊、韩泰、陈谏、柳宗元、刘禹锡、韩晔、凌准、程异八人，"纵逢恩赦，不在量移之限"。这是令人绝望的消息，对刘、柳等来说不啻五雷轰顶！

视觉中国供图

第八章

避祸东都，不改斗士本色

分司东都，三年始改"真博士"

唐宪宗新即位，正在用人之际，而韩愈的命运也迎来转机，可是仍未得到彻底施展抱负的机会。

我们体会韩愈此时的心态，应该很紧张、很微妙。之前的阳山之贬、量移之苦，韩愈已经充分"领教"了；官场的黑暗和浮沉，特别是无妄之灾、谗毁之痛，韩愈的体会不可谓不深。好不容易，"权知国子博士"，况且教授的，又是最高层面的达官显贵子弟，韩愈一定是如履薄冰、如临深渊的。最令人气短的是，一到要提拔的当口，就会出现关于他的流言蜚语，谗言猛如虎，这就是官场生态。

韩愈这次的"危机应对"，是"惧而中请"，主动要求以"权知国子博士"的身份，分司东都，也就是调到东都洛阳任职。唐代的长安和洛阳，可谓帝国都城的"双子星座"。长安有国子监，洛阳也有，所谓"两监"。这或许有点像今天的一些著名大学，主要居于某城市，但在别的城市，还建有分校。不过，洛阳国子监的规模就小多了。韩愈真的愿意去东都洛阳吗？不得已而为之也！事情的背后，是韩愈的避祸心理，他有点像惊弓之鸟了，不愿意待在是非甚多的长安了。到

近年复建的洛阳应天门，隋唐时期洛阳城南门，建于605年　视觉中国供图

洛阳避避风头，也是一种选择。

总之，元和二年六月的韩愈，在长安待不下去了，决意跑到东都洛阳去暂避。这一年，韩愈四十岁了，不惑之年的他"不惑"了吗？柳宗元是了解韩愈的，他曾对一位晚辈说："（韩）愈以是得狂名，居长安，炊不暇熟，又挈挈而东，如是者数矣。"真是活画出韩愈那种仓猝狼狈、惶然无助、席不暇暖的尴尬状态！还有一点，过去不大谈。那就是韩愈去洛阳，是奔着一个人去的。谁？郑馀庆。韩愈不会平白无故去洛阳，那里总要有能提携关照自己的人。

从元和二年到元和四年（809年），韩愈在洛阳待了三年，才改为"真博士"。难道以前是"假博士"？不是的，所谓真博士，其实就是去掉了"代理""代掌"的字眼，名正言顺了。"三年国子师，……况住洛之涯"，这三年的学官生涯，薪俸菲薄，"男寒妻瘦"，并不能给妻儿家庭带来良好的生活条件，更何况韩愈家口甚重，他又重义恤孤，还要为亲友抚育遗孤。他在洛阳，就收养了从父兄韩俞的三男二女，怎能不穷？韩愈虽自叹"谋拙"，但只能咬紧牙关，熬过难关。

这几年的韩愈，在洛阳"避谤"，处在一种相对"蛰伏"的状态。在长安时，很多人盯着他，忧谗畏讥，谨慎非常。而在洛阳，目标就小了，示人以无心仕途的印象，"安全"多了。韩愈或许有感于前些年的"用力过猛"，未尝不检点行为、约束身心。他在洛阳，为裴均编辑的诗集《荆潭唱和集》作序，其中最重要的一句话是"欢愉之辞难工，而穷苦之言易好"。志得意满的欢愉时候，大概率是作不出好诗的，倒是羁旅草野穷愁之际的诗容易讨好。韩愈在文学上，就不是个热闹人，而是个孤芳自赏者。相应地，韩愈在中唐官场，亦可谓是个落落寡合的孤勇者。文学上的孤芳自赏和仕途上的特立孤勇，其实有内在相通的东西。

这几年的韩愈，在洛阳与日后政治上的盟友——裴度，有着亲密的交往。除了老朋友孟郊，韩愈又结识了新的挚友皇甫湜，再加上樊宗师、卢仝等，一群追求奇奇怪怪美学风格的失意文人，围绕着韩愈。这群文人崇尚奇崛之美，是边缘者、非主流，喜欢创作奇涩诡异的诗文，而韩愈与他们气味相投，相得益彰。我想，这与韩愈当时投闲置散的心态是若合符节的。

这几年的韩愈，还见到了少年天才李贺。关于韩愈与李贺的相会，有不同的说法。有一种记载，说李贺十八岁自昌谷至洛阳，以歌诗谒国子博士韩愈。当时韩愈送客刚归，极为疲倦。仆从把李贺的歌诗卷子呈上，韩愈一边解带，一边读李贺的诗。第一篇就是著名的《雁门太守行》。当韩愈读到"黑云压城城欲摧，甲光向日金鳞开"时，拍案击节，不解带了，决定立即召见李贺。这个小故事，很能刻画出韩愈的爱才、惜才。

处在半赋闲状态的韩愈，总要找些事做。韩愈安慰了连丧三子的老友孟郊；与友人同游洛阳福先寺并题名；与友人去少室山谒山人李渤，同游嵩岳；并为元稹的亡妻韦丛撰墓志铭。

元和二年的柳宗元，状况不佳。他的母亲归葬于京兆万年县，作为儿子，他却不得归奉丧事以尽孝道，这令他无比痛苦。柳宗元写给岳父杨凭的信里说："自遭责逐，继以大故，荒乱耗竭，又常积忧恐，神志少矣，所读书随又遗忘。一二年来，痞气尤甚，加以众疾，动作不常。"（《与杨京兆凭书》）人尚未老，而神志、身体已两衰，真是无限忧愁，耿耿于怀。

《毛颖传》：文章之甚纰缪者？

元和四五年间，韩愈作的一篇奇文《毛颖传》"横空出世"，引发了很大的争议。文章竟传到了偏远的永州，可见韩文当时不胫而走，流传甚广。愁苦的柳宗元看到了老友的文章，叹为奇作，马上作"读后感"，声援了韩愈。这篇文章的奥妙何在？是写一个叫毛颖的人的传记吗？当然不是。毛颖其实就是毛笔，韩愈是为毛笔作传。就是这篇文章，被《旧唐书》严厉批判，认为"讥戏不近人情"，"此文章之甚纰缪者"。也就是说，这是韩愈文章中最差、最有问题的。史书这样认为，说明当时文章遭到了严厉批判。舆论批评苛峻，而柳宗元反倒赞不绝口，认为韩文"若捕龙蛇，搏虎豹，急与之角而力不敢暇"。这就有意思了，足以看出柳宗元的观点不同流俗，他是真懂韩愈的，参透了韩文的瑰怪新意，韩、柳绝对是惺惺相惜的知音。

《毛颖传》写了毛笔的籍贯、家世、性情、才能、任职、宠幸、朋友、退废、子孙等等，将无作有，幻化无形，五光十色，简直就像《庄子》的寓言，奇思妙想，涉笔成趣！清代曾国藩的评价很精辟："凡韩文无不狡狯变化，具大神通，此尤作剧耳。"才高八斗的韩愈游戏为文，这篇《毛颖传》尤其有趣！曾国藩也是伟人，有时，只有伟人才能理解伟人的匠心。

好端端的，韩愈为什么要给毛笔立传，仅仅就是开玩笑吗？当然不是。韩愈不但要借手中的一支雄笔戏耍一番，一新天下人耳目，而且在"以文为戏"的背后，是蕴含深刻寓意的。毛笔是无生命的书写

河南省登封市少室山，中岳嵩山的西峰　视觉中国供图

"工具"，"勤勤恳恳""任劳任怨"。但当日久头秃，不中用时，毛笔就会为主人所弃，这不正隐喻"高鸟尽，良弓藏"吗？一方面是"古来才大难为用"，另一方面，是韩愈批评的"秦真少恩"！统治者对待人才就像对待毛笔一样，招之即来，挥之即去，并非真的尊贤礼士，对人才更是用完即弃，令才士寒心。自古一直如此，难道不引人深思吗？有学者指出，韩愈是借《毛颖传》为名臣陆贽的遭遇鸣不平，不无道理。

时人"独大笑以为怪"的文章，柳宗元却看出了韩愈是借毛笔游戏一把，"尽六艺之奇味"，发其胸中郁积，寄托遥深。这样的文章无疑是炫人眼目、有益于世的。子厚对退之的声援，可视为文人之间的

相濡以沫，最为珍贵。

此时，柳宗元贬居永州已近五年，郁结痛苦，又病痞气，他写给友人萧俛的信中说："人生少得六七十者，今已三十七矣。"人生不过数十寒暑，今"赛程"已过半，怎不令人忧愁万端！他不但给翰林学士萧俛、李建等写信，又向京兆尹许孟容陈情，希望除罪移官，但无人敢为出力，都成泡影，注定无果。人生苦短，何以解忧？转眼到了这一年的秋日，柳宗元在永州发现了"西山诸胜"，开始作《永州八记》之前四记——西山、钴鉧潭、小丘、小石潭，观照穷乡僻壤之可爱山水，漱涤胸中尘埃，以文墨自慰。这山水间的家，"嘉木立，美竹露，奇石显"，悠然而虚，渊然而静，"古之人其有乐乎此耶"？

其实，韩、柳二家一作寓言童话，一作山水游记，文章的背后都是不平之鸣。人生实苦，姑且借手中的这支彩笔，舒忧娱哀吧！韩、柳可谓殊途同归。

有威严的地方官：与宦者斗、与不法军人斗

元和四年六月，韩愈阶段性地结束了学官生涯，新授尚书都官员外郎，仍分司东都。制词评价他"直亮而廉洁，博达而沉厚。守经嗜学，遂探其奥；希古为文，故得其精"，可谓符合实际。这个职位，从六品上，是刑部都官司的次官，"掌配役隶，簿录俘囚，以给衣粮药疗，以理诉竞雪冤。凡公私良贱，必周知之"。虽然品阶比国子博士要低，但毕竟是相对有实权的部门，而非清水衙门的学官了。韩愈应该是愿意去的。

韩愈虽是刑部官，但实际还兼判祠部，即以都官员外郎兼祠部员外郎。这涉及当时洛阳的官僚系统。唐代中央政府长期在长安，但东都洛阳也有一套相似的官僚体系，只不过规模较长安小很多。韩愈的都官员外郎，倒是事务相对清简，而祠部却成为主要的业务，具体说，就是管理东都洛阳的寺观僧道。

当时的韩愈，工作状态如何？工作成绩如何？他在写给上司郑馀庆的信中坦言："分司郎官职事，惟祠部为烦且重。愈独判二年，日与宦者为敌，相伺候罪过，恶言詈辞，狼藉公牒，不敢为耻，实虑陷祸。"（《上郑尚书相公启》）没想到吧！现实的情况很是棘手，关键是"日与宦者为敌"，两年来每天与宦官口舌之争，狼狈不堪，韩愈简直是陷入了一种纷纷扰扰、人仰马翻的状态之中。

中唐时，宦官专权是极严重的社会问题，表现在诸多方面。佛教僧尼的管理，原先是属于祠部的。但元和二年下诏，僧尼道士同隶左街右街功德使。当时的功德使皆由宦官充任，他们气焰嚣张，此后便强势垄断了京城观、寺的管理权，原先的管理部门已不能插手。这应该是个"肥差"，管理寺院建造、僧尼入籍等，背后利益甚重。韩愈素以排佛为志业，现在有整肃机会，岂能放过？他不畏强暴，敢于碰硬，按照玄宗时御撰的《六典》的规定，硬是把管辖庙宇僧尼的权力强行拿回来了，并且严格执法，该杀的杀，该禁的禁，"以正浮屠"。用今天的话讲，就是韩愈强力整肃寺庙僧尼，跟宦官进行了烦琐坚决的斗争。这自然是需要极大魄力的，一般人并不敢为，但韩愈做了。不过，问题的另一面是，韩愈"动了别人的奶酪"，宦官的势焰可畏，岂肯善罢甘休？韩愈与宦官纠缠，未免太较真，树敌过多，口舌之争甚多，搞得劳形苦心、精疲力竭。再加上当时的东都留守郑馀庆不愿得罪宦官，并不旗帜鲜明地支持韩愈。韩愈心力交瘁，不得已，要求调换工作岗位："故前者怀状，乞与诸郎官更判。意虽甚专，事似率尔，言语精神，不能自明。不蒙察允，遽以惭归。"（《上郑尚书相公启》）苦斗的韩愈让自己"陷"进去了，有些疲惫不堪了。这是否值得呢？大约没有官员愿意像韩愈这样"较真"吧。

县令难当

元和五年（810 年）冬，韩愈改任河南令。洪兴祖《韩子年谱》云："公以论事失郑公意，既令河南，犹论列不已。"看来，改任河南令的背后，有可能是郑馀庆想息事宁人，于是给韩愈调换了岗位。

平心而论，韩愈在东都洛阳的几年，仕途是有进展的。这背后，是上司郑馀庆的提携和支持。郑馀庆地位显赫，于德宗、顺宗、宪宗三朝拜相。韩愈这几年的仕途，始终追随郑馀庆。韩愈在《送郑十校理序》中说："愈为博士也，始事相公于祭酒；分教东都生也，事相公于东太学；今为郎于都官也，又事相公于居守。三为属吏，经时五年。"这里的相公，即指郑馀庆，而郑十乃馀庆之子。元和元年九月，郑馀庆为国子祭酒，韩愈是其属下，任国子博士；十一月，郑为河南尹，韩愈不久即以国子博士分司东都；元和三年（808 年）六月，郑为东都留守，韩愈接着又拜都官员外郎分司东都。真可谓三为属吏，"朝夕不离门下"。

这唐代的河南县，颇有些与众不同。话说东都洛阳下辖的河南、洛阳二县，与长安下辖的长安、万年二县，都是国都所辖之京县，地位自是不同，品阶是正五品上，也算是美差了，郑馀庆没有亏待韩愈。

河南令任上的韩愈，是否"吸取教训"，变得循规蹈矩了？甚至圆滑了、八面玲珑了？非也，非也。谚语说："江山易改，本性难移。"从韩愈的《上留守郑相公启》能够明显看出，韩愈又跟上司郑馀庆产生了激烈的争执。当时河南县的治安出现了严重问题，都指向跋扈的不法军人。有军人在集市上辱骂百姓，扰乱治安；又有商人在街市上冒充军人做生意，不受地方管束……这些所谓的不法军人，已成市井无赖，横行街市。韩愈对他们"追而问""怒而杖"，严厉处罚。怎奈不法军人骄纵蛮横已久，既有神策军的背景，更得宦官为其撑腰。个别的还是东都留守郑馀庆的"身边人"，跑到郑处告黑状，而郑袒护，姑息养奸，甚至颠倒是非，把被军人辱骂的原告百姓抓起来。韩愈此文，有点向郑馀庆讨要说法的意味。

韩愈的河南令，做得极辛苦。他这位县太爷，不但勤勉当差，而且最讲原则，用他自己的话说，是"不宜苟且求容悦"，用今天的流行语说，则是不"跪舔"任何人。按理说，郑馀庆是提携韩愈的贵人，但在事实和道理面前，韩愈"日以职分辨于留守及尹，故军士莫敢犯禁"，他坚持到底，不苟同恩公郑馀庆，按章办事，规范军人行为。文章的最后，韩愈斩钉截铁地表示："愈无适时才用，渐不喜为吏。得一事为名可自罢去，不啻如弃涕唾，无一分顾藉心。顾失大君子纤芥意，如丘山重。守官去官，惟今日指挥。愈惶惧再拜。"简单说，就是我韩愈已经厌弃做官了，您随时随地可以把我免掉，我不会有一丝留恋。我让您失望了。我这个官，做还是不做，一切听从您的安排！

说实话，韩愈的文章，话很不好听，在表面礼貌的文句背后，是不屈的谏诤姿态，直陈阙失，毫无隐晦。说严重点，甚至有些胁迫上司的意思。如此刚硬，必定会让郑馀庆不悦，但这，就是真实的韩愈，何其强项！

　　大家还记得张建封吗？直言谏诤、关系紧张的事情，又一次发生在位高权重的郑馀庆身上。这在当时，或许又成为众人批评韩愈"狂悖"的证据，但今天看，却是何等可贵。韩愈永远是敢怼的，永远是不迁就、不姑息的。

　　在韩愈的人生中，几次任地方官，可以说是积极作为，足以看出他的实际才干。这跟盛唐的李白、杜甫等是大不一样的。李白完全没有做地方官员的工作经历，而杜甫是明确不愿干县尉之类的基层小官的。韩愈有所不同，他从藩镇幕府到地方小吏都做过，实践工作经验丰富。韩非子有名言："宰相必起于州部，猛将必发于卒伍。"韩愈虽然没做到宰相，但他确是从基层干起的，显出他的实干家本色。

　　但是，韩愈也有偏激急躁的一面，他的人际关系，似乎经常处在一种紧张的状态之中，与上司的关系，更是屡屡出现问题。韩愈分司东都，原本是希望避祸，求安生；但实际上，他在东都，也是麻烦连连，祸事丛丛。韩愈的人生，似乎到处是荆棘，到处不能如意。他后悔了吗？

　　四处碰壁的韩愈，表面上撞头搕脑，尴尬无比，背后却是他对操守的无比坚持。韩愈有一个观点，叫"待己以信"，出自他的《答陈生书》。韩愈自己解释："所谓待己以信者，己果能之，人曰不能，勿信也；己果不能，人曰能之，勿信也。孰信哉？信乎己而已矣。"什么叫待己以信？就是如果自己真的可以做到，别人说你不能，不去理睬流言蜚语，坚持走自己的路；自己真的做不到，别人说你可以做到，绝不要轻信，失去判断。到底信谁？相信自己！待己以信就是韩愈的人生信条，他在东都洛阳的几年，一直在践行，从没改变初心。

　　元和四年，柳宗元三十七岁了，感慨尤深。他在给朋友的书信里，一再谈到对生命的忧惧，"前过三十七年，与瞬息无异"。可惜人生无法重来，不过他没有在痛苦中消沉。这一年，柳宗元的诗文迎来了丰收期，不但创作的数量多，而且质量更高。贬谪生涯肯定是人生的低谷，但柳宗元在文学上创作出了"精裁密致，璨若珠贝"的精品。是年七月，柳的岳父杨凭被贬为临贺尉。宋代的苏东坡在诗里写道："当日无人送临贺（指杨凭），至今有庙祀潮州（指韩愈）。"对杨、韩间的恩恩怨怨感慨不已。东坡显然是同情退之的。

我突然想起当代零点乐队创作的一首名曲《相信自己》，歌词通俗易懂，旋律激昂高亢。我想，易代同心，如果献给韩愈、柳宗元，他们也一定会喜欢吧。就用这首歌的一段歌词，结束这一节吧。

相信自己

多少次挥汗如雨，伤痛曾填满记忆，只因为始终相信，去拼搏才能胜利。

总是在鼓舞自己，要成功就得努力，热血在赛场沸腾，巨人在东方升起。

相信自己，哦！你将赢得胜利，创造奇迹！

相信自己，哦！梦想在你手中，这是你的天地！

相信自己，哦！你将超越极限，超越自己！

相信自己，哦！当这一切过去，你们将是第一！

相信自己！

拿恶少：韩县令升堂判断冤情

为了正义，韩愈与恩公剑拔弩张，甚至不惜决裂。韩县长实在是孤勇，既铁面无私，又刚直不阿，他对待上司的态度，尤显风骨。写到这里，本章总有一种紧张得喘不过气来的感觉。韩愈实在是"擅长斗争"，在东都，与宦者斗、与不法军人斗，更与东都留守郑馀庆搞得关系紧张、剑拔弩张。我想松口气，也带着读者松口气，谈点韩愈在河南令任上的好玩的事儿。

作诗作文，本身即为释放压力的过程，更有意想不到的疗愈作用。这道理，一千多年前的韩愈已了如指掌。果然，韩愈在河南令任上虽然四处碰壁、荆天棘地，但却作出了足以解忧、戛戛独造的好玩诗文。

我们总觉得韩愈是猛人、狠人，可是，他也有幽默风趣的一面啊！不妨介绍韩愈的一首诗、一篇文章给大家，一首韩愈所有诗歌中最好玩的诗，一篇韩愈所有文章中别开生面的文章。这首诗比较长，但是不要紧，它朗朗上口，不算很难读，甚至有点李白歌行的味道，它就是韩愈的《寄卢仝》：

> 玉川先生洛城里，破屋数间而已矣。一奴长须不裹头，一婢赤脚老无齿。辛勤奉养十余人，上有慈亲下妻子。先生结发憎俗徒，闭门不出动一纪。至今邻僧乞米送，仆忝县尹能不耻？俸钱供给公私余，时致薄少助祭祀。劝参留守（郑馀庆）谒大尹（李素），言语才及辄掩耳。水北山人（石洪）

得名声，去年去作幕下士。水南山人（温造）又继往，鞍马仆从塞间里。少室山人（李渤）索价高，两以谏官征不起。彼皆刺口论世事，有力未免遭驱使。先生事业不可量，惟用法律自绳己。春秋三传束高阁，独抱遗经究终始。往年弄笔嘲同异，怪辞惊众谤不已。近来自说寻坦途，犹上虚空跨骚骊。去岁生儿名添丁，意令与国充耘耔。国家丁口连四海，岂无农夫亲未耜？先生抱才终大用，宰相未许终不仕。假如不在陈力列，立言垂范亦足恃。苗裔当蒙十世宥，岂谓贻厥无基阯？故知忠孝生天性，洁身乱伦安足拟？昨晚长须来下状，隔墙恶少恶难似。每骑屋山下窥阚，浑舍惊怕走折趾。凭依婚媾欺官吏，不信令行能禁止。先生受屈未曾语，忽此来告良有以。嗟我身为赤县令，操权不用欲何俟？立召贼曹呼伍伯，尽取鼠辈尸诸市。先生又遣长须来，如此处置非所喜。况又时当长养节，都邑未可猛政理。先生固是余所畏，度量不敢窥涯涘。放纵是谁之过欤？效尤戮仆愧前史。买羊沽酒谢不敏，偶逢明月曜桃李。先生有意许降临，更遣长须致双鲤。

我们要有点耐心，把诗读下来，真正读进去了，是不是觉得很有趣？这首诗，就是韩愈做河南令时写的。诗里的主人公卢仝，据说是"初唐四杰"卢照邻之孙。他的人生以隐居为主，不愿仕进，早年隐少室山，后迁居洛阳。卢仝自号"玉川子"，洛阳的家，破屋数间，图书满架，他终日苦读，不染尘俗。卢家的一奴一婢更是有趣，一奴长须，不裹头；一婢赤脚，老而无齿。卢家仅靠邻僧送米度日，真是不治营生啊！卢仝的性格"高古介僻，所见不凡近"，总之这是个高冷人，也是个遗世独立的怪人。韩愈在东都数年，跟处士卢仝有交集，因做河南令，算是卢仝的父母官了。韩愈的治下，有如此高人，韩愈肯定是要结识的，而且对卢仝还略有资助。

从诗看，韩愈对卢仝佩服极了。韩愈希望卢仝出仕，劝其去拜谒洛阳大官，但卢仝急忙捂上自己的耳朵，生怕被这"庸俗"的言语所"污染"。当时的隐士，颇多假隐、装清高者。更不乏以隐求仕，骨子里即"索价高"，不达目的不出山者。诗里提到的"水北山人"石洪、"水南山人"温造，相继出山；只有"少室山人"李渤，因为索价更高而暂未出仕。韩愈的名文《送李愿归盘谷序》里讽刺的人物，"伺候于公卿之门，奔走于形势之途"，不就像那些沽名钓誉的所谓隐士吗？而卢仝，是真隐，真淡泊，真有学问，是那种"坐茂树以终日，濯清泉以自洁"的含霜履雪之人。韩愈调笑道：卢先生是大雅之才，可堪大用，不给宰相，是不会出来做官的！

诗的语言诙谐风趣，描摹出卢仝的风采和品德，令人一读难忘。但这诗的前面都是铺垫，诗的主旨，却是韩愈为卢仝伸张正义。诗的后部，讲述了一个让人难以置信的故事。原来，卢仝当时受了恶少的欺负，有"恶少窥屋"，偷窥骚扰，把全家吓得半死，还假托婚媾欺瞒官吏，告刁状。总之，卢仝家摊上大事了，被恶少恐吓欺侮了。于是他跑到韩愈这里申诉，请求父母官为其做主。疾恶如仇的韩愈岂能坐视不理，就帮卢仝伸张正义，气愤得要处死恶少。有意思的是，卢仝又觉得恶少罪不至死，处罚太重了，二度派长须奴来讲情，表示愿意不再追究。这肚量，非常人所可及。韩愈更佩服卢仝了，买羊沽酒，要请客，为他压惊，"但不知玉川先生愿意赏光否"？

诗写得慷慨激昂，同时又极富趣味，什么"隔墙恶少恶难似""浑舍惊怕走折趾"，活画出恶少欺负卢仝全家的情状，而韩愈惊堂木一拍，一副正气凛然的样子，"嗟我身为赤县令，操权不用欲何俟？立召贼曹呼伍伯，尽取鼠辈尸诸市"！后两句尤其解气，简直如同"包龙图打坐在开封府"，韩愈秒变包公！京戏里包公的唱词有"三口铡，铡的是皇亲国戚、贪官污吏、恶霸与土豪"。我感觉韩愈也要当街开铡！这当然是玩笑话。总之，此诗神采飞扬，妙趣横生，一个有正义感、幽默感且乐于助友、执法如山的韩愈，跃然纸上。

　　整个事看下来，是否有点让人觉得不是真的？这是韩愈瞎编的寓言故事吗？有一说一，事情恐怕是真实的，不是"虚构性写作"。韩愈或许做了些"艺术加工"，但基本事实是有所本的。韩愈的《上留守郑相公启》中谈到一件事："人有告人辱骂其妹与妻，为其长者，得不追而问之乎？追而不至，为其长者，得不怒而杖之乎？"已有敏锐的学者指出，这就是卢仝全家被欺的事实。看起来确实是可以"对号入座"的，只不过韩诗添油加醋，写成了传奇小故事，令人忍俊不禁。还有一点，诗里的"恶少"，很可能就是前文谈到的不法军人。

送穷鬼：谁解袖内机关？

　　元和六年，韩愈在正月晦日这天，作了一篇《送穷文》。正月的最后一天送穷，乃是由来已久的习俗。传说上古帝王颛顼有一子，喜着破烂衣服、喝稀粥，号称"穷子"。此子正月晦日死，乃葬之。后来就逐渐形成了正月祭送穷鬼的岁时风俗。唐代姚合的《晦日送穷》诗说："年年到此日，沥酒拜街中。万户千门看，无人不送穷。"可见唐时这风俗多么流行。不过，中国地大物博，除了晦日，亦有破五送穷等不同情形，并无定准。

光看文章名字，好像是韩愈希望送走穷鬼、远离穷鬼，扭转穷的现状和命运。那韩愈到底穷不穷呢？早年应科举时的韩愈，在长安困顿已极，不用说了。元和初年，韩愈为国子监博士，但"太学四年，朝齑暮盐"。齑是腌菜，早晨吃腌菜，晚上蘸点盐下饭。这博士生涯，如此清苦，比吃糠咽菜好不到哪儿去！可见国子监的薪俸根本不足以养活家口。做河南令，虽然不至于吃不饱饭，但那撞头磕脑的尴尬境地，又何尝不是另一种穷呢？韩愈真是受够了各种穷，所以要坚决地送穷。

韩愈先对穷鬼礼貌有加，"假惺惺"地作揖："闻子行有日矣，鄙人不敢问所途。窃具船与车，备载糗粮，日吉时良，利行四方。子饭一盂，子啜一觞，携朋挈俦，去故就新，驾尘彍风，与电争先。子无底滞之尤，我有资送之恩，子等有意于行乎？"听说你们要走了，我都不敢问你们到哪里去。但我准备好了车船和干粮，今天就是良辰吉日，去哪里都吉利。你们在我这里吃好喝好，就呼朋引类，去一个新的地方吧！快快上路，不要在我这里耽误了。我好意资助送行，你们尽快启程吧？

接着韩愈从他的角度，细心体察穷鬼的反应："屏息潜听，如闻音声；若啸若啼，砉欻嚘嘤。毛发尽竖，竦肩缩颈；疑有而无，久乃可明。"谁也没见过鬼，可是韩愈描摹得活灵活现，鬼气十足。这些鬼"瞻之在前，忽焉在后"，在鬼鬼祟祟之外，似乎还有那么一点点可爱。穷鬼商量的结果，竟是舍不得离开穷人韩愈，还语重心长地讲了一大通话，"谈感情""做工作""表忠心"，要留下来继续陪韩县长。穷鬼恋穷人，真是有情有义！

但韩愈铁了心送穷，不能再忍，径言有五种穷鬼一定要送走。为何是五种？韩愈装神弄鬼地说："子之朋俦，非六非四，在十去五，满七除二。"简直像个算命先生在煞有介事地掐指计算。究竟是哪五种穷鬼？他们到底作了什么恶事，让韩县长必欲送之？请看：

　　智穷：矫矫亢亢，恶圆喜方。羞为奸欺，不忍害伤。

　　学穷：傲数与名，摘抉杳微。高摭群言，执神之机。

　　文穷：不专一能，怪怪奇奇。不可时施，只以自嬉。

　　命穷：影与形殊，面丑心妍。利居众后，责在人先。

　　交穷：磨肌戛骨，吐出心肝。企足以待，置我仇冤。

　　五种穷鬼各具特点。智穷之鬼：刚硬正派，不喜欢圆滑，为人方正，更羞做奸谋欺诈之事，不忍伤害。学穷之鬼：看不上术数与名物等学问，喜欢探析杳远深微的道理，弥纶博采群言，掌握其中的神妙。文穷之鬼：不止精通一种技能，而是奇奇怪怪，多知多能，作出的文章没有现实的价值，只能自嬉自赏。命穷之鬼：形与影分离了，面目丑陋却内心美妍，有利可图的事退居人后，承担责任的事敢为人先。交穷之鬼：与朋友刻骨铭心，肝胆相照，最真诚地待人，竟被人误作仇敌。请问这些真的是穷鬼吗？怎么有些就像韩愈身上的"优良品质"？

　　韩愈"编，接着编"。这五种穷鬼"蝇营狗苟"，兴妖作怪，惹是生非，让韩愈"面目可憎、语言无味"，更"饥我寒我，兴讹造讪"，所以一定要送走它们、远离它们。但是，五鬼"相与张眼吐舌，跳踉偃仆。抵掌顿脚，失笑相顾"，写得精灵古怪，生动极了。俗话说，请神容易送神难。这些穷鬼仍不想走，反将韩县令一军：恰恰是我们这五个穷鬼，最了解你，人生在世，不过草木一秋，是我们让你立名百世而不磨呀！《孟子》里说："天将降大任于是人也，必先苦其心志，劳其筋骨，饿其体肤，空乏其身……"换句话说，你韩愈经受的艰难困苦，也是一种财富呀！这些"穷"，让你名声远扬、流芳百世，我们功不可没！

　　韩愈听了穷鬼们的一通高谈阔论，转念一想，真有道理啊！我就是靠这些穷鬼才扬名立万的，于是垂头丧气，拱手谢罪，甚至把准备好的送穷的交通工具车和船都烧了，延穷鬼上座。这文章一进一退、一开一合、一吞一吐，妙不可言。韩愈开了那么大一个玩笑，文章要表达的，不过是"君子固穷"的道理。显而易见，所谓五鬼，实乃五种可贵的品德，韩愈故意颠倒混淆，反而显示出当时社会的病灶和他自己遭遇的不平，所谓"黄钟毁弃，瓦釜雷鸣"，太不正常了，令正直的人义愤填膺。

　　宋朝的陈与义有两句诗："退之送穷穷不去，乐天待富富不来。"把韩愈和白居易放在一起调侃。其实，韩愈真正参透了名利的机宜，他借五鬼之口，发表了对穷与通的看法。那些诚实美好的品德，才能使人"百世不磨"，而借鬼之口道出，童牛角马，尤显诙诡之态。就像清朝人林云铭讲的，"世界中利禄贵显，一文不值。茫茫大地，只有五个穷鬼，是毕生知己，无限得力"，这篇文章"能使古今来不得志之士，一齐破涕为笑，岂不快绝"！评价之精辟，堪称探骊得珠。《送穷文》足以说明，韩县令在洛阳还是不开心，仕路困窘，于是他要戏耍一番，自己寻开心，抒一肚皮的孤愤。以文章自嘲自娱，揭示社会病灶，抨击是非颠倒，同时寄寓安贫乐道之意，才是《送穷文》的真相。

　　韩愈的《送穷文》渊源有自，本于汉代扬雄的《逐贫赋》。不过，你永远可以相信韩愈，他永远不会令人失望。《逐贫赋》，扬雄与贫，不过一问一答；而《送穷文》，两番问答，错综跌宕，"描写穷之真相，亦较扬文为刻深，真神技也"（清末林纾评语）。显而易见，《送穷文》出蓝胜蓝，如天方夜谭，意思既精奇诙诡，笔力尤雄赡富健。

韩愈的河南令，做得那么辛苦，借卢仝的诉讼，他作了一首最风趣的诗，大概他和卢仝看了，会相视一笑！他太较真了，太累了，需要喘口气，于是苦中作乐，在正月晦日又作了《送穷文》，拿穷鬼开心解忧。我们今天看了，也要拊掌大笑！这就是刚强孤勇的韩愈的另一面——幽默可爱、诙谐奇诡的韩县令！

清朝的何焯评《寄卢仝》："拙朴有味，质而不俚，此种最是难到。"曾国藩品《送穷文》："诙诡之文，为古今最难到之诣。"诚然！韩愈的《寄卢仝》和《送穷文》，这一诗一文，确是难到，有种独特的味道，语杂诙谐，而笔力老辣洁净，一气流转，是以瑰怪之言，抒不平之鸣。作文章，不一定正襟危坐的。韩县令就在开玩笑，反其道而作，硬是以游戏笔墨，慷慨悲歌，撰成了"满纸荒唐言"。不知怎的，我突然联想到了当代刀郎的名曲《罗刹海市》，韩愈的文章和刀郎的歌曲，内里有什么相同的质素吗？

何以解忧？不止杜康，文章亦可！连李太白都感慨："抽刀断水水更流，举杯销愁愁更愁。"今人何妨学学韩退之、韩县长，写作也是可以救赎苦难人生的。

元和六年，柳宗元、刘禹锡很是难过，因为他们共同的挚友衡州刺史吕温去世了，年尚不逾四十。刘、柳皆有诗哭之。吕温也是贞元党人，有大才，当年因出使吐蕃，未参与"永贞革新"，侥幸躲过后续的惨痛贬谪。即便如此，其仕途亦崎岖坎壈。对于好友之死，刘、柳皆不免有兔死狐悲之感伤。柳宗元后作《祭吕衡州温文》，悲痛地呼号："聪明正直，行为君子，天则必速其死。道德仁义，志存生人，天则必夭其身！"质问苍天，悲愤填膺；沉痛之至，无以复加。此日宗元哭吕温，不知他年何人哭宗元，悲夫！

纪录片《千古风流人物》项目组供图

第九章

重回长安：三度任国子监博士的满腹牢骚

过关老马昂首的一声妄鸣

　　韩愈在东都洛阳待了四五年的光景，于元和六年夏秋，赴长安，任职方员外郎，这是尚书省兵部职方司的副长官，掌天下舆图、城隍、镇戍、烽堠等事。他依附郑馀庆多年，还是分道扬镳、渐行渐远了。按理说，韩愈的仕途又走到了一个瓶颈，搞不好就止步于此了，因为连他的伯乐都忍受不了他了。那韩愈怎么能得到机会，重回京城呢？

　　我的推测是，皇帝或宰相注意到了韩愈。韩愈在河南令任上，对不法军人的斗争，还包含了很重要的一点，就是对节度使在东都洛阳私邸潜藏军士（私邸养兵）的打击。地方藩镇节度使们在京、洛都有豪宅，或类似今天的"驻京办事处"，其中藏污纳垢，不但刺探情报，甚至潜藏军士，图谋不轨。往大里说，韩愈的禁阻行动其实是关涉国家安全，有利于国家稳定的。敢于硬碰硬，严惩不法军人，是需要极大魄力和勇气的。韩愈确也是英雄虎胆，甚至可以说是雷霆万钧，惊动了宪宗，认为"韩愈助我者"！皇帝对韩愈的赏识，是基于藩镇割据、军人跋扈的严重问题。皇帝需要的，是具有强势作风的铁腕官吏。

宪宗认识到，韩愈在当时的官吏中，可谓凤毛麟角，更堪称空谷足音。这样的官员不提拔，那提拔谁呢？入京任职方员外郎又是一次升迁，等待他的，将是更大的舞台。这也看出宪宗朝的政治生态相对清明，如果换一个时代，如韩愈性格者，或许早就被"拍死在沙滩上"了。

韩愈在入京路上，过潼关时，作了首意味深长的《入关咏马》：

岁老岂能充上驷，力微当自慎前程。
不知何故翻骧首，牵过关门妄一鸣。

大家还记得韩愈的《马说》吧。时过境迁，他的心态也发生了微妙的转变。诗的前两句给人的感觉是，人到中年了，退一退吧，谨慎一点吧，不必再冲锋陷阵了。可后两句话锋一转，还是表达出一种老骥伏枥的不服输态度：我不会服服帖帖的。入关时，老马的突然昂首，一声"妄鸣"，犹如韩愈入京的"宣言书"——那个孤勇、奋斗、精进的韩退之又回来了！且看我的作为吧！

因柳涧事件而"马失前蹄"

回到京城的韩愈，人生翻开了新的一页。韩愈的诗有云："男儿贵立事，流景不可乘。"（《送侯参谋赴河中幕》）他的"人设"，一直就是特立独行，总喜欢发现别人发现不了的问题，发表别人不敢发表的意见。总之不能让光阴白白流逝。当过监察御史的他，有一双犀利的慧眼，善于观察、发现问题。在多数时候，韩愈或许是正确的；但是，人非圣贤，孰能无过？这一回，意想不到的事发生了。韩愈为柳涧事件发声，"马失前蹄"，因失算而栽了跟头。

柳涧事件的来龙去脉是怎样的？具体讲，当时的华阴县令叫柳涧，因犯错被上级华州刺史阎济美停职处置。数月后，阎济美离任。柳涧记恨前仇，煽动百姓闹事，教唆人拦住阎济美，不许其离开，阎狼狈不堪……新任华州刺史赵昌调查后，掌握了柳涧的罪证，将他贬为房州司马。韩愈路过华阴，闻知此事，误听误信，以为前后两任刺史沆瀣一气，冤枉柳涧，就上疏朝廷，请求重新审理。朝廷派监察御史李宗奭调查，发现柳涧贪赃证据确凿，并不冤枉，于是再贬柳为封溪县尉。而韩愈，则因为妄发议论，受到牵累，调任国子监博士。这是韩愈仕途中一个意想不到的小插曲。

其实，韩愈与柳涧并不相识，两人更无利害关系，韩愈完全可以不管不问，但那不是韩愈的风格，他一贯是不怕事的，"多管闲事"的，古道热肠的。可惜的是，这次韩愈鲁莽了，没认真做调查研究，对事件不恰当介入，草率发声，等于替贪官说了好话，"妄议妄论"，犯了主观轻率的错误，导致他又回到了国子监博士的位置。这算是降职处分了。旁人看起来，韩愈是咎由自取；但他的心里，恐怕是不服气的。这一次看走了眼，并不代表今后就要闭嘴。

韩愈此时，作了一首奇奇怪怪的《双鸟诗》，大发牢骚，诗的后部云：

> 不停两鸟鸣，百物皆生愁。不停两鸟鸣，自此无春秋。
>
> 不停两鸟鸣，日月难旋辀。不停两鸟鸣，大法失九畴。
>
> 周公不为公，孔丘不为丘。天公怪两鸟，各捉一处囚。
>
> 百虫与百鸟，然后鸣啾啾。两鸟既别处，闭声省愆尤。
>
> 朝食千头龙，暮食千头牛。朝饮河生尘，暮饮海绝流。

还当三千秋，更起鸣相酬。

如此怪诞诡奇的诗，像天方夜谭，连李白、杜甫都没有写过。这两只鸟到处鸣叫，不停鸣叫，简直成了灾祸，如孙悟空一般大闹人间，搅得天愁地惨、时移俗易。后来天公把双鸟抓起来，它们才闭口不叫。但是双鸟食量惊人，吃了千头龙、千头牛，饮干了海与河。它们蓄积力量，想着三千年后再一起鸣叫，大干一场！试问诗中的双鸟指谁？过去有三种解释：佛教与道教、李白与杜甫、韩愈与孟郊。读者朋友赞同哪种说法？我坚定地认为，这诗就是韩愈对他和孟郊的自嘲自谴。韩愈还是正话反说，用寓言戏谑，他要表达的，是鸣、鸣、鸣，永不屈服。我们甚至可以把鸣，理解成"怼"。韩、孟的不平则鸣，只要有一口气，就永远不会停止！读懂了此首瑰怪奇崛的诗，对于韩愈这几年的人生和行事，才会有深入骨髓的理解。这首诗犹如韩愈中年的宣言书，它宣示着：孤勇者是万折不挠、永不言弃的。

接下来的韩愈，又会怎么"鸣"呢？

《进学解》的真相：向宰相喊话

元和七年（812年）二月，韩愈第三度到国子监任职。他跟国子监博士，真是难解难分。但他的内心深处，必定充满了无奈、厌弃的情绪。必定！远在江南的友人卢仝听说了韩愈的遭遇，不禁作诗感慨："忽见除书到，韩君又学官。死生纵有命，人事始知难。"（《常州孟谏议座上闻韩员外职方贬国子博士有感五首》其一）标题里用了一个

"贬"字，可谓春秋笔法。柳宗元也曾说过："专名誉、好文章者，咸耻为学官。"（《四门助教厅壁记》）做官的事，真是一言难尽，越是不想做学官，越是一而再、再而三地做，这就是命！连朋友都为韩愈鸣不平。

不过，还是有细微的差别。有学者认为，这次韩愈做的，是国子监的太学博士，因为《进学解》说"国子先生晨入太学"。按，国子监设太学博士三人，正六品上，"掌教文武五品以上及郡县公子孙，从三品曾孙之为生者"。至此，韩愈在国子监先后做了四门博士、国子博士、太学博士。太学博士跟职方员外郎相比，虽然品级相差不大，但一个是学官，冷曹闲位，一个是尚书省的实职官，郎官清要，被人羡慕，两者差别甚大。而且，上一次的国子博士，比这次的太学博士，品阶上还要高一些。韩愈岂不是江河日下，越混越差？多年的仕宦生涯，韩愈如鱼饮水，冷暖自知，虽说不是头破血流，恐怕也是伤痕累累。他当然不能免俗，也做过许多干谒，但真正愿意拉他一把的中朝大官似乎不多。韩愈的心情极为抑郁，他怨气冲天，又郁郁寡欢，需要找一个出口发泄。就像之前的三上宰相书，他现在迫切需要宣泄心中的不平之鸣。

请问，一个人的写作能力是否无关紧要呢？我们常说，知识改变命运，那文章能否改变命运？答案是肯定的。口头表达和文字撰写，是一个人极其重要的两种能力。韩愈恰恰在这两方面都超强。韩愈一生时常用文章来"自救"，乃至改变自己的命运。我这么说，并不是夸大其词，而是有实际的例子的。

再追问一句，在韩愈的名篇佳作中，您最喜欢哪一篇？这肯定是见仁见智、言人人殊的。如果问，韩愈创造成语最多的是哪篇古文？答案是《原道》《答李翊书》？还是《张中丞传后叙》？抑或《柳子厚墓志铭》？都不是，而是元和八年（813年）韩愈任太学博士时所作的《进学解》。这篇文章非常重要，既是改变韩愈命运的文章，又是他创造成语最多的文章。

《进学解》借鉴赋，采用主客问答的方式，让先生（主）、学生（客）相互辩难，怨怼之辞托人，自责之辞托己，以正、反、正的论证，层层深入，抒发自己的牢骚，同时还对朝廷隐含讥刺。首先，先生教育学生，核心观点是"诸生业患不能精，无患有司之不明；行患不能成，无患有司之不公"。学生们啊，你们要担心自己的学业不精，不要担心官家不明；要担心自己干不成事，不要担心官家不公平。实际上这是正话反说，现实就是官家不明、不公，所谓春秋笔法，皮里阳秋。

接着，学生对先生的观点进行反驳。先生在"学""言""文""行"四个方面成就卓著，何等难得；但残酷的现实是，先生"公不见信于人，私不见助于友。跋前踬后，动辄得咎。暂为御史，遂窜南夷。三年博士，冗不见治。命与仇谋，取败几时。冬暖而儿号寒，年丰而妻啼饥。头童齿豁，竟死何裨"！简直把韩愈的前半生都总结了，公的方面，不被人信任；私的方面，没有友人帮助。动不动就受责备，刚作御史，旋即被贬。当了三年的博士，看不出什么成绩。命运近乎一直跟韩愈作对。就是在暖和的冬天，老婆孩子也叫冷；丰收的年份，妻子孩儿又哭饿。现在头发也白了，牙齿也松动了，离死不远了。这样的人生，的确是太失败了，太失败了！学生最后揶揄："先生您都混成这样了，还有脸来教我们呀！"反讽实在太辛辣，太辛辣！

最后，先生要进行反驳之反驳，才能"曲终奏雅"。韩愈自谦"学虽勤而不繇其统，言虽多而不要其中，文虽奇而不济于用，行虽修而不显于众"，在学、言、文、行几方面还是有诸多不足之处的。虽说不是饱食终日、无所事事，但"圣主不加诛，宰臣不见斥，非其幸欤？动而得谤，名亦随之，投闲置散，乃分之宜"。已经很好、很幸运了，皇帝没有杀我，宰相没有斥责我，而且我的名气越来越大！做闲官、居冷曹，这都是命，我安然接受。这一段自我解嘲，申明要随遇而安，其实仍是腹诽心谤，于心不甘。

讲到这里，《进学解》的真相已经呼之欲出了。这实在是一篇彻头彻尾发牢骚、抒郁闷的文章。古人说，此文是韩愈的"正正之旗，堂堂之阵"，也就是说骨子里非常义正词严，但却出之以"感激怨怼奇怪之辞"。《进学解》里有句关键的话，千万不可轻轻放过，那就是："校短量长，惟器是适者，宰相之方也。"这是直接向宰相喊话了。宰相啊，您的职责之一就是发现人才、提拔人才，而我韩愈如此大才，却沉沦下僚，久困于学官。所以，韩愈的《进学解》是写给宰相看的。试想，韩愈三次做国子监博士，久不得升迁，肯定心有不甘，于是作《进学解》抒发郁闷，表示自己是大材小用了。但韩愈的叙述非常得体，既沉郁顿挫，倚天拔地；又嬉笑怒骂，庄谐杂陈。其文几如老狐成精，令人叹为观止。他要表达自己才华横溢，但不能自吹自擂呀，于是借学生之口，极力夸赞自己学识渊博、崇儒排佛、文章高华、敢作敢为，这样的人物，不但一时无两，简直旷古绝今，而命运却如此多舛，笔墨着实巧妙！

我本不想大段大段地引韩愈的原文，可是《进学解》实在太精彩，不引不足以见出韩愈瑰伟绝特的文才和手段。如果以现代汉语翻译，恕我笔拙，又会失去文言文特殊的美感和风神，岂不可惜！故而还是引一大段吧：

先生口不绝吟于六艺之文，手不停披于百家之编。记事者必提其要，纂言者必钩其玄。贪多务得，细大不捐。焚膏油以继晷，恒兀兀以穷年。先生之于业，可谓勤矣。抵排异端，攘斥佛老；补苴罅漏，张皇幽眇。寻坠绪之茫茫，独旁搜而远绍。障百川而东之，回狂澜于既倒。先生之于儒，可谓劳矣。沉浸酿郁，含英咀华；作为文章，其书满家。上规姚姒，浑浑无涯；周《诰》殷《盘》，佶屈聱牙；《春秋》谨严，《左氏》浮夸；《易》奇而法，《诗》正而葩；下逮《庄》《骚》，太史所录；子云、相如，同工异曲。先生之于文，可谓闳其中而肆其外矣。少始知学，勇于敢为；长通于方，左右具宜。先生之于为人，可谓成矣。

这里，韩愈自陈于业、于儒、于文、于为人四方面的钻研、修养、作为、成绩。在学业上，勤勤恳恳，能钩玄提要，得治学法门；在思想上，尊崇儒家，排斥异端，敢于挽狂澜于既倒，有极大魄力；在作文章上，读书破万卷，达到闳中肆外的高妙境地；在为人上，少时勇于敢为，成年后方正而不失圆通。这段话，可谓从头至尾皆为警策之句，精金美玉，一字不可改易，每读一过，都有收获。

宋代的苏洵评价韩愈的文章："如长江大河，浑浩流转，鱼鼋蛟龙，万怪惶惑，而抑遏蔽掩，不使自露。而人望见其渊然之光，苍然之色，亦自畏避，不敢迫视。"形容譬喻极精辟到位。文学评论达到这般水平，才能与韩愈的文章相匹配。《进学解》中的这一段，惊才绝艳，是全新的表达，真是胸中块垒，笔底波澜，一吐为快，好不过瘾！

韩愈继承了杜甫"语不惊人死不休"的写作精神，最能创造成语。《进学解》中的名言警句，俯拾皆是，不烦枚举。"业精于勤荒于

潮州韩文公祠入口雕塑　作者供图

嬉，行成于思毁于随"，激励了太多的青年学子。有个成语，"投闲置散"，亦是出自此文，请看韩愈用得多么贴切！他觉得自己就是被投闲置散了，是个闲散官，很郁闷，满腹牢骚，所以才作了这篇文章。还有什么爬罗剔抉、刮垢磨光、钩玄提要、贪多务得、细大不捐、焚膏继晷、兀兀穷年、补苴罅漏、张皇幽眇、力挽狂澜、旁搜远绍、含英咀华、佶屈聱牙、同工异曲、阆中肆外、动辄得咎、俱收并蓄、校短量长……我们惊叹于一篇文章能创造那么多成语，古人评价《进学解》"拔地倚天，句句欲活。读之如赤手捕长蛇"。正因为这篇文章极修辞之妙，读起来就具有排山倒海的气势，成语在文中的重要作用，也就充分体现出来了。韩愈又一次以自己的凌云健笔震惊了朝野上下。

为什么韩愈能创造如此多的成语呢？我觉得其实是有代价的。遗憾地告诉读者，一代文宗韩愈早衰，用他自己的话说，"年未四十，而视茫茫，而发苍苍，而齿牙动摇"。他多次在诗文中描述自己衰老的状态。为了作出好文章，用尽天下的好语言，他殚精竭虑，呕心沥血，他要为大唐打造一套全新的话语系统。他真的做到了，成为语言大师、文学巨匠。我们要珍惜他创作的千古名篇，珍爱这些犹如精金美玉一般的成语。

文如其人，《进学解》很像作者的性格。韩愈行事很是执拗，而此文亦剑走偏锋，不主故常，在语言上达到了散文创作的极致。如果要给《进学解》挑点毛病，或许文章的结尾，略显气促，与前面的大开大合、大笔濡染稍稍不称。当然，这只是我的个人浅见，或许厚诬韩公了。

文章改变命运

韩愈确实是才高难容、累官下僚，而《进学解》也真的起了意想不到的大作用。文章写得那么精彩绝伦，几乎一文"封神"，当时流传甚广，社会舆论亦会关注、同情他的遭遇。宰相自然也看到了，觉得韩愈人才难得，所谓"执政览其文而怜之"，"执政览之，奇其才"。执政就是笼统地指宰相了。当时前后期的宰相群体是哪些人呢？权德舆、李吉甫、李绛、武元衡。李吉甫正监修国史，亟须人才；李绛与韩愈是同年进士；武元衡，这个名字又出现了，他也与韩愈友善，曾怂恿窦群弹劾刘禹锡。客观讲，此时朝堂上的局面，对韩愈是有利的。在诸相中，武元衡帮助韩愈的可能最大。

我还有一个新想法，是否宪宗也看到了文章，并加以干预？这么说并非无因。此时的宪宗，正在用人之际，为其中兴大业，迫切需要招贤纳士。之前韩愈的《元和圣德诗》，已经让宪宗龙心大悦。河南令任上，严惩不法军人，宪宗更深加激赏。虽然韩愈屡屡处在风口浪尖，甚至物议汹汹，但皇帝欲实现宏图大业，亟须不畏风暴的"斗士"。某种意义上说，韩愈的不畏生死、敢谏敢言、敢作敢为，无疑是宪宗欣赏的、需要的。

元和六年，发生了一件举国轰动的事情，让宪宗加深了对韩愈才干的印象。是年九月，富平人梁悦为其父报仇，杀死仇人秦杲，之后自首请罪。案件棘手，子为报父仇而杀人，如何处置，宪宗也困惑。复仇，如据儒家经典如《礼记》，"父之仇，弗与共戴天"，则义不同天。子报父仇，天经地义。但按法令，则杀人者死。《韩非子》有云：

"夫立法令者以废私也，法令行而私道废矣。私者，所以乱法也。"按律处置，不能例外。到底如何发落，是为难题。皇帝于是下诏，令尚书省集议闻奏。很快，时任尚书职方员外郎的韩愈上《复仇状》，回奏议论。韩愈为皇帝提供的意见是：

> 杀之与赦，不可一例，宜定其制曰："凡有复父仇者，事发，具其事申尚书省，尚书省集议奏闻，酌其宜而处之，则经律无失其指矣。"

子报父仇，或杀或赦，不可一概而论，应交由尚书省集议，视情况处置。可谓颇有斟酌，议论正大。后来的处理结果是：特赦免死，决杖一百，配流循州。皇甫湜的《韩文公神道碑》载："朝有大狱大疑，文武会同，莫先发言，先生援经引决，考合传记，侃侃正色，伏其所词。"可知碰到棘手的大案、廷议之类的大场合、大辩论时，韩愈高谈雄辩，引经据典，审时决疑，风采卓然。从韩愈的持论，宪宗已看出他可堪大用。

元和八年三月，韩愈改任比部郎中、史馆修撰，终于迎来了人生新的转关。他在两年之中，三次改官，显得不同寻常。也许背后有宪宗的意图或安排。

有意思的是，韩愈的任命书《韩愈比部郎中史馆修撰制》，据说是由白居易起草的，制云："太学博士韩愈，学术精博，文力雄健。立词措意，有班、马之风。求之一时，甚不易得。加以性方道直，介然有守。不交势利，自致名望。可使执简，列为史官。记事书法，必无所苟。仍迁郎位，用示褒升。可依前件。"考辞可谓允当，下笔极有斟酌，结合韩愈的学术、文章、品行，一一下了准确考语。特别是"自致名望"四字，极精准，说明韩愈的名声完全是靠自己一点点积累起来的，殊为难得。白居易也不愧作手。

史馆修撰即国史馆修撰，负责掌修国史。这是对韩愈史才的充分肯定，让韩愈到史馆，其实是有实际任务的，就是修撰《顺宗实录》。比部郎中，为唐代刑部的官，从五品上，"掌勾会内外赋敛、经费、俸禄、公廨、勋赐、赃赎、徒役、课程、逋欠之物，及军资、械器、和籴、屯收所入"，长长的一串职责，有点像今天的中央财务审计。唐代重郎官，从太学博士转比部郎中，算是从冷曹到"吃香"的岗位了，故曰"用示褒升"。实际上，比部郎中是韩愈的"本官"，而史馆修撰无品级，只是一种差遣职。再说得明白些，韩愈此时是以比部郎中的身份出任史馆修撰。接下来的一段岁月，他要以修史为主要任务了。

请看，一篇文章，真的改变了韩愈的命运。他的如椽巨笔，足以震烁天下。给我们的启发是：有时，不能任由命运摆布，要自己奋起，要努力自救，要让自己的才华被居高位者、被社会看到。韩愈就是最好的例子。

还需要说明的是，元和八九年间的韩愈，已经天下闻名，他三为国子监博士，门墙桃李甚多，又有一批追随者，围绕在他的身边，其中李翱、张籍、张彻、皇甫湜、樊宗师、侯喜等已有所成就。韩愈的文章，每写出一篇，很快就传播开来，成为学习的典范。像《进学解》，作出后，他已不必亲自呈送给宰相，好文章自会不胫而走，过不了多久，宰相就会寓目，甚至皇帝都会看到。

也是在这两年，找韩愈作墓志铭、碑志的人逐年增多，他甚或有应接不暇之势。甚至有人表示，得不到韩愈的墓志铭会死不瞑目。随着声望高、文名盛，韩愈碑志的润笔也水涨船高，因此他的经济条件，亦有较大的改善。毕竟一家数十口，皆仰仗他一人，实在不容易。大约在此前后，韩愈终于要考虑在长安购置房产了。安居才能乐业，但想在长安安居，又千难万难，韩愈终于实现了。

元和八年，柳宗元在永州作与韩愈同题的《天说》，两人辩论天人关系，而刘禹锡稍晚作《天论》三篇，可视为柳氏《天说》的注疏。简言之，韩愈的观点是天胜于人，而柳宗元的观点是人胜于天。刘禹锡调和二家，以为"天人交相胜"。细究之，刘骨子里实近柳而远韩。限于篇幅，不做学理上的分析论述。不过，韩、柳、刘三人一同讨论深奥的哲学问题，也算是佳话了。这一年前后，向柳宗元问学请教的年轻人最多，一个叫韦中立的读书人，甚至从长安不远数千里赶到永州，欲拜宗元为师，这足令他自豪。后来，韩愈谈到这一点时说："衡湘以南为进士者，皆以子厚为师，其经承子厚口讲指画为文词者，悉有法度可观。"（《柳子厚墓志铭》）宗元表面上不收弟子，但实际上，也是春风化雨、诲人不倦啊！他不过是不想担老师这个虚名罢了。也是这年，四月，前文提到的窦群，以开州刺史改任容管经略使。他途经朗州时，竟见到了久违的刘禹锡。唐人的风度真不可及，后世看两人如仇敌，而他们在朗州诗酒酬唱，醉看前尘，竟也一笑泯恩仇了！

纪录片《千古风流人物》项目组供图

第十章

迈向权力中心

一段相对顺遂的官场生涯：被赐绯鱼袋的韩舍人

元和九年十月，韩愈转考功郎中，修撰如故（仍充史馆修撰）。到十二月，又以考功郎中知制诰。元和十一年（816 年）正月，韩愈以考功郎中知制诰迁中书舍人，赐绯鱼袋。这一二年间，真可谓是仕途顺利，好消息不断，韩愈恐怕要"漫卷诗书喜欲狂"了，"白日放歌须纵酒"也不错！

考功郎中属于吏部，从五品上，"掌内外文武官吏之考课"，亦即百官功过善恶之考核、记录。吏部又是尚书省六部之首。知制诰是兼职，差遣职，也就是说，韩愈因为文才出众，还兼有为皇帝撰作制诰诏敕之责。中书舍人就更重要了，正五品上，在中书省，六人，"掌侍奉进奏，参议表章"，可列席宰相会议，参与机要，甚至代行宰相之权，常由富有文学资望者担任。绯鱼袋指绯衣与鱼符袋，是五品以上官员才能享受的待遇，也是一种荣誉的象征。这意味着韩愈已进入唐代高阶官员的行列。

显而易见，考功郎中已属于"重要岗位"，而中书舍人可谓"关键岗位"了。韩愈得到了梦寐以求的职位，日益接近权力中心。有趣的是，韩愈和白居易的官职，似乎存在一个此消彼长的情况。当日白居易曾给韩愈作任命诏书，后任左赞善大夫；但当韩愈得意了，做中书舍人前后，白居易却被贬为江州司马了。官场浮沉，有人欢笑有人愁，真是一言难尽。

韩愈在元和中后期，仕途相对顺遂，首先与励精图治的皇帝有关，其次，跟当时相对清明正派的宰相群体也有关联。从元和六年到十三年，李绛、崔群、武元衡、裴度诸人先后拜相，他们不但与韩愈关系亲善，而且在朝堂之上，营造了相对清朗的政治生态。有此大环境，韩愈这样的特立独行者，才可能晋升并有所作为。

元和九年可谓多事之秋，最大的国事，就是淮西叛乱，不但持续甚久，而且给国家造成了无法弥补的重大灾难。我们放到后面再谈。

柳宗元为什么劝韩愈做史官？

唐高宗时的宰相薛元超对身边亲近者说："平生有三恨，始不以进士擢第，不得娶五姓女，不得修国史。"（《隋唐嘉话》）拿韩愈来说，他比薛丞相强多了，居然三件都实现了。就此而言，韩愈绝对是唐朝的人生大赢家。从薛元超的话，我们才知道，在唐朝做史官、修国史是件非常荣耀的事哩！

元和九年的正月，远在永州的柳宗元给韩愈写了一封信——《与韩愈论史官书》，激昂地感叹："今学如退之，辞如退之，好议论如退之，慷慨自谓正直行行焉如退之，犹所云若是，则唐之史述其卒无可托乎？明天子、贤宰相得史才如此，而又不果，甚可痛哉！"说得痛心疾首，这是怎么回事？史才难得，而韩愈正是良史之才。上一年，韩愈被任命为史馆修撰，宰相李吉甫可谓识才善用。入直史馆，也算是对文人的一种褒奖。但韩愈明确表示不愿做史官。老朋友柳宗元一直在默默地关注着韩愈，柳文分明是批评韩愈畏惧刑祸而不愿做史官。那韩愈为什么不愿为之呢？

当时，韩愈与一个叫刘轲的秀才书信往来，专门讨论作史的问题。没过多久，韩愈的书信《答刘秀才论史书》居然远近传播，而远方的柳宗元亦看到了韩文。我认为，韩愈其实是有意要把这封信散播出去。韩愈提出，修史要"据事迹实录"，使"善恶自见"，这毫无问题；但又表示："夫为史者，不有人祸，则有天刑，岂可不畏惧而轻为之哉！"这又有点危言耸听了。但史官确实不容易做，简言之，修史要不虚美、不掩恶，直书其事，申以劝诫，甚至一字含褒贬。我以为，这些要求，韩愈都能做到。真正让韩愈疑虑的，恐怕还是复杂的人事关系。韩愈面临的，是修《顺宗实录》。过去讲"隔代修史"，而韩愈要修的，不啻当代历史。他本人，也是"只缘身在此山中"，恰是德宗、顺宗朝的"过来人"。他应该是不想身陷其中的，但文名极盛的他又无法推托，故作此书信，有给旁观者看的意味。言下之意，我韩愈丑话讲在前头，将来修不好，你们可莫要怪我。而柳宗元是"永贞党人"，必然要出现在韩愈的笔下，也脱不开关系。当韩愈关于修史的书信在社会上传播，被柳看到时，柳大概参透了韩愈的"小心机"，觉得"私心甚不喜"，要跟韩愈论辩一番了。

挑选韩愈修史，也是经过深思熟虑的。熟悉中唐历史者都知道，顺宗朝国祚极短，而后续的宪宗，是将短短几个月的顺宗朝的政策、用人等，全盘否定了。那么，修《顺宗实录》，或许就需要找一个顺宗朝的"对立面"，最好是找一个与"二王"、韦执谊等相抗争的人。

修史者的"立场"对了，修出来的史，才能符合宪宗的心意。由此言之，安排韩愈任史馆修撰，有深意存焉。

谚语说，一支笔管千斤重。韩愈何等聪明，他的忧虑不是没有道理的。顺宗朝虽短，但是非极多，忠奸善恶，纷繁复杂，虽煞费苦心，仍难以下笔。最棘手的，莫过于对"永贞革新"的评价。韩愈自言："传闻不同，善恶随人所见。甚者附党憎爱不同，巧造语言，凿空构立善恶事迹……"从某种意义上讲，修《顺宗实录》虽不好说是引火烧身，却也有自讨苦吃的味道。但朝廷的任命，他又无法推却。宰相李吉甫把韦处厚撰写的《顺宗实录》三卷交给韩愈，令他与其他史官一同斟酌、重新修订。在韩愈的主持下，增益补罅，修成新的《顺宗实录》五卷，所谓"十益六七，忠良奸佞，莫不备书"。报给李吉甫后，李相慎重，还想研讨一番，不想竟很快病卒。李相卒后，韩愈取回《顺宗实录》，再加修订并上报。又有宰相指出"间有错误"，总之几番添改刊正，奉命惟谨，郑重其事。这些在韩愈的《进顺宗皇帝实录表状》中都有记录。

讲到这里，柳宗元为什么要劝韩愈做史官？自然也是有一层深意的。您（韩）和我（柳）都是顺宗朝过来的，我们都是历史的当事人、见证人。当日，我在朝堂，您被贬谪；现在，您在朝堂，我远贬荒僻。所谓此一时，彼一时也。您的这支笔，可要下笔审慎、一丝不苟呀！看似平淡无奇的情节背后，其实蕴含"托付"深意，柳宗元希望韩愈客观公正，特别是对他本人，应有个公允公正的评价。柳宗元还是相信韩愈的人品的。总之，关于修史，韩愈和柳宗元，各有各的忧愁，各有各的心机。客观讲，韩愈秉持了"据事迹实录，则善恶自见"的基本原则，总算完成了这项棘手的"政治任务"。但确实极不容易，韩愈的忧心是有道理的，《旧唐书》就说，因为《顺宗实录》"说禁中事颇切直"，引起了宦官的不满，于是在皇帝面前搬弄是非，让韩愈屡次修改。需要指出的是，《顺宗实录》乃奉命之作，且成于众手，韩愈领衔，或许出力最多。但这种史书，实为"集体项目"，故不宜算作韩愈个人的著作，其中的观点、褒贬，更不好说是韩愈个人的意思表示。李唐一朝的皇帝实录，只有《顺宗实录》保存下来，其他都亡佚了，这更显出其书的珍稀。

韩愈的朋友们在元和九年

元和九年，韩愈的几位重要朋友也发生了大变故。八月，韩愈最好的朋友孟郊暴卒，得年六十四岁。孟郊的一生，专力苦吟，穷愁潦倒，早年读到他的名篇《借车》"借车载家具，家具少于车"，感慨其家徒四壁。他又老来连丧三子，惨不忍闻，不怪今人感慨："那个写《游子吟》的人太苦了！"孟夫人郑氏跑来告诉韩愈，"愈走位哭，且召张籍会哭"，悲伤极了，哭了不止一场。孟家贫苦，韩愈提供了一笔丧葬费。等到快下葬的时候，孟郊的另一个朋友樊宗师来征求墓志铭。韩愈又一次哭了，叹息道："呜呼！吾尚忍铭吾友也夫！"我都这么悲痛了，心乱如麻，哪有心情给老朋友撰写墓志铭啊！真有椎心刺骨之痛。可是，又有人来催促，说没有墓志铭不能下葬。韩愈含悲忍泪，"序而铭之"。这是韩愈的《贞曜先生墓志铭》中记录的。琐琐家常，感人肺腑。孟郊葬于洛阳北邙山，贞曜先生乃张籍建议的谥号。孟郊是韩愈最亲密的诗友，从此，再无人与韩愈纵情联句矣！二十余年的友谊，一朝永诀！

写到这里，我不禁思及韩愈《与崔群书》里的一段意味深长的话：

自古贤者少，不肖者多。自省事已来，又见贤者恒不遇，不贤者比肩青紫；贤者恒无以自存，不贤者志满气得；贤者虽得卑位，则旋而死，不贤者或至眉寿。不知造物者意竟如何，无乃所好恶与人异心哉？又不知无乃都不省记，任其死生寿夭邪？未可知也。

这是最知心的话，非推心置腹的友人不能道。贤者常怀才不遇，甚至无法自存；不肖者却高官厚禄，志得意满。贤者好不容易得到一个卑微的职位，却很快死去，不肖者竟得长寿。这是怎样黑白颠倒的世界啊！难道老天无眼吗？不辨贤与不肖吗？这段话事关天道人生，颇有"无语问苍天"的味道，悲愤莫名。移用到孟郊身上，无比贴切。

元和九年，韩愈的好友、同事裴度，由中书舍人升任御史中丞，很快将进入仕途的"快车道"了。裴度的进步，对韩愈来说，绝对是好消息。

元和九年，刘禹锡、柳宗元贬谪荒远，已经整整九年了。他们都过得极不容易，柳宗元还得了脚气病。身居朗州的刘禹锡作《谪九年赋》，九是个位数中最大的数字，亦谐音"久"，暗示谪居已久。禹锡忧郁长啸："伊我之谪，至于数极！"似乎忍耐已经到了极限。又感伤叹息："长沙之悲，三倍其时！"我比汉代贾谊的痛苦，还要深三倍！无独有偶，困居永州的柳宗元作了《囚山赋》，题目即别有深意，群山环绕的永州，就像一个铁牢笼，把人紧紧囚住了。最后宗元发出了怒吼："谁使吾山之囚吾兮滔滔！"此刻，安居长安的韩愈，是否听到了数千里外知交的一声长啸?!

不知道是刘禹锡、柳宗元的苦情感动了皇帝，还是朝中有人讲情，元和九年十二月，刘、柳等"江湖逐客"忽然接到赴长安的诏书。当年的李白，流放夜郎途中遇赦，欣喜若狂，作诗"轻舟已过万重山"；今日之刘、柳，在贬所近十年，奉诏进京，我以为是悲欣交集，其感慨之深广，远过李白！柳宗元的感叹是"疑比庄周梦，情如苏武归"，犹如庄周梦蝶，又如苏武还朝。其实，苏武的譬喻是不妥当的。皇帝和朝臣看了，都不会认同。你柳宗元，当年依附"二王"，助纣为虐，能比得上北海牧羊十九年的大汉忠臣苏武? 可谓拟不于伦。如果刘禹锡的"应怜一罢金闺籍，枉渚逢春十度伤"作于元和十年（815 年）元月，那其叹息还算得体。总之，他们满载伤痛，又满心欢喜，心情无比复杂地踏上了返回长安的路。

韩愈记录了柳宗元人生中最温情的时刻

返京途中，刘、柳等一路有诗，其中柳宗元的《诏追赴都二月至灞亭上》可谓佳作，诗云：

> 十一年前南渡客，四千里外北归人。
> 诏书许逐阳和至，驿路开花处处新。

此诗作于灞桥之长亭，长安在望，驿路之花亦是希望之花，好不欢喜。元和十年二三月间，当年的逐臣陆续抵京。他们还在做着被复用的春秋大梦。刘禹锡二月抵京时，游玄都观，作《元和十年自朗州至京戏赠看花诸君子》：

> 紫陌红尘拂面来，无人不道看花回。
> 玄都观里桃千树，尽是刘郎去后栽。

这诗话里有话，或可说语含讥刺。"树犹如此，人何以堪？"不得不说，刘禹锡的心态真好，还敢"戏赠"。重返长安的刘郎一点也不"收敛"，皮里阳秋地放了一炮。没想到刘、柳等空欢喜一场！就在当年三月，刘、柳只在长安待了不足一月，晴天霹雳，又被贬为远州刺史。这个安排，既微妙，又毒辣。为什么这样说？他们原来是司马，现在改授刺史，表面上是升官了，算是优待，还不满意吗？但是，对不起，任职的地方比原先更荒僻了，穷山恶水、遐方绝域，所谓"官虽进而地益远"。长安不是你们久留之地，请即刻上路吧！这是铁了心要把他们囚死啊！此时，永贞革新的主谋"二王"早已殒命多年，但朝廷对"余党"仍毫不宽贷！笔者推测，当日朝堂对如何处理他们，意见不一，最终还是厌恶他们的大官占了上风。奈何？政治的残酷，于此可一叶知秋，思过半矣。

具体的安排，是柳宗元改为柳州刺史，刘禹锡改为播州刺史。播州在今天贵州遵义附近。相比而言，播州尤差，是当时有名的"恶处"。虽不好说是人间地狱，但也真是惨不忍言的安置了。禹锡还有八旬以上的高堂老母，生离死别，就在眼前。永贞元年，柳宗元被贬永州，其母随行，而永州生活艰苦，人的心情更不佳，柳母不到半年就因病去世。创巨痛深，宗元岂能忘怀！禹锡眼看又要重蹈覆辙。此时，好友宗元挺身而出，愿意以柳州换播州，而裴度亦觉不忍，为禹锡请求，后幸改为连州刺史。"以柳易播"这件事，反映的是柳宗元在自身难保之时还要舍己为人，感人肺腑，可歌可泣，是宗元人生中最温情、最可感的时刻之一，在灰暗现实中，闪耀着人性的光辉！

多年后，记录此事的，是刘、柳共同的朋友韩愈。他在《柳子厚墓志铭》里饱含深情地写道：

> 其召至京师而复为刺史也，中山刘梦得禹锡亦在遣中，当诣播州。子厚泣曰："播州非人所居，而梦得亲在堂。吾不忍梦得之穷，无辞以白其大人，且万无母子俱往理。"请于朝，将拜疏，愿以柳易播，虽重得罪，死不恨。遇有以梦得事白上者，梦得于是改刺连州。

> 呜呼！士穷乃见节义。今夫平居里巷相慕悦，酒食游戏相征逐，诩诩强笑语以相取下，握手出肺肝相示，指天日涕泣，誓生死不相背负，真若可信。一旦临小利害，仅如毛发比，反眼若不相识；落陷阱，不一引手救，反挤之又下石焉者，皆是也。此宜禽兽夷狄所不忍为，而其人自视以为得计。闻子厚之风，亦可以少愧矣！

我本不想引这么长的两大段，但说心里话，在韩文中，这是最令我感同身受、心弦颤动的段落之一。读书人在身处困厄之时，才能见出节操义气来。平常无事时，表面互相倾慕欢喜，在一起吃喝玩乐，无话不谈，亲密无间，甚至指天发誓，愿为生死之交。这真的可信吗？残酷的事实是，一旦碰上小小的利害，有些人就翻脸不认人了。当朋友遇难时，不但不救，反而落井下石的，比比皆是。这些所谓的读书人，毫无节操信义，在柳宗元的高风亮节面前，岂止有点惭愧，简直应该愧死！"士穷乃见节义"，一句千金！

柳宗元的至性至情，这兄弟间的铁血柔肠，感天动地，可谓表里俱澄澈、肝胆如冰雪。几次清夜诵读，令我潸然泪下。我惊讶于文字的力量，竟如此坚强，一千余年，"字向纸上皆轩昂"。韩愈自己先感动了，才能感动我们。刘、柳这次回长安，有没有见到韩愈呢？不得而知。以当时的形势，或许为了避嫌，韩愈和刘、柳未必有私下接触。当友谊与政治纠葛在一起时，就无比微妙了。

昙花一般的期待、短暂的重逢，接下来，又是痛彻心扉的离别了。刘赴连州，柳赴柳州，两人一路同行，经商州，上湘江，到长沙，至衡阳，临湘水而分手。柳宗元赠别的诗说："十年憔悴到秦京，谁料翻为岭外行！"（《衡阳与梦得分路赠别》）惨痛凄厉。他们还有重逢的机会吗？

元和十一年，柳宗元已四十四岁，在柳州得一子，名周六。这是他的第一个儿子，对宗元无疑是个慰藉。这是宗元被贬谪的第十二个年头了，他的好友吴武陵也在为其复用而奔走呼号：

> 古称一世三十年，子厚之斥十二年，殆半世矣。霆砰电射，天怒也，不能终朝。圣人在上，安有毕世而怒人臣邪？且程、刘、二韩皆已拔拭，或处大州剧职，独子厚与猿鸟为伍，诚恐雾露所婴，则柳氏无后矣。（《遗孟简书》）

情词极恳切，矛头直指皇帝，已担忧宗元可能囚死贬所，时不我待矣。可是有用吗？最忧伤的是，宗元的人生，已进入倒计时了。大约晚一年，宗元作《与浩初上人同看山寄京华亲故》："海畔尖山似剑铓，秋来处处割愁肠。若为化得身千亿，散上峰头望故乡。"山如剑铓，割人愁肠，安得化身千亿，一峰一宗元，纵情恣意眺望故乡哉！读之鼻酸，令人怆然泣下。

元和十一年，青年诗人李贺去世，卒年才二十七岁。这位得到韩愈关注、提携的年轻人，心比天高，命如纸薄。人世沧桑，如梦如露亦如电，用韩愈的诗讲，就是"日月如跳丸"，这亦是残酷的人生。

诡异的官场：又从"要津"转"冷曹"

元和十年，韩愈的妻子卢氏恩封高平郡君。这是妻以夫贵，韩家一派安定祥和之气。

中书舍人，乃唐代"文士之极任，朝廷之盛选"，离拜相只一步之遥了。韩愈官拜中书舍人，正是得意之时。如果在官场碰到同事，就要被称呼一声"韩舍人"了。但是，不到半年，韩愈又换到了新的职位上。这是怎么回事？

元和十一年五月，韩愈调任太子右庶子，这是个正四品下的职位。看起来，韩愈又升官了。果真如此吗？其实里面有奥妙。太子右庶子是东宫的官属，虽然官阶高于中书舍人，但显然是冷曹，这是把韩愈调离关键岗位了，可谓从"要津"转"冷曹"。《顺宗实录》就用了春秋笔法，径言"降为太子右庶子"，一个"降"字，诚哉斯言！

韩愈总是有对立面，总有人不悦韩愈的升迁，担任中书舍人如此重要的职务，还是遭人忌恨了。于是，一场针对韩愈的"暗算"，又在密谋之中。"倒韩者"的伎俩，是翻旧事，处心积虑，罗织罪名。当年韩愈在江陵法曹参军任上时，荆南节度使裴均待他不薄。裴均之子裴锷品行不佳，来看望父亲，韩愈作序为他践行。与品行不端的"官二代"裴锷的交往，竟成为韩愈的历史"污点"。算计韩愈者，渲染此事，在朝廷上传得沸沸扬扬。真是欲加之罪，何患无辞！

把韩愈调离关键岗位，应该不是宪宗的本意。但很多时候，政治就是妥协。其实，江陵旧事只不过是韩愈被调职的表面原因，更深层的原因，留待下文再表。

纪录片《千古风流人物》项目组供图

大唐中兴的亲历者和见证人：
辅佐平淮西之勇

藩镇之祸与帝国之危：励精图治的唐宪宗

在韩愈的一生中，古人讲的三不朽——"立德、立功、立言"，他都做到了。在立功方面，有一件很突出的事业，就是在唐宪宗的主导和支持下，辅佐宰相裴度平定淮西之乱，尽了一分力。这件事情的来龙去脉相当复杂，首尾数年。如果拍成历史大片，也会很有料、很好看的。

唐宪宗向被称作大唐的中兴之主，他刚明果断，"读列圣实录，见贞观、开元故事，竦慕不能释卷"，有着强烈的荣誉感、责任感，"太宗之创业""玄宗之致理"，列祖列宗的勋业，他都不能忘怀。他即位之初，面临的最大问题，就是藩镇割据。他少年时，即目睹藩镇的专横跋扈，尾大不掉，而祖父德宗的无奈姑息，养虎为患，让大唐"竟渐渐的露出那下世的光景来"（《红楼梦》语）。元和二年，李吉甫曾上《元和国计簿》，其时税户与天宝时相比，减少了四分之三，而士兵却增加了三分之一，平均两户人家就要养一个兵。一方面是财政状况的极度恶化，另一方面却是军队的无序扩张。在元和年间，藩镇以魏博、成德（镇州）、淮西（彰义）、平卢（淄青）诸镇称凶悍，迭兴事故，此起彼伏，成为朝廷的心腹大患。

宪宗励精图治，即位后制定了兴国的策略。他任用贤能，"军国枢机，尽归之于宰相"，充分发挥宰相的作用。他提高中央的权威，"剪削乱阶，诛除群盗"，尽最大努力去平定以淮西为代表的强藩悍将的叛乱，致使"中外咸理，纪律再张"，唐室中兴得以实现。当然，在大唐中兴的过程中，是需要大量人才的，韩愈虽非宪宗最重要的文臣，却也亲身参与、见证了宪宗朝一系列经国济世的大作为。

在唐宪宗的文治武功中，淮西一役最是艰难，也最为紧要。淮西一镇虽然地方不大，领蔡、申、光三州，但尤其狂妄凶暴，兵悍将勇，不听中央的号令。其实，淮西自德宗贞元十五年就叛乱了，从吴少诚到吴少阳，十余年不解兵甲。元和九年，彰义（即淮西）节度使吴少阳卒，其子元济自称留后，但宪宗未许。元和十年，吴元济纵兵造反，是为淮西叛乱。周围的镇州节度使王承宗、平卢节度使李师道还与吴元济暗通款曲，互为奥援，形势更为复杂。叛军甚至一度威逼东都洛阳，举国震动。朝廷发十六道兵征剿，但损兵折将，互有胜负。于是朝堂之上，渐渐形成了主战、主和两派，相互争辩，无有定论。宰相武元衡，还有御史中丞裴度，是力主平叛的。不消说，韩愈是主战派中的骨干，他一贯忠君爱国，一眼觑定淮西是唐朝的心腹之患，不平则国难安。可是，不愿打仗的主和派更多，如宰相李逢吉、韦贯之等。一些缺乏判断力的官吏，见师疲财竭，久攻不下，就希望苟安，故主和派屡屡占上风。

当征讨淮西，数年不下，罢兵主和的呼声弥漫朝野，宪宗虽仍坚持平叛，但几乎成为孤家寡人，迫切需要得到支持。无论裴度还是韩愈，都是坚定的声援支持者。是年五月，宪宗派御史中丞裴度宣慰淮西行营，亦有考察形势、斟酌用兵之意。还朝后，裴度向皇帝进言，淮西一定可以拿下，固宪宗之志。韩愈在关键时刻上《论淮西事宜状》，毅然主张用兵征讨。韩愈指出，淮西三州之地，兵不足，财匮乏，靠着四处劫掠苟延残喘，其实是强弩之末，已经气息奄奄。韩愈又给宪宗打气鼓劲：

> 当此之时，则人人异议，以惑陛下之听。陛下持之不坚，半途而罢，伤威损费，为弊必深。所以要先决于心，详度本末，事至不惑，然可图功。为统帅者尽力行之于前，而参谋议者尽心奉之于后。内外相应，其功乃成。

当众说纷纭、迷雾重重之时，尤其需要审时度势。韩愈劝宪宗坚持，万万不可半途而废，言辞极恳切。问题的关键，就在"陛下断与不断"，如果"迟疑不断，未有能成其事者也"。若皇帝下了决心，执行者再上下协同，勠力同心，则大功必成。诚哉斯言！宪宗看了此状，当精神抖擞，斗志高昂。韩愈还筹划了详尽可行的平贼方略，经略措置，高屋建瓴。这篇大文章犹如一篇平淮西的战斗檄文，必定深得圣心。韩愈其实也是以自己一贯的孤勇劝皇帝孤勇，真可谓勇毅之臣劝勇毅之主了。

平淮西是否顺利？且看下节继续分解。

宰相横尸路隅，长安陷入恐怖

元和十年六月三日的早晨，长安发生了一件令人震惊的邪恶事件。有亡命刺客潜入长安，在靖安坊刺死了准备上朝的主战宰相武元衡。

歹徒极为凶残，必欲置宰相于死地，先放冷箭，武相随从四散，接着控制其马，行十余步而疯狂砍杀，武相死状惨烈，且被割下头颅带走。住在通化坊的裴度也遇袭，头部负伤。裴度那天如果不是戴的帽子比较厚，可能也一命呜呼了。还多亏裴度的随从英勇，挺身护主，以死抗争。总之，裴度算是捡回了一条命。一时京城笼罩在一片恐怖的气氛中，人人自危。这显然不是一般的凶案，而是有预谋的行刺，歹徒胆大包天，目标瞄准帝国的宰相，细思极恐！令人发指的是，行刺阴谋居然得逞。这是大唐帝国的耻辱啊！之后的上朝，大臣们天不亮都不敢出门，有时宪宗已经在金殿等候很久，朝班仍不齐。

韩愈也住在靖安坊，行刺就发生在他家附近，震惊可想而知。当天中午，太子左赞善大夫白居易就上疏请缉拿凶手以雪国耻。白后被贬为江州司马，即因此次越职发声。但是，武元衡死数日，都未能捕获刺客。兵部侍郎许孟容痛心疾首地上奏："岂有国相横尸路隅，不能擒贼！"宪宗亦大忿恨，出下赏格，抓到刺客者赏钱万缗，立授五品官；如胆敢藏匿，举族诛杀。整个京城地毯式搜索。后神策军将士捕得河北王承宗部卒张晏等十八人，却未行赏。这就有了疑问：被捕的数人是真凶吗？

韩愈此时上《论捕贼行赏表》，主要观点是：人无信不立，何况是君王？韩愈劝宪宗信守诺言，既已捕获凶手，就应论功行赏。可是，韩愈或许有点书生意气了，情况远比想象的更复杂。张晏等并非真凶，刺客实另有其人。宪宗未赏，其实是已知悉所捕非歹徒，而韩愈尚不晓，故有此文。总之，行刺可谓平叛过程中的"黑天鹅事件"，极为凶险，而韩愈也积极介入，发表意见。韩愈如果当时的官阶更高，恐怕也会被列入行刺目标，后果不堪设想！他在事后仍积极发声，说明已将生死置之度外，毫不畏惧，这才是真正的赤心事上、忧国如家。

　　唐代著名诗人中，宦途显达的，只有高适；反言之，唐代高官中，工于作诗的，唯武元衡。就在武相遇刺的前一年春天，他作了一首七绝《春晓闻莺》：

　　　寥寥兰台晓梦惊，绿林残月思孤莺。

　　　犹疑蜀魄千年恨，化作冤禽万啭声。

引得许孟容、杨巨源、李益、王建等同僚纷纷和诗，韩愈也有《和武相公早春闻莺》。但从武诗看，用"惊、残、孤、恨、冤"诸字，诗情悲郁，似非吉兆。说这首诗是诗谶，可乎？

　　远在连州的刘禹锡，闻武元衡遇刺，作《有感》：

　　　死且不自觉，其余安可论。昨宵凤池客，今日雀罗门。

　　　骑吏尘未息，铭旌风已翻。平生红粉爱，惟解哭黄昏。

　　昨晚还是位极人臣的宰相，第二天一早就撒手人寰，从此门可罗雀。但这诗末两句略显古怪，虽不好说是幸灾乐祸，却总觉不够庄重。刘还有《代靖安佳人怨二首》，从武家妻妾的角度立言，可谓角度独特。凡事皆有因果，综合判断，当日主导将刘禹锡、柳宗元等再贬远州的，大概率就是武元衡。诗为心声，刘禹锡于是借机发泄，或许显得气量不够。

　　刺杀的目标和目的很明确，就是要削弱并恐吓主战派。武元衡是主战派的首领，他的身亡，让大唐失一人物，更给平定藩镇之乱蒙上了一层重重的阴影。行刺幕后的真正黑手，指向平卢节度使李师道。他隐在幕后，极为阴险，指使其在两京豢养的刺客奸人行刺。淮西、平卢、成德（镇州）三镇，其实是沆瀣一气的，征淮西，必定引起另两镇的不满和忧虑，所谓唇亡齿寒，于是才会发生行刺宰相的恐怖事件。此时的宪宗悲伤震悼，也在思考下一步怎么办，所谓"群情疑惑，未测圣心"。如果宪宗被吓倒了，退缩了，妥协了，那就意味着"为懦甚大"，前功尽弃，大唐的藩镇之祸将不知伊于胡底。考验宪宗的关键时刻到了。

主战、主和两派的撕扯

韩愈为什么在历史上占有重要的地位？就是因为他的思想、文章和作为，所谓立德、立言、立功，实现了"三不朽"。在我看来，韩愈在我国文化史上，比李白、杜甫重要得多。因为他不但擅长文章诗歌，还有思想、事功，而李、杜主要就是立言一端。

韩愈在平淮西这件事上，是很能体会圣心的。换句话说，韩愈之忧与皇帝之忧是相同的。皇帝无比清醒、无比坚强，行刺事件没有吓倒他，反而促使他最终下了决心。就在元和十年六月，大难不死的裴度，被任命为中书侍郎、同平章事。裴度拜相足以让内外看出皇帝的坚毅果敢。但主战、主和的势力消长，并未停止，争执反而更加烈了。

元和十一年正月，翰林学士、中书舍人钱徽，驾部郎中、知制诰萧俛，在反对淮西用兵的声浪中，以财力不继为由，发言尤其急切。宪宗解除了他们的职务，守本官。皇帝其实有"警其余"的微妙用意。同月，韩愈从考功郎中知制诰迁中书舍人，这又为主战派增强了力量。二月，任主和的中书舍人李逢吉为门下侍郎、同中书门下平章事，加上另一位主和的宰相韦贯之，主和派势力大增。五月，韩愈遭主和派

183

排挤，以前面讲的江陵旧事为由，由中书舍人改任太子右庶子，主谋就是韦贯之。

六月，唐随邓节度使高霞寓与淮西叛军交战，大败而归。皇帝震怒，群情悚骇，宰相等多劝罢兵。但宪宗此时沉着英明，"独用裴度之言"，不为所动。八月，韦贯之罢相，任吏部侍郎，九月，再贬韦为湖南观察使。随后，一批与韦关系亲近的官员都遭贬谪。十二月，诏英勇善战的李愬为唐随邓节度使。这一年，主战、主和派轮番上演大戏，拉锯纠葛到了白热化的程度。

转年就是元和十二年（817年），正月，彰义军节度使袁滋上疏请求罢兵，又低声下气地与吴元济联络，被贬为抚州刺史。二月，斗争更趋尖锐激烈。王承宗、李师道为阻朝廷用兵之势，又生诡计，派人"折陵庙之戟，焚刍藁之积，流矢飞书"，制造各种恐怖袭击事件，震骇长安，欲让朝野妥协。泱泱大国的首都，竟成为恐怖世界。京城居民以五家相保，到处查拿奸细。此时，征讨淮西吴元济已近三年，战斗处于僵持不下状态，犬牙交错，此消彼长。朝廷疲惫不说，淮西亦疲不堪言。六月，吴元济竟主动上表谢罪，请束身归朝，让朝廷许其不死。这是主动示弱了。朝廷虽许之，但吴旋又为部下所制，不得出，无下文矣。不知是否虚与委蛇？总之，虚虚实实，真假难辨。淮西之役，原本就是持久战，至此，已进入"战略相持期"，双方都兵疲财匮，进退维谷，谁更有定力、耐力，能坚持到底，谁才有胜利的希望。

韩愈领兵奇袭蔡州？

元和十二年七月，主战、主和的争议再次激化，主和的宰相李逢吉以"师老财竭"为由，主张罢兵；而主战的宰相裴度力主坚持到底，淮西不平，大唐无宁日。为了显示破釜沉舟的决心，裴度上表请求亲自督师督战，表示不胜利绝不回朝。宪宗确认了裴度的决心后，嘉许之，任裴度为彰义军节度使，充淮西宣慰处置使。户部侍郎崔群拜相。罢李逢吉为剑南东川节度使。这是明确的信号，淮西之役进入了关键阶段，决战就要到来。

裴度出征需要得力助手，以刑部侍郎马总为宣慰副使，以太子右庶子韩愈为彰义军行军司马，随军出征。此时韩愈因本官兼御史中丞，赐三品服及鱼，可谓踌躇满志。李正封、冯宿、李宗闵等兼侍御史，为判官、书记，随裴度出征。读者还有印象吗？贞元八年"龙虎榜"上的几位同年，崔群、韩愈、冯宿，竟因平淮西之战而群英聚会了，何其有缘！总之，这一行人，"皆朝廷之选"，胜败在此一举！

韩愈虽是文学之士，但在军事上颇显才干。他早年的藩镇经历，对目下的平叛无疑是有帮助的。他提出的平藩之策，事后证明都是可行的，并非纸上谈兵。之前数年，对藩镇之所以屡剿屡挫，有一个重要原因，就是多道兵马各自为战，离心离德，并无坚强统帅。中央军孤军作战，而叛军周围的节度使"坐山观虎斗"，非但不驰援，且或有异心。有鉴于先前的失策，韩愈征得裴度的同意，先赴汴州，说服宣武军节度使韩弘协力同心，助中央军平叛。其实，韩弘在元和十年就被授予淮西诸军行营都统，等于是之前的征讨统帅。但他在朝廷与藩镇之间摇摆，心思微妙。此时，裴度征淮西，称处置使，就是为了顾及韩弘的头衔。如果韩弘因不服而掣肘，裴度就很麻烦了。因此，说服韩弘助一臂之力，是非常重要的。韩愈这一步棋，可谓"攘外者，必先安内"，颇有谋略。

八月三日，裴度率领的平叛大军，浩浩荡荡地出征了。临行前，裴度对宪宗说："臣若灭贼，则朝天有期；贼在，则归阙无日。"表明了不灭贼、不平叛誓不还朝的坚毅决心。裴度慷慨激昂，宪宗亦感动

河南省驻马店市汝南县悟颖塔景观，汝南县是古代蔡州所在地　视觉中国供图

流泪，君臣同心同德，予朝野以希望。宪宗亲自送大军东出长安。

二十七日，大军至郾城。裴度以郾城为治所驻扎，距离吴元济所在的老巢蔡州，只有一百八十里。在军营中，韩愈陪同裴度，视察兵容、筹谋军机、巡抚军旅、慰劳官兵。王师是正义之师，对叛军形成四面合围之势，经历了数月的战斗，叛军已露失败的征兆。大军中，能征善战的将领颇多，特别是唐随邓节度使李愬，军事才能出众，屡建功勋。

兵非出奇，不能制胜。此时的韩愈，运筹帷幄，向主帅裴度献一奇谋。根据李翱的《韩公行状》："公知蔡州精卒悉聚界上以拒官军，守城者率老弱，且不过千人，亟白丞相，请以兵三千人间道以入，必擒吴元济。丞相未及行，而李愬自唐州文城垒，提其卒以夜入蔡州，果得元济。"当时叛军的主要兵力集中在前线洄曲对抗官军，而老巢蔡州城内多是老弱病残，非常空虚。韩愈审时度势，向裴度献策：调拨三千人马，从小道奇袭蔡州，必然生擒吴元济，大功可成。请注意，这是韩愈建议裴度奇袭。皇甫湜《韩文公神道碑》的表述，有所不同，是"某须精兵千人取元济"，韩愈要亲自带兵奇袭。请问哪种说法更可靠呢？我认为，或许李翱的说法更接近事实。毕竟韩愈不是武将，他建议裴度奇袭，更合情理，而由他亲自领兵前往，似乎有些困难。这细微的差别，不宜忽略。

裴度或许不愿韩愈与诸将争功，就在他还未下决断的时候，淮西降将李祐向唐随邓节度使李愬建议了跟韩愈类似的计策，李愬密报裴度后付诸实施了。十月十五日，李愬率精兵奇袭蔡州，长时间的急行军后，在风雪交加之夜，出其不意地进入蔡州，如天降神兵，果然生擒吴元济！

记得少年时，读《资治通鉴》中李愬雪夜入蔡州一段，为之热血沸腾，激动不已。这虽然不是韩愈之功，但毕竟是平淮西的高潮，下面还是引两段。请看：

> 时大风雪，旌旗裂，人马冻死者相望。天阴黑，自张柴村以东道路，皆官军所未尝行，人人自以为必死；然畏愬，莫敢违。夜半，雪愈甚，行七十里，至州城；近城有鹅鸭池，愬令击之以混军声……四鼓，愬至城下，无一人知者。李祐、李忠义镢其城，为坎以先登，壮士从之；守门卒方熟寐，尽杀之，而留击柝者，使击柝如故。遂开门纳众，及里城，亦然，城中皆不之觉。

> 鸡鸣，雪止，愬入居元济外宅。或告元济曰："官军至矣！"元济尚寝，笑曰："俘囚为盗耳！晓当尽戮之。"又有告者曰："城陷矣！"元济曰："此必洄曲子弟就吾求寒衣也。"起，听于廷，闻愬军号令曰："常侍传语！"应者近万人。元济始惧，曰："何等常侍，能至于此！"乃帅左右登牙城拒战……愬遣李进诚攻牙城，毁其外门，得甲库，取器械……烧其南门，民争负薪刍助之，城上矢如猬毛。晡时，门坏，元济于城上请罪，进诚梯而下之。甲戌，愬以槛车送元济诣京师，且告于裴度。

深夜冒雪急行军的危险和艰难，如在眉睫。李愬军令如山，不可违抗。在秘密行军中，李愬还巧施"鸭鹅计"，故意惊动鸭鹅，令其乱鸣，以掩盖行军之声，何等巧妙。当唐军行至城下，叛军竟无一人知。攻入里城，城中亦无人知觉。甚至到了鸡鸣雪止，李愬进入吴元济外宅，贼首仍毫不知情，还大言不惭，不知死期已到。这真是一次教科书式的兵家奇袭，令人击节赞赏！大唐有裴度、韩愈、李愬等这一干忠臣良将，国祚尚熙，足可维系。

拿下蔡州，活捉贼首吴元济，意味着"大事定矣"。接着申、光二州投降，淮西之乱得以平定。大唐也以此为标志，实现了"元和中兴"。假如奇袭蔡州的是裴度，那么，韩愈在平淮西战役中的功劳就更大了。事后"三军之士为先生恨"。不过细味上面的引文，可知雪夜奇袭是极为艰苦的，李愬指挥坚毅果敢，且巧施计谋，将士人人奋勇向前，勠力同心，才能一举拿下蔡州。平心而论，韩愈领兵奇袭云云，或许不免想当然了。

蔡州城破后，韩愈向裴度献策，旁边的镇州节度使王承宗必定胆破，可不费兵卒，只以一纸书，即可令其归降。所谓"杀鸡儆猴"，王果然上表请割德、棣二州以献。这是皇甫湜《韩文公神道碑》中的说法。李翱的《韩公行状》又略有不同，说是布衣柏耆向韩愈献计，韩愈以为善，再转呈裴度。后柏耆袖丞相书至镇州谕王承宗。无论如何，韩愈在波澜壮阔的平淮西之役中，是有一份特殊功勋的，从头至尾，他都是坚贞不渝的中流砥柱。

淮西平定，大唐中兴之局呈现。元和十二年十一月，宪宗在长安城东北的兴安门受淮西之俘，斩吴元济于独柳树。此时，裴度、韩愈等自蔡州还朝。当大军行至灵宝县桃林塞时，传来裴度受封赏的喜讯。裴度继续任宰相，赐勋上柱国，封晋国公，食邑三千户，可谓荣宠非常，位极人臣。韩愈亦喜不自胜，作《桃林夜贺晋公》，恭贺裴度：

> 西来骑火照山红，夜宿桃林腊月中。
> 手把命珪兼相印，一时重叠赏元功。

这是裴度人生中的高光时刻。其实，一场无比艰辛的决定性的大战役，韩愈真的没有后怕吗？不可能。他稍早的另一首诗《过鸿沟》中写道：

龙疲虎困割川原，亿万苍生性命存。

谁劝君王回马首？真成一掷赌乾坤。

皇帝的决断，才是最重要的。但是，裴度、韩愈等作为执行王命者，也是压力重重。所谓"一掷赌乾坤"，我体会，就有不成功则成仁的意味。如果失败，大唐不知伊于胡底。韩愈在事后，也要说一句"好险"！十二月十六日，裴度、韩愈等到京城。数日后，韩愈以功授刑部侍郎。

这一年，柳宗元、刘禹锡各在贬所，苦度岁月。就是再煎熬，日子仍旧得过啊。宗元在柳州，推行文教、解放奴婢，也算有所作为。那位可能压制过韩愈的杨凭也亡故了，宗元为岳父作了祭文。早一年，宗元的弟弟宗一赴荆南，宗元作送别诗，中有句云："一身去国六千里，万死投荒十二年。"自永贞元年遭贬，岁月蹉跎，已十余年了，悲情难抑。远在连州的刘禹锡密切观察着朝廷的各种动态，从本年到下一年，连续作了《贺收蔡州表》《平蔡州三首》等，就平淮西事发声，仍旧想引起朝廷的关注。他的仕途还有希望吗？

也是这一年，与韩愈同事过，而且友善，并一同贬官受难的"张功曹"——张署去世了。讲起张署，知者甚少，但如果说韩愈名作《八月十五夜赠张功曹》里的张功曹就是张署，大家便恍然有悟。好友兼难友因韩愈的一首诗，而留名千古。作为患难之交，韩愈为他作墓志铭和祭文。祭文表示，因随裴度讨淮西，韩愈"哭不凭棺，奠不亲酹，不抚其子，葬不送野，望君伤怀，有陨如泻"。这几句尤其感人。我未能扶棺痛哭，未能把酒祭奠，未能抚慰侄儿，未能送葬于野……惭愧啊！遗憾啊！泪如雨下，好不伤怀。韩愈对朋友，永远怀有真挚的情义。人到中年，老朋友渐次离去，韩愈的心里，注定不是滋味。

"大唐一支笔"遭遇磨碑之耻

元和十三年（818年）正月，大赦天下。随着淮西已平，平卢节度使李师道、镇州节度使王承宗接连归顺中央。二月，宪宗在麟德殿大宴群臣，大合乐，欢宴三日才罢。

平淮西乃中唐第一件大功绩，"群臣请刻石纪功，明示天下，为将来法式"。的确，如此大功，朝廷是一定要勒石纪功的，而撰文者，自然非"大唐一支笔"韩愈莫属！果然，正月，皇帝就命韩愈撰写《平淮西碑》。其实，按照惯例，碑文应由翰林学士撰写，但宪宗委派韩愈，可谓信任，亦是殊荣。韩愈虽然笔力雄健，又是亲历者，却也斟酌再三，"闻命震骇，心识颠倒，非其所任，为愧为恐，经涉旬月，不敢措手"，一直到三月二十五日，才撰成献上。所谓"濡染大笔何淋漓"，足见郑重。碑文"得臣下颂美天子之体"，宪宗起初是满意的，令人将碑文抄写若干通，分别赐予平淮西的功臣，又在蔡州勒石上碑，希望平淮西事迹永垂不朽。

韩愈乃当时的文坛盟主，何等睿智，早已预感到淮西碑易引事端。本来，记录这一场大功劳，皆大欢喜。但古代讲究论功行赏，谁的功大、谁的功小，有时看法不同，搞不好还易起争议。无数双眼睛盯着韩愈的碑文，当事者更权衡轻重，锱铢必较。如要总体评论，当然是主帅裴度居功第一，韩愈的碑文也确实多叙裴度事；但李愬英勇，出奇谋，入蔡州擒元凶吴元济，也有人认为是首功。李愬的妻子，恰好是唐安公主之女，公主又是德宗的女儿，论起来，李妻与当今皇帝宪宗是表亲，妥妥的皇亲国戚。她认为韩愈撰写的碑文不公不实，抹杀了她丈夫的功劳，于是向皇帝哭诉。这样事情就闹大了。皇帝听信了妹妹的话，为内亲李愬抱不平，竟下令磨去石碑上韩愈的文章，转而命翰林学士段文昌另撰新文勒石。此事在新旧《唐书》中都有记载。

说实话，这件事，韩愈是非常尴尬的，他当时的文名，已到"声名塞天"的地步。他对自己的文章自信到什么程度呢？请看韩愈的话："至于论述陛下功德，与《诗》《书》相表里；作为歌诗，荐之郊庙；纪泰山之封，镂白玉之牒。铺张对天之闳休，扬厉无前之伟绩，编之乎《诗》《书》之策而无愧，措之乎天地之间而无亏。虽使古人复生，臣亦未肯多让！"（《潮州刺史谢上表》）。这简直就是说，我乃"大唐一支笔"，大唐最重要的文章，歌颂皇帝的功德，传之万代，藏之名山，舍我其谁？由此言之，磨碑不啻文字大公案、平地大波澜，对韩愈更是晴天霹雳、奇耻大辱。

既然如此，我们不妨来审视韩愈的碑文，聚焦其中记录功劳的一段，看看是否存在问题。韩愈写道：

> 颜、胤、武合攻其北，大战十六，得栅城、县二十三，降人卒四万。道古攻其东南，八战，降万三千，再入申，破其外城。文通战其东，十余遇，降万二千。愬入其西，得贼将，辄释不杀，用其策，战比有功。十二年八月，丞相度至师，都统弘责战益急，颜、胤、武合战亦用命。元济尽并其众洄曲以备。十月壬申，愬用所得贼将，自文城，因天大雪，疾驰百二十里，用夜半到蔡。破其门，取元济以献，尽得其属人卒。辛巳，丞相度入蔡，以皇帝命赦其人。淮西平，大缫赍功。师还之日，因以其食赐蔡人。凡蔡卒三万五千，其不乐为兵愿归为农者十九，悉纵之。斩元济京师。

册功：弘加侍中；愬为左仆射，帅山南东道；颜、胤皆加司空；公武以散骑常侍帅鄜、坊、丹、延；道古进大夫；文通加散骑常侍。丞相度朝京师，道封晋国公，进阶金紫光禄大夫，以旧官相，而以其副总为工部尚书，领蔡任。

　　单看这一段，是逐一叙述众人之功，其中人名甚多，包括李光颜、乌重胤、韩公武、李道古、李文通、李愬等人，还有裴度、韩弘、马总诸人。由此可见，平淮西是个"系统工程"，涉及将帅甚多，各家配合，精诚协作，才得大功告成。关于李愬雪夜入蔡州，韩愈单独写了一句，略有强调，但也确实没有重笔突出。韩愈是把李愬的平蔡，放到整个平淮西的大局中去看待的。叙述经过的碑文，是用类似先秦的古文叙写的。这其实是碑的序文，后面还有铭文，是四言韵文。总体看，碑文古意盎然，极为典雅庄重。李商隐的诗《韩碑》说："点窜《尧典》《舜典》字，涂改《清庙》《生民》诗。"所言不虚，韩愈学的就是《尚书》和《诗经》的风格，这样才显出庙堂文字的庄穆来。照我看，韩愈既没有缩小或贬低李愬的功劳，也没有过度赞颂裴度的功劳，他甚至回避了谁功劳第一的问题。韩愈最突出的，重笔书写的，倒是宪宗皇帝的英明神武，足见韩愈还是"懂政治"的。正如沈德潜所说："（《平淮西碑》）记叛乱，记廷议，记命将，记战功，记赦宥，记论功，而总归于天子之明且断。"韩碑"主打"体现的，是古雅朴茂的文风。张裕钊甚至认为："此文自秦以后殆无能为之者。……可追《尚书》。"评价至高。即便如此，韩碑还是遭遇了意想不到的命运。至此，我们或许可以理解，韩愈为什么在接受任务后，迟迟不肯动笔了。这碑文甚是棘手，作得不好，就会引人议论，甚至引出祸事来呀！

　　值得思考的是，宪宗为什么决定磨碑？缘由何在？是觉得韩愈的才华不够，文章不足以彰显平淮西的功勋？还是叙事、评价不公，对功臣未能做到公平合理？我经反复思考，认为宪宗或许有他的苦衷。皇帝内亲自然是一层原因，还有另一层，就是要显示对李愬这样骁勇武将的恩典。李愬确实是猛将，且有谋略。这种人才，正是平藩镇之乱最需要的。淮西目下虽平定，但还有其他藩镇，国家需要用兵的地方仍多，李愬可堪大用。宪宗衡量利弊，或许认为牺牲韩愈的一篇文章，换得一员大将、猛将的忠心，是值得的。况且其他武将也盯着此事如何处置。于是，宪宗就违心地决定磨碑了。或许皇帝的内心不以为然，但政治上的妥协、权宜之计，做一些调和、折中，乃是常有之事。在裴度受命征讨淮西之前，当主战、主和两派拉锯时，宪宗就很会"抹稀泥"了。类似"打一个，拉一个"的任免，不一而足。其实，这位皇帝的情商颇高，很有政治手腕。当平淮西归来，论功行赏时，赐裴度"勋上柱国，封晋国公，食邑三千户"，而赐李愬亦"上柱国，封凉国公，食邑三千户"，可谓旗鼓相当，宪宗有斟酌也。

一块碑的废立，背后是皇帝的政治考量，亦包含微妙的隐喻。《新唐书》里有句话"帝亦重牾武臣心"，正中要害！

功臣送礼与石烈士推碑杀人

我还有一个新观点。《韩愈集》中有篇文章叫《奏韩弘人事物表》，很值得关注。韩愈奉旨撰《平淮西碑》，后皇帝将碑文赐给韩弘等功臣。作为主帅的韩弘，竟送了一份厚礼给韩愈，所谓"今韩弘寄绢五百匹与臣充人事，未敢受领，谨录奏闻，伏听进止"。这就大有意味了。韩愈不敢收礼，乃向皇帝坦白。试想韩弘地位甚高，资历又深，为什么反而给官阶低的韩愈送礼"充人事"？淮西一役，功臣甚多，难道仅一韩弘给韩愈送礼？其余人都默无表示？韩愈专门给皇帝上书说明，亦很可疑。或许，坊间已物议汹汹了，说韩愈靠撰碑文大肆受贿。韩愈的上表，应是不得已而为之。当然，宪宗冰雪聪明，听出了弦外之音，专门派官员到韩宅，奉宣圣旨，让韩愈"安心"受领礼物。韩愈识趣地撰写了《谢许受韩弘物状》，所谓"恩由上致，利则臣归……无任感恩惭恳之至"，表现出既感且愧的安顺态度。其实，给韩愈送礼的背后，是将帅功臣们青史留名的"焦虑"。他们各怀心机，但无一例外，都希望韩愈给自己多写一笔，增光添彩！功臣纷然送礼，外间说长道短，或许才是宪宗下令磨碑，让人另撰的缘由。韩愈这支笔"千斤重"，难下得很哪！谁不想"凌烟阁上美名标"呢？

一波未平，一波又起，与磨碑相关的，还有一个石孝忠推倒韩碑的奇闻。这写在晚唐罗隐的传奇小说《说石烈士》中。既然是传奇小说，有虚构演绎自在情理之中。关键在于推倒韩碑的情节是否属实？证之李商隐《韩碑》中的"长绳百尺拽碑倒，粗砂大石相磨治"，不但碑文被磨了，碑也确实被推倒了。只不过推碑的人，未必就是罗隐笔下的石孝忠。石某何许人也？为什么要推倒石碑？据罗文，石孝忠乃一介武夫，是李愬的亲信部下。他认为李愬功第一，而韩碑不公，于是为其主鸣不平，出于义愤，竟然推倒韩碑。推碑后，石又乘间杀一人，以期引发关注，乃至博得皇帝的注意。此事很蹊跷。石自言目的："不惟明愬之绩，亦将为陛下正赏罚之源。臣不推碑，无以为吏擒；臣不杀吏，无以见陛下。"由此言之，石孝忠的推碑，是一个蓄意谋划的事件。他借推碑、杀吏，制造事端，"冲上热搜"，而其终极目的，是要见到皇帝。当时，李愬妻在内廷向皇帝哭诉，而外间就有石孝忠这样的"烈士"配合，表达不忿，造成了骇人听闻的"群体事件"。这"里应外合"，配合"默契"，或许会让宪宗下决心磨碑，另外找人撰写。总之，石孝忠推碑，既很可疑，又在情理之中，小说应该有罗隐的文学艺术上的加工。

这样一来，《平淮西碑》流传后世，就有两篇了，一篇是韩愈的，另一篇是段文昌的。而韩愈的碑文还被磨掉了。那么，问题就来了，两篇同题之作，孰优孰劣呢？韩文与段文最大的差别，其实是文体，韩文以古文撰写，段文则是骈文。客观讲，段文昌绝非无名之辈，他撰碑时任翰林学士，后来官拜宰相，还屡次出任大镇的节度使，位极人臣。他在当时的政治地位，是远超韩愈的。但是，文学、文化上的事情，并不是比官职，更不是比权势，后世自有公论。

一千多年过去了，公论就是："非度之功，不足以当愈之文；非愈之文，不足以发度之功。"也就是说，裴度的功劳和韩愈的文章才是绝配，相得益彰。宋代的苏东坡有一首绝句："淮西功业冠吾唐，吏部文章日月光。千载断碑人脍炙，不知世有段文昌。"（亦有观点认为此诗非苏轼所作。）旗帜鲜明地表示了态度：韩愈就是韩愈，段文昌的碑文怎么能跟韩文相提并论呢！到了清朝，有人认为韩愈的《平淮西碑》是唐文中的有数之作，甚至有古文专家认为乃唐文第一，沈德潜就评价："井井整整，肃肃穆穆，……西京后第一篇大文字。"《平淮西碑》引发的风波，固然让韩愈在当时失了面子，但千百年来的读者又为他找回了面子，让他扬眉吐气！

从韩愈的《平淮西碑》，我们认识到了"桃李不言，下自成蹊"的道理。石碑上的文字，可以被磨掉，碑甚至都可被推倒；但真正的好文章，永远不会被磨灭。

有人认为，不存在磨碑，烈士石孝忠更是传奇故事。但前面屡次引的晚唐李商隐的名作《韩碑》明确说：

碑高三丈字如斗，负以灵鳌蟠以螭。

句奇语重喻者少，谗之天子言其私。

长绳百尺拽碑倒，粗砂大石相磨治。

公之斯文若元气，先时已入人肝脾。

汤盘孔鼎有述作，今无其器存其辞。

写得活灵活现。"谗之天子"说明有人谗毁，而"拽碑倒""磨治"云云，是推碑、磨碑的铁证。多引两句，更能看出前因后果。李商隐距离韩愈的时代较近。此外，唐史也有记载。如无过硬的证据或新材料，我们还是应该相信晚唐五代和北宋人，这是基本的史学常识。

就在平淮西碑事件发酵的前后，宪宗诏郑馀庆为详定礼仪使，郑奏韩愈、李程为副使。这大约可让深陷舆论旋涡的韩愈暂且脱身。

元和十三年，刘禹锡作《贺门下裴相公启》《与刑部韩侍郎书》《贺雪镇州表》等，祝贺裴度、韩愈，他自己则如枯苗望雨，倾耳拭目。用今天的话讲，这是"刷存在感"。柳宗元作《平淮夷雅》《献平淮夷雅表》《上裴晋公献唐雅诗启》《上襄阳李愬仆射献唐雅诗启》等，亦就平淮西积极发声，特别是称颂元勋裴度、李愬，希冀"振发枯槁"。这是多年未有的动向。从前些年的情况看，刘、柳相比，刘的人生态度更积极，而柳偏消极。这也不是没有原因的。柳在《寄许京兆孟容书》里自言："宗元于众党人中，罪状最甚。"他在很长一段时间里，都觉得此生无望了。此时，宗元的人生已接近终点，但干谒文字突然多了起来，足以说明在人生的最后阶段，他也并未彻底厌世，仍在为仕途做杜鹃啼血般的努力。这些文字对于我们全面理解柳宗元的人生和心迹，是有意义的。

广东省潮州街头　作者供图

第十二章

『忠犯人主之怒』的佛骨事件与远谪潮州

一生"怼"的最高潮:《论佛骨表》

韩愈一生中最大的挫折,发生在元和十四年(819年),跟佛教有关。唐代佛教的势力是很大的,上至帝后,下至庶民,信徒众多,寺院僧尼亦成为特殊的社会阶层。韩愈在送给高僧大德的诗《送灵师》里,公然批评:

> 佛法入中国,尔来六百年。齐民逃赋役,高士著幽禅。
> 官吏不之制,纷纷听其然。耕桑日失隶,朝署时遗贤。

韩愈认为,佛教入中华,影响了农业生产、赋税徭役,如果不加管束,甚至会导致信徒无限扩张,危害到国家统治。晚唐武宗灭佛时,有数据可逆推佛教势力之浩大。"天下所拆寺四千六百余所,还俗僧尼二十六万五百人",修建那么多寺庙要耗费多少钱财?那么多僧尼,既不纳税,又不服役,却需要百姓供养!据唐史载,凤翔府扶风县的法门寺有护国真身塔,塔内有释迦牟尼佛的指骨一节,三十年一开,开则岁丰人泰。元和十四年正月,适逢三十年之期,皇帝就命宦官率宫人持香花,迎佛骨,自光顺门入大内,留禁中三日。迎佛骨成

陕西省宝鸡市扶风北法门寺，古凤翔府即今陕西宝鸡 视觉中国供图

为宪宗一朝最盛大的礼佛活动，在当时的社会影响极大，仕女倾城纵观，朝野轰动。佛骨在宫中供奉三日后，"乃送诸寺。王公士庶，奔走舍施，唯恐在后，百姓有废业破产、烧顶灼臂而求供养者"，实在是当时社会普遍关注的头等大事，掀起了崇佛高潮，甚至整个长安城都有陷入狂迷状态的风险。

韩愈向来不信神佛，他是兼辟佛老的，无论是佛教还是道教，他都曾严加批驳，他的诗《谢自然诗》《华山女》，都是批驳神仙之说的，并指斥借神佛敛财的虚伪。因佛教是西传而来的，而韩愈向来坚持夷夏之大防，故对于佛教，韩愈的态度尤为坚决。其《原道》已然提出"不塞不流，不止不行"，甚至还要"人其人，火其书，庐其居"，即劝僧人还俗，烧掉佛经，把寺庙改成普通人居所。这些都是坚决彻底的反佛举措，让佛教徒看了会咬牙切齿的，韩愈厉害呀！有趣的是，韩孟诗派里的贾岛，原是个和尚，法号"无本"，后来在韩愈的劝说下竟还俗了。这说明韩愈的排佛，不止停留在理论上，而是有实际作为的。

平淮西后，大唐进入元和中兴的新阶段，朝野一片欢庆。刘禹锡的诗甚至说"忽惊元和十二载，重见天宝承平时"（《平蔡州三首》其二），把元和中兴比作天宝盛世。元和十四年的宪宗，正处在飘飘然的状态，"以世道渐平"，于是"肆意娱乐"。平定淮西，让他以为中兴大功告成，企慕万寿无疆，更希冀江山永固。此时，宪宗除了服食方士的金丹渴望长生外，同时对佛教表示好感，迎佛骨就很能说明问题。大约宪宗希望"多管齐下"，务求寿考。

其实，宪宗倾心佛、道，并非突兀之举，而是多年来的常态了，是可以理解的。一般写韩愈的传记和文章，都说宪宗在平淮西之后骄奢淫逸，欲长寿，于是迎佛骨。好像他的信佛，是突然的。这并不符合事实。元和初年以来，藩镇为国家心腹大患，屡剿屡败，不能铲除毒瘤。宪宗的忧愁和紧张是肯定的，他的神经甚至长期处在紧绷的状态，心神恍惚，惶恐不安。尤其在平淮西的过程中，那么多大臣随波逐流、旅进旅退，而宪宗坚如磐石，矢志不移，承受的压力最大，几如泰山压顶。为了缓解压力，求得心灵安慰，于是乞灵于佛道，是完全可以理解的。这才是人之常情。故而迎佛骨是宪宗一贯礼佛的延续，而非突兀之举。考察唐代历史，皇帝大多都礼敬佛教，供养佛骨的也不在少数。

韩侍郎却丝毫不能或不愿体会宪宗的圣意，怒上《论佛骨表》。当满朝文武默不作声之时，韩愈又一次孤独而勇敢地发声，震动朝野。这一回，几乎给他带来杀身之祸。

"飙高音"的韩侍郎与震怒的皇帝

韩愈早年作《争臣论》，指出朝廷需要"直言骨鲠之臣"，他的一生，其实都是如此践行的。有的人，惯于当和事佬，一生唯唯诺诺，不敢发声；有的人与世俯仰，偶一挺身而出，已属不易；韩愈则不同，他当直言骨鲠之臣，是一以贯之的，坚持了一辈子，可以说是大唐永远的"男高音"。

具体到韩愈的佛骨奏疏，从头至尾都在"飙高音"，让皇帝瞬间震怒。表文一上来就直奔主题，点出"佛者，夷狄之一法耳"。佛教不是中华固有文化的产物，一下子就上升到了华夷之辨的高度。然后韩愈讲古比今，谈了一个皇帝最不想听的情况：中国未有佛时，君王多长寿；佛法传至中国，皇帝"事佛渐谨，年代尤促"，甚至还有"事佛求福，乃更得祸"的。此时的宪宗一心敬佛，希冀长寿，这等于是骂他短寿，欲益反损！韩愈又说，宪宗是给百姓做了不好的示范，"伤风败俗，传笑四方，非细事也"，用语极尖刻。表文的最后，言辞尤其激烈："乞以此骨付之有司，投诸水火，永绝根本。断天下之疑，绝后代之惑。使天下之人，知大圣人之所作为，出于寻常万万也。岂不盛哉！岂不快哉！佛如有灵，能作祸祟，凡有殃咎，宜加臣身。上天鉴临，臣不怨悔。"韩愈甚至认为佛骨是肮脏的东西，要投于水火，永绝后患。但是陛下您有如此大魄力乎？"佛如有灵"后面几句，韩愈写得痛快淋漓，一副大义凛然的样子，"我一人做事一人当，所有灾祸，全都由我承当"，大有一个人与整个佛教战斗的大无畏精神。韩愈自言作文章"气盛，则言之短长与声之高下者皆宜"，即气盛言宜。这个词用在《论佛骨表》上极贴切。不必讳言，表文如怒涛出峡，持论峻急，一泻千里，宪宗恐怕看得是心惊肉跳、毛骨悚然。韩愈何其狂妄！大不敬！成何体统！

唐宪宗怒不可遏，把韩愈的奏疏拿给宰相看，准备将韩愈处以极刑。幸亏裴度、崔群两位宰相都与韩愈交好，帮他缓颊："韩愈忤逆圣听，本该治罪，但如不是内怀忠恳，不避黜责，怎能上疏进谏？恳请皇帝稍赐宽容，不然今后就无人再敢进谏了。"

宪宗回复了一段话，我觉得史书上的原话简洁易懂，不必再翻译。引原话，也更有身临其境的感觉。宪宗说："愈言我奉佛太过，我犹为容之。至谓东汉奉佛之后，帝王咸致夭促，何言之乖剌也？愈为人臣，敢尔狂妄，固不可赦！"皇帝愤愤然，不肯赦免韩愈。其实，《论佛骨表》的核心，是担心皇帝佞佛，于是剀切谏诤，甚至对皇帝用了些"虎狼之词"。最悖谬的话，就是信佛的皇帝都不得好死，这实在有些过分了，韩愈将君臣大礼全然抛于脑后。平心而论，韩愈文章议论的分寸没有把握好。

其实，唐宪宗是相对开明的皇帝，他一直鼓励大臣直言进谏，自己很多时候能虚心纳谏，所谓"为君推诚，为臣尽忠"，这才形成了元和时期相对良好的政治空气。韩愈在宪宗的治下，是受益的，得到重用的，他的敢言、谏诤，之前也是得到宪宗肯定的。可惜的是，韩愈没有意识到，皇帝是有底线的，也是会变的。《资治通鉴》讲，"淮西既平，上浸骄侈"，韩愈以为宪宗还是以前的宪宗，但此一时彼一时。当淮蔡已平，宪宗正在得意忘形之时，幻想万寿无疆，国祚久长，于是一心敬佛，而韩愈不解圣意，大放狂言，甚至咒骂皇帝短命，岂不是自找死路！

为什么十二分猛烈地发声？

韩愈为何在佛骨事件中慷慨陈词，气冲斗牛？用他自己的话说，就是"群臣不言其非，御史不举其失，臣实耻之"。韩愈身上的那种最可贵的基因和素质，"虽千万人，吾往矣"，在关键时刻又发挥作用了。请注意，韩愈这时早已不是小年轻了。从佛骨事件可以看出，韩愈的一生，见义勇为、初心不改是始终如一的，即使到了老年，官位已高，他依然不随波逐流、明哲保身。当好好先生，默不出声，不是韩愈的行事风格。甚至当全体沉默的时候，只要他自己认为需要挺身而出，就绝不退缩，必然发声，而且是慷慨淋漓，讲得口角流沫。《论佛骨表》直指国家弊病、痼疾，显示的，是大唐一人、天下一人的气概。难怪唐末的皮日休赞叹："独有一昌黎先生，露臂瞋视，诟之于千百人内！"韩愈力挽狂澜，真不愧是孤勇者。整个佛骨事件又一次诠释了韩愈的风骨和魄力。

我还有一个观点，不敢自是，姑且谈出来，向大家请教。韩愈是极其自负的，对自己的文才更是无比自信。上一年，当他奉命撰《平淮西碑》时，真有一种舍我其谁的优越感，说他是"大唐一支笔"，毫不为过。但他的《平淮西碑》却出人意料地引发了一系列的波折，最后竟遭磨碑，还酿成石孝忠推倒石碑、伤人致死的离谱事件。宪宗另令翰林学士段文昌重新撰写。这对韩愈而言，可谓奇耻大辱、颜面扫地，他如何平息怒气？我们现在虽然找不到韩愈对此事的态度、反应等直接证据，但以"了解的同情"去揣测，这件事始终是韩愈的一块心病，必然久久在心，更不能释怀。他甚至会生出责怪皇帝的心思来："我在平淮西之役中是立大功的，碑文我真心不愿作，但非要让我动笔，我在文中那么尽心竭力地颂圣，皇帝却还为难我，让我下不来台。这是文人不能抹去的耻辱！"以人之常情揣测，就是如此。

这一年（元和十三年）的夏秋间，韩愈作诗《独钓四首》，姑且引几句："坐厌亲刑柄，偷来傍钓车。太平公事少，吏隐讵相赊"；"远岫重叠出，寒花散乱开。所期终莫至，日暮与谁回"。诗中流露的，是一种落寞、消沉、郁郁寡欢的情绪。此时的韩愈，愿意独处，愿意远离人群，他躲在自己的世界里，独自垂钓，或许在慢慢抚平受到的伤害。柳宗元笔下的渔翁，"千山鸟飞绝，万径人踪灭。孤舟蓑笠翁，独钓寒江雪"，可谓"千万孤独"，刻骨铭心。韩愈虽不至于如此，但说到底，也是孤独的，伟人多孤独。他早年写给孟郊的信里，透露了自己的孤独："足下知吾心乐否也！吾言之而听者谁欤？吾唱之而和者谁欤？言无听也，唱无和也，独行而无徒也，是非无所与同也，足下知吾心乐否也！"《平淮西碑》事件后的韩愈，是孤臣"意难平"。

由此言之，当元和十四年初，皇帝迎佛骨时，他本来就要发声的，可因为上一年的"宿怨"，就激愤了许多，对皇帝的态度更加失去分寸，负气斗狠，于是导致了无可挽回的结果。韩愈本就是强项之人，刚正不为威武所屈；当遭到屈辱时，更要不平则鸣，激烈谏诤，这从他一贯的行事和作为，可以看得很清楚。因此，我认为，《平淮西碑》事件和第二年的谏迎佛骨，是有一定关联的。没有前面的磨碑事件，韩愈在后面的谏迎佛骨中也会发声，但恐怕要沉心静气一些；因为前面的磨碑事件，韩愈在后面谏迎佛骨的发声，就十二分猛烈，最终造成不可挽回的局面。《论佛骨表》不宜说成是泄愤之作，但前一年的颜面尽失、情怀恶劣，导致后一年更激烈地发声、抗争，则是言之成理的，也是符合心理学推测的。总之，两者之间，有着微妙而不易察觉的因果关联。

蓝田关的绝命诗：老而弥坚的孤勇者

在唐代文人中，因直言贾祸的，韩愈恐怕是次数最多者之一了。佛骨事件，成为韩愈人生中最大的危机，甚至人头难保。替韩愈讲情的越来越多，连国戚勋贵亦多同情，宪宗也在思考如何处置。韩愈的性命好歹还是保住了，结局是被远贬为潮州刺史。此事还连累了韩愈的好友冯宿遭外贬，因宰相皇甫镈怀疑冯宿参与了上疏起草，真是无妄之灾。代价是惨痛的，韩愈即时面临抄家、严谴，那遥远的瘴疠之地——潮州，已在向他"招手"了。

迎佛骨发生在元和十四年正月初八，韩愈的进谏，在正月十四。而贬官上路，是"即日奔驰上道"。这说明皇帝将韩愈治罪的时间极快，丝毫没有犹豫。要说韩愈不后怕，我不相信。不过韩愈好歹还是捡了一条命。

虽说是即日上路，但韩愈还是回了趟家，跟家人诀别。当时他的四女儿正在病中，父女两人，"我视汝颜，心知死隔；汝视我面，悲不能啼"，死别生离，痛不欲生。

韩愈被贬的潮州，距长安路途遥远，"八千里"的说法，并不是号称，而是基本符合实际的。据《旧唐书·地理志》，长安到韶州就有四千九百多里，再从韶州到广州、循州，最后抵达潮州，加起来差不多八千里。朝廷规定，罪臣一天要走十个驿站，一驿三十里，一天就是三百里路。年老体弱者，恐怕走不到贬所，就一命呜呼了。

韩愈上路不久，会经过长安附近的灞桥，张籍等好友已经在此等候多时了。灞桥为长安冲要，是进出崤、潼两关的必由之路。早年，刘禹锡曾作《请告东归发灞桥却寄诸僚友》："征徒出灞涘，回首伤如何。故人云雨散，满目山川多。"不过是与友人告别，就如此忧伤。而韩愈此行，恐怕是九死一生、有去无还，真可谓风雪凄凉夜、珍重师友情了。赶到灞桥送别，也能看出张籍是重情重义的。

至蓝关，更是岁弊寒凶、雪虐风饕，步履艰难。蓝关就是蓝田关，是从长安到南方的要道。韩愈此时已经五十二岁了，身体衰弱，而潮州路途遥遥，他想着绝对没有回来的希望了，不免失望至极。

蓝关这个地方也很特殊，唐朝受严厉惩罚的贬臣，往往要在此地停留。搞不好，皇帝会来一个"追杀令"，追加新的诏令，在这里把

陕西省西安市蓝关关口　纪录片《千古风流人物》项目组供图

贬谪之臣赐死。所以，过蓝关有点像过鬼门关，令人心惊肉跳。韩愈已是第二次（其实是第三次，幼年时随兄赴贬所，但因年幼，或许不能感同身受，体会苦楚）经过此地了，贞元十九年的阳山之贬，他还在壮年，虽被贬，但不服输，坚信必有出头之日；这一回，恐怕是万念俱灰，以为不久将呜呼哀哉了。

韩愈正在困苦叹息之际，有人呼喊"爷爷"。原来，是韩愈的侄孙韩湘、韩滂，赶来护送随侍。韩湘说："我特地赶来和爷爷做伴。潮州多瘴疠，我跟爷爷同去，也好有个照料。"这韩湘，就是十二郎韩老成的儿子，亦是后来"八仙"之一韩湘子的原型，韩家可谓忠孝传家。

韩愈的诗歌中，最著名的《左迁至蓝关示侄孙湘》就是写给韩湘的，这诗一吐愤懑之情：

> 一封朝奏九重天，夕贬潮州路八千。
>
> 欲为圣明除弊事，肯将衰朽惜残年！
>
> 云横秦岭家何在？雪拥蓝关马不前。
>
> 知汝远来应有意，好收吾骨瘴江边。

伴君如伴虎，早晨上了一封奏折，傍晚就被贬斥荒远。诗是这样写，现实中更是这样处置，皇帝丝毫没有犹豫，诗也丝毫没有夸张。我是赤心要为国家和君主除弊呀，哪里考虑衰朽的残年余生！这正是韩愈了不起的地方。已经到了这般穷途末路的光景，还是义烈之气，掷地有声，不改孤勇者的倔强本色。遥望着阴云笼罩的秦岭，家乡何处？大雪拥塞蓝关，连马儿也踟蹰，不肯向前。语虽凄切，却不衰飒。我知道湘儿你远道而来，是另有心意，想着我命不久矣，要到瘴江边为我收尸骨吧！这首诗大气盘旋，清人李光地评价："《佛骨表》孤映千古，而此诗配之。"《论佛骨表》和这首诗，确是交相辉映，共同成为韩愈孤勇的铁证。

接着，韩愈由韩湘、韩滂兄弟陪伴，自蓝田入商洛，"行行重行行"，至武关之西，碰到流配的吐蕃罪人，不免生出同病相怜之感，作《武关西逢配流吐蕃》：

> 嗟尔戎人莫惨然，湖南地近保生全。
> 我今罪重无归望，直去长安路八千。

吐蕃的囚徒，不过发配湖南，尚有希望；而我韩愈，却是远谪天涯海角！此时的韩愈，真的是万念俱灰，如蹈死地。韩愈不但是自己被贬上路，有司还以罪人之家不可留京，追诏遣逐潮州。很快，韩家人都被迫离开京城，齐赴贬所。韩家上上下下，恐有百口之多，老的老，幼的幼，简直就如同犯人发配，情状至为凄惨。韩愈是自己先走，家人晚些时日才追赶而来。他的第四女本就抱病，辗转病榻，现在被迫上路，等于是把病入膏肓之人往绝路上逼啊。后面的结局，是令人悲痛欲绝的。在长途跋涉中，韩愈的第四女病情转疾，死于商南层峰驿，年仅十二岁。韩愈此时已到宜城县，尚未知情，更不能与幼女诀别。

之后经荆州渡江，过岳、潭、衡等州。三月间，韩愈途经郴州，他一定记得十余年前，由阳山遇赦量移，与同病相怜的张署在此待命吧。当年和他一起共进退的张署，已经不在人间了。郴州是伤心之地啊！好在桂管观察使裴行立，派从事元集虚劝慰韩愈，又送了药物、书籍等。这裴行立乃柳宗元的顶头上司，裴、柳关系融洽。此番韩愈过境，裴氏优礼照顾，或许出自柳宗元的请托。元集虚知道这是难得的学习请教机会，陪伴旬日，共食同眠，而韩愈加以指授，并赋诗《赠别元十八协律六首》。人在难中"送温暖"，是最能感动人的，韩愈诗中说的"胡为不忍别，感谢情至骨"，当是肺腑之言。

韩愈越岭，翻过的是桂阳岭，之后就进入瘴疠之地了。再经韶州、广州，四月二十五日，终于到达贬所潮州。从长安到潮州，韩愈走了三个多月。这一路，跟跟跄跄，跌跌撞撞，步履何其沉重！

说心里话，韩愈比柳宗元幸运。韩愈在潮州待了半年多，就幸运地遇赦，得回长安，可谓"天意怜幽草"。而柳宗元的"一把辛酸泪"，向谁诉说？韩湘则在数年后登进士第，也算不辱门楣。

"死生亦大矣！岂不痛哉！"

韩愈刚到贬所，就作了情辞无比恳挚的《潮州刺史谢上表》，呈给皇帝，负荆请罪。这当是被贬官员的"规定动作"，也是争取皇帝怜悯宽大的机会。韩愈在贬途中，就必定殚精竭虑地构思文章了。表文的开头说：

> 臣以狂妄戆愚，不识礼度，上表陈佛骨事，言涉不敬，正名定罪，万死犹轻。陛下哀臣愚忠，恕臣狂直，谓臣言虽可罪，心亦无他，特屈刑章，以臣为潮州刺史。既免刑诛，又获禄食，圣恩宏大，天地莫量，破脑刳心，岂足为谢！臣某诚惶诚恐，顿首顿首。

"我韩愈狂妄颠顸，愚蠢至极，不识礼法，竟上表论佛骨，言语不敬，朝廷正名定罪，我就是死一万次，都不足以谢罪……"韩愈情哀词迫，差不多卑微到了极点，恭恭敬敬地拜服在皇帝的脚下，有一种深深的无力感和挫败感，最卑贱地乞求原谅。这与之前《论佛骨表》的慷慨气势，简直判若两人！

光是可怜、哀求，恐怕还不能打动皇帝。表文的后部，韩愈想了一个"奇策"，以封禅来打动、迎合宪宗。此时的宪宗，因平淮西而志得意满，膨胀到了极点。韩愈是懂得一点心理学的，他最后说：

> 当此之际，所谓千载一时不可逢之嘉会。而臣负罪婴衅，自拘海岛，戚戚嗟嗟，日与死迫。曾不得奏薄伎于从官之内、隶御之间，穷思毕精，以赎罪过。怀痛穷天，死不闭目。瞻望宸极，魂神飞去。伏惟皇帝陛下，天地父母，哀而怜之，无任感恩恋阙惭惶恳迫之至。

韩愈低声下气，苦苦哀求，希望还能为皇帝千载难逢的封禅事业略尽绵薄之力，"奏薄伎"、赎罪过，不然真是死不瞑目了。他甚至表示，"我的魂灵儿已经飞到陛下身边，无论如何，请您哀怜我……"。那卑微恭顺的样子，极尽逢迎取悦之能事。我反复阅读，甚至觉得古汉语的道歉、哀求，此文已写到极致，无以复加了。这还是那个豪气干云、斗志昂扬的韩愈吗？

客观讲，这篇文章是颇有争议的。古人的批评，多认为韩愈"不善处穷"，特别是劝皇帝封禅，那是忠臣所不肯言者。我引一小段金代王若虚的评价，以见一斑："退之不忍须臾之穷，遂为此谀悦之计，高自称誉。其铺张歌颂之能，而不少让，盖冀幸上之一动，则可怜之态，不得不至于此。其不及欧、苏远矣。"此时的韩愈，是可怜，是卑微，无可讳言。讥讽韩愈不及欧阳修、苏轼"善于处穷"的议论，古代也层出不穷。但我认为，类似的批评，还是隔靴搔痒，没有挠到真正的痒处。韩愈作《潮州刺史谢上表》的背后，是忠君恋阙，更是

"死生亦大矣！岂不痛哉"。一言以蔽之，是他对生命的渴望。请问还有什么比生命更可贵？

韩愈这次侥幸保住性命，让他认识到天威难测。他的豪言壮语，言犹在耳；但他已年过半百，两鬓苍苍，家有百口之累，潮州又在"万里之外，岭海之陬"，他真的太忧愁了，担心自己身死蛮荒，再也回不到朝堂了，再不能立功立言。他的妻儿老小，依靠何人？"长相思，在长安"！此时的韩愈，无力极了，还能靠什么来打动皇帝？劝封禅，颂功德，这是韩愈所能想到的最后的"撒手锏"了，除此，别无他法来打动皇帝。更重要的是，唐人并不以劝封禅为耻，杜甫作《封西岳赋》，刘禹锡等人亦有类似言辞，所以我们不宜用宋以后的道德标准来衡量唐代的韩愈。

韩愈一定还想到了自己的大哥韩会，他就是死在岭南贬所啊。一晃近四十年了。一念及此，犹如万箭穿心！他实在不想重蹈大哥的覆辙。毫无疑问，从《潮州刺史谢上表》的文字之外，读出的，是韩愈强烈的求生欲望。无论如何，他不希望死在潮州，那是天愁地惨、悲痛欲绝的事啊！韩愈之前，已经做了他该做的事，现在没有必要再付出生命了。因此，这篇表文，实质是一篇求生的文章，求生欲满满。而求生的背后，又是恐惧，是对如囚徒般囚死贬所的恐惧。本来么，谢罪表，就是要恭顺，不管你冤不冤，都要对皇帝表达最大的恭顺。

这样说，是否意味着韩愈就改旗易帜，不反佛老了？绝对不是。韩愈是有底线的，在原则问题上始终没有屈服。他认错，认的是"大不敬"的错，他从来没有承认反佛老有错，此错非彼错。这一点，是必须申明的。

韩愈的低声下气，应该是宪宗很想看到的；劝封禅的谀词，宪宗也会很"受用"。果然，皇帝对宰相说："昨得韩愈到潮州表，因思其所谏佛骨事，大是爱我，我岂不知？然愈为人臣，不当言人主事佛乃年促也。我以是恶其容易。"看来事过境迁，皇帝也有些后悔。韩愈乃当代文豪，人才卓越，皇帝想复用。可是宰相皇甫镈不喜欢韩愈的狷直，率先回奏："愈终太狂疏，且可量移一郡。"当日韩愈的贬潮，这个皇甫镈可能也起到了不好的作用。

数月后，元和十四年十月，授韩愈袁州刺史。借用张说的诗"宁知瘴疠地，生入帝皇州"（《喜度岭》）。韩愈亦云幸矣。袁州即今江西省宜春市。十一月，韩愈的知交柳宗元卒于贬所柳州。（详情后文再谈。）不知韩愈作何感想？大约忧伤、怜悯、哀悼，甚至后怕、庆幸……兼而有之，五味杂陈，百感交集。客观讲，韩愈的生命力较柳宗元顽强。宗元苦熬了十余年，终究还是凋零了，可叹，可伤，复可惨！

潮州刺史骂鳄鱼"冥顽不灵"

有一个人，只在潮州待了七八个月，却政绩昭著，让潮州人民永远记住了他，成为潮州遗爱。请问他是谁？"潮山潮水皆姓韩"，自然是韩愈呀。韩愈在潮州，就像之前在阳山，都为时不久。贬所固然是个人之耻，却又意外成为地方之荣。韩愈并不因自己是长安来的贬官，年纪又大，就疏懒政事，消极怠工；相反，他没有架子，临事以敬，因地制宜，努力让潮州百姓安居乐业。

韩愈在潮州做的最出名之事，就是驱逐鳄鱼。潮州素有鳄鱼之患。韩愈做潮州刺史，就要造福一方，努力解决老百姓关切的、急难险重

潮州鳄渡秋风亭祭鳄台　视觉中国供图

的问题。他作了一篇奇文《祭鳄鱼文》，以刺史的身份，对鳄鱼喊话。命鳄鱼在三日内迁徙到南海去，不要再扰民，三日不行就五日，五日不行就七日，如果七日还不迁徙，那鳄鱼就是"冥顽不灵"了。请看，"冥顽不灵"这个成语就是这么来的，是我们的韩刺史对鳄鱼喊话时创造出来的。是不是很神奇？"如果鳄鱼还是不听话，那本刺史可就不客气了！鳄鱼啊鳄鱼，你可不要后悔呀！"韩愈的文章，游戏笔墨，意趣横生，亦庄亦谐，体现出一种战斗精神。

韩愈的《祭鳄鱼文》真的起作用了吗？据唐史记载：祭鳄鱼的当晚，就起了暴风雷电，鳄鱼居住的溪水数日内干涸，鳄鱼向西迁徙六十里，从此以后，潮州再也没有鳄鱼之患了。请看，好神奇呀，连史书都把韩愈的驱鳄描写得神乎其神了。唐史的记载是真实的吗？

其实，韩愈的文章是学古代的讨罪檄文，做做样子而已。鳄鱼哪能听懂韩刺史的训斥？文章根本就是写给当地老百姓看的。为什么这样说？潮州的鳄患由来已久。唐代的潮州民智未启，老百姓虽把鳄鱼看作恶物，同时也视为神灵之物。对于鳄鱼，老百姓是既怕又敬，感情复杂。唐代的潮州乃下州，经济文化落后，巫鬼之风流行，有所谓"淫祀"之说，对各种鬼神灵物的崇信，既失其节制，又不合礼制。韩愈作为铁杆儒家，岂不知"敬鬼神而远之"？但作为地方官，他又颇能体会潮州的风土民情，他入乡随俗，作了多篇"祭神文"（汇为《潮州祭神文五首》），为百姓祈求福祉。如果韩愈直接武力除鳄，当地老百姓是难以接受的。所以韩愈要"先礼后兵"，以神灵之礼待鳄鱼，做足样子。韩愈的文章，处处以天子、刺史的正大口吻，斥责鳄鱼，令百姓知晓刺史对鳄鱼是"仁至义尽"了。其实韩愈的心里"门儿清"，鳄鱼根本不会听刺史的话，更不会乖乖地迁徙。但韩愈就是要在表面做足样子，让潮州的百姓觉得韩刺史处理妥当，有理有节。这是取信于民的表现。韩愈私下里，早已准备好了，"选材技吏民，操强弓毒矢，以与鳄鱼从事，必尽杀乃止"。我想，还是韩愈"群众工作"做得好，老百姓都信他。于是驱鳄顺利完成，而事迹在潮州脍炙人口，越传越神，日久成为神话传说了。甚至后来的史书，也采信了潮州的传说。这才是《祭鳄鱼文》的真相。

《祭鳄鱼文》能给我们当代什么启示呢？宋代的王安石批评韩愈"诡怪以疑民"，这是错怪韩愈了。地方官员在处理跟老百姓利益攸关的事情时，一定要学会因地制宜，从百姓的角度考虑问题、处理问题，事先做好群众的思想工作，解除群众的思想包袱。有时，即便是善政德政，如果不做好思想工作，群众也未必配合、理解。请看，韩愈就很懂得潮州老百姓的心理，他入境问俗，因势利导，于是就干成了事。《祭鳄鱼文》是一篇妙文，您读懂了吗？

韩愈在潮州，还兴办教育。这是韩刺史的"拿手好戏"。韩愈来潮州之前的百十年间，潮州竟没有一人去京城长安参加明经进士的科举考试。这还不能说明问题吗？礼仪教化、忠孝节义，对当时的潮州而言，还未提到议事日程上来。潮州犹如文化沙漠，尚处在蒙昧无知的状态。韩愈在潮州办学校，正是他擅长的事，他是把在长安、洛阳办学的"先进经验"，借鉴过来了。他特别找了当地一个叫赵德的秀才，此人沉静博雅，学问优长，助他办学。所以，潮州的学校，起点是很高的，成效也必定显著。韩愈为了在潮州兴学，还捐出了自己的部分薪俸。这实在是潮州文化兴起的一个关键节点。到了宋代，潮州就被称作"海滨邹鲁"，孔庙、韩祠，书声琅琅。我想，若非韩愈走了一遭，潮州的文化发展会滞后很多。

刺史与高僧：反佛最坚定者却为何结交僧人？

韩愈在潮州，有件事引得后人议论纷纷，就是他与高僧大颠的交往。韩愈的排佛是众所周知的，他的贬潮更是因怒上《论佛骨表》而致。按理说，他对佛教的态度如此决绝，对僧人应该是敬而远之的。但实际上，他早在国子监任四门博士时，就与僧人有过从，而且一直未中断，韩诗说"久惭朝士无裨补，空愧高僧数往来"，可为明证。很重要的一点，韩愈走到哪里，都喜欢跟有学问的人交往、辩论，这是他人生的常态。高僧中不乏多才多艺者，与他们交游，对韩愈有多方面的助益。举一个例子，韩愈的《听颖师弹琴》，是唐代最好的音乐诗之一，被誉为古今绝唱。如果不是颖师琴艺绝妙，恐怕韩愈也作不出第一等的诗来。

韩愈和大颠和尚过从甚密，还是引得众说纷纭，甚至让别有用心者大做文章。如何看待韩愈与僧人的交往？事实上，唐代的佛教、道教极其流行，和尚、道士遍天下，一个人想在日常生活中完全避开僧、道，完全不可能。我体会，韩愈反佛，坚持的是夷夏之大防，主要是反对佛教对国计民生的影响。毋庸置疑，佛教在哲学上达到极高的境地，韩愈对佛理，并不排斥。

解铃系铃，我们还是来看韩愈自己的解释吧。他的《与孟尚书书》专门谈了与大颠的交往：

有人传愈近少信奉释氏，此传之者妄也。潮州时，有一
老僧号大颠，颇聪明，识道理，远地无可与语者，故自山召

至州郭，留十数日，实能外形骸，以理自胜，不为事物侵乱。与之语，虽不尽解，要自胸中无滞碍，以为难得，因与来往。及祭神至海上，遂造其庐。及来袁州，留衣服为别，乃人之情，非崇信其法，求福田利益也。

韩愈首先就表示，说他信奉佛教，完全是传播谣言。潮州地既荒远，文化上更是沙漠，几乎无人可与韩愈"对话"。能遇到一个"颇聪明，识道理"的大颠，太不容易了，起码可以切磋学问，谈谈道理，慰藉贬谪中的孤寂。韩愈对大颠的评价，是一分为二的，这位老和尚一方面能"以理自胜，不为事物侵乱"，有其长处；另一方面却也不能算是高妙，对佛理亦有不解之处。韩愈能客观评价大颠的佛法造诣，说明他本人对佛教也是颇有研究的。如此人物，在潮州绝对算是凤毛麟角了，韩愈要找能对话的人，没的选择。而且，此大颠必定知书达理、辩才无碍，韩愈召之来，盘桓十余日，留下了好印象，于是之后再借机回访。包括离开潮州，留衣服为别，这些交往，都是人之常情，绝非表示韩愈改旗易帜，信奉佛教了。

还有一点，韩愈因《论佛骨表》而贬潮，当他到了贬所，静下心来，应该也会有所反思。他之前对佛教的批驳，是否通情达理？是否还有认知的问题？韩愈结交大颠，或许还有一层用意，即通过高僧考察佛教、钻研佛理。所谓欲批判之，先理解之。因此，韩愈排佛，却不排佛学。一字之差，相距甚远。

贬潮，对韩愈而言，是个人的不幸；但韩子莅潮，对潮州人民又是绝对的福音！潮州从此文化兴起，成为南方海域的礼仪之城。潮州人民更是永远记住了韩愈！这是一个人和一座城的动人故事。

视觉中国供图

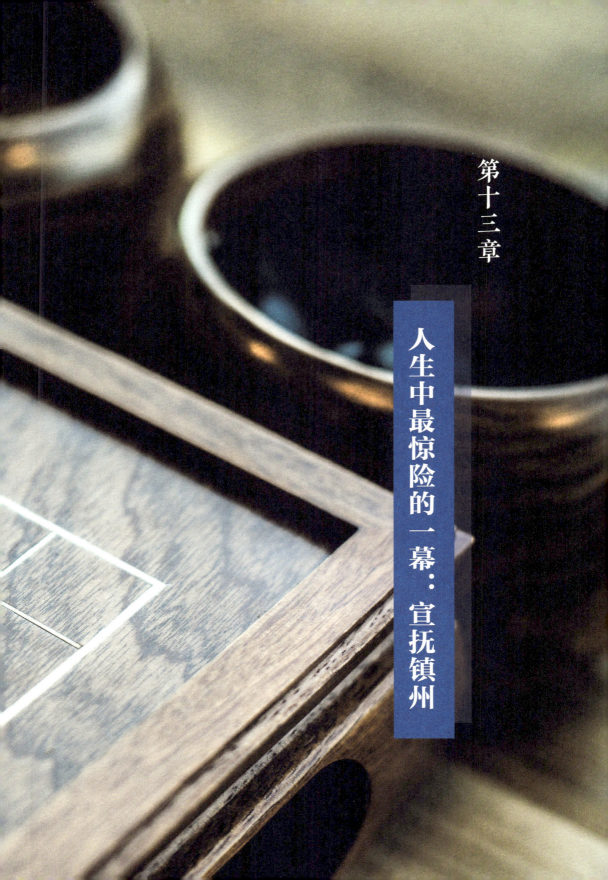

第十三章

人生中最惊险的一幕…宣抚镇州

伤逝：柳宗元、唐宪宗相继离世

前文已言，元和十四年十一月，柳宗元卒于柳州贬所，得年四十七岁。他的人生，约略言之，京师一带三十余年，贬谪之地十余年，可谓"虚负凌云万丈才，一生襟抱未曾开"（借崔珏《哭李商隐》）。其《惩咎赋》有云："为孤囚以终世兮，长拘挛而轗轲。"他是郁积成疾，苦死贬所啊。早一年，宗元与部将魏忠、谢宁等在柳州驿亭宴饮，宗元戏谓自己明年将死，死而为神。诸人不信。结果及期而亡。这真是"昔日戏言身后意，今朝皆到眼前来"。韩愈得到讣闻，当略晚。上月二十四日，韩愈量移改授袁州刺史。宗元在去世前，已撰遗书，写给刘禹锡、韩愈、韩泰等友人。他将子女的照顾，托付给几位友人；将文集的编纂，托付给刘禹锡；将墓志铭的撰写，托付给韩愈。韩愈谓"非我知子，子实命我"，意思是我虽非你的知己，但你托付了我，定当尽心竭力。非常真诚。关于子女的抚养，刘禹锡有言"誓使周六，同于己子"，则周六由他抚育。宗元还有一遗腹子周七，在其死后才出生，或许由韩愈收养。宗元此年，为他人作了好几篇墓志铭，万没料到，这一年还没过完，就轮到让韩愈为自己作墓志铭了。

韩愈的吊唁书信说："哀哉，若人之不淑！吾尝评其文，雄深雅健似司马子长，崔、蔡不足多也。"形容柳文雄深雅健，何其精辟；比作司马迁，又何其恰当。可惜天妒英才。呜呼，子厚！伤何如哉！

十一月，刘禹锡因母丧，扶灵返洛阳，途经衡阳时，听闻柳宗元去世的噩耗，悲痛呼号，"如得狂病"。他想到与好兄弟十余年同病相怜，贬斥荒蛮，岂能释怀？宗元是郁闷而死的呀！他想到好兄弟的"以柳易播"，真的要血泪交迸！他想到四五年前与好兄弟临湘水诀别，不能自已，于是作《重至衡阳伤柳仪曹》：

> 忆昨与故人，湘江岸头别。
>
> 我马映林嘶，君帆转山灭。
>
> 马嘶循古道，帆灭如流电。
>
> 千里江蓠春，故人今不见。

那年湘江岸头的分别，我骑马，君乘舟，就是永诀。"涕泪迸落，魂魄震越"，子厚，此生就此别过，永不能相见了！

宪宗的人生也进入倒计时了。元和十四年二月，平淄青，李师道伏诛。七月，群臣上尊号"元和圣文神武法天应道皇帝"，赦天下，宪宗当大得意。谁知乐极生悲。十一月，宪宗服方士柳泌的金丹药，性情变得躁郁暴戾。起居舍人裴潾上表进谏，言辞恳切。宪宗大怒，贬裴潾为江陵令。这与韩愈的论佛骨被贬，似有一比。此时的宪宗，性情脾气已因服食而发生大变更，极易暴怒，动辄打骂杀伤，连周围的宦官都渐不能忍耐。这是不祥之兆。

元和十五年（820 年）正月二十七日，宪宗因服食金丹，暴毙于大明宫中和殿，传为宦官毒杀，真相不能明。卒年不过四十三岁。不知得到消息的韩愈作何感想？就在一年前，韩愈上《论佛骨表》，讥奉佛之君不得长寿，刚过去一年，皇帝就驾崩，一语成谶！宪宗地下有知，是不是要慨叹："韩愈忠臣，大是爱我。朕悔不当初……"套一句李商隐的诗："地下若逢唐宪宗，岂宜重问佛骨事？"真实的历史，有时就像讽刺剧，辛辣无比。同月，太子李恒即位，是为穆宗。

改授袁州与剖明心迹

也是在元和十五年正月，韩愈正在赴袁州刺史任上，循例作《袁州刺史谢上表》。又是一封谢表，又要表演一番！此为例行公事。二月，韩愈到达袁州。穆宗新即位，朝政又大变，人事很快亦变更。这都在预料之中。韩愈嗅到了机会，短期内连作《贺皇帝即位表》《贺赦表》《贺册皇太后表》《贺庆云表》等，都属逢迎表态文字。类似的事，刘禹锡、柳宗元等也都做过，不足为怪。

其实，关于辟佛，韩愈的内心从未屈服。他在袁州时作的《与孟尚书书》说：

> 释老之害过于杨墨，韩愈之贤不及孟子。孟子不能救之于未亡之前，而韩愈乃欲全之于已坏之后。呜呼！其亦不量其力，且见其身之危，莫之救以死也！虽然，使其道由愈而粗传，虽灭死万万无恨！

这可谓一篇自辩状，对更好地理解《论佛骨表》和《潮州刺史谢上表》都有帮助。他认为，佛、道两教的危害，远过于百家争鸣时的杨子、墨子，当年孟子抵辟杨、墨，将其视为异端，尚且劳而无功；而我韩

江西省宜春市袁州区袁山公园昌黎阁，古袁州即今宜春市 视觉中国供图

愈，何其痴傻，今天居然幼稚地在儒家之道礼崩乐坏之后，排斥佛老，岂不是不自量力？岂不是知其不可而为之？韩愈接着说："天地鬼神，临之在上，质之在旁。又安得因一摧折，自毁其道以从于邪也！"天地在上，鬼神有灵，我韩愈绝不会因为"一摧折"（特指被贬潮州），就改变初心、向邪恶屈服的！这表态，刚毅果决，掷地有声，仿佛又回到了《论佛骨表》时的样子！这才是韩愈真情诚意的流露。此篇好比是韩愈坚持反佛的宣言书。大约宪宗驾崩，他才敢如此斩钉截铁、剖明心迹。《与孟尚书书》值得反复推敲，不但气盛理畅，而且词章奇伟。明代茅坤赞曰："翻覆变幻，昌黎书当以此为第一。"足见推崇。

韩愈在袁州有一德政，即释放奴隶。当地的风俗，欠人债务，父母以子女作为人质，入债主之家劳作，有抵押的性质。如果逾期不能还债，子女即失去人身自由，罚没为奴。这其实成为一种变相的奴隶买卖，沦为奴隶的，多是良家子弟，被人鞭笞，甚或殴伤致死。韩愈对此痛心疾首，他想方设法，计算债务，甚至出钱赎买，以释放良家子弟为奴者。袁州小小一州，放免的奴隶人数竟高达七百余人，可见问题的严重。在释放奴隶的问题上，韩愈是以人为本的，体现的是对人的基本权利的尊重。韩愈的《原道》说"博爱之谓仁"，他不仅这么说，而且这么做了。不过，这件事，并不算韩愈独有的功绩。更早时，柳宗元在柳州也实行过类似的德政，不能说韩愈没受到柳宗元或其他官员的启发。另外，韩愈在潮州也行过这一德政。

韩愈的难能可贵，还在于离开袁州的赴京途中，上《应所在典贴良人男女等状》，希望皇帝把他在袁州的德政，推广到天下，惠及更多州县的典押奴婢。他恳切地说："袁州至小，尚有七百余人。天下诸州，其数固当不少。今因大庆，伏乞令有司重举旧章，一皆放免。仍勒长吏严加检责，如有隐漏，必重科惩。则四海苍生，孰不感荷圣德？"这是件功德无量的大善举啊！想来，四海苍生亦感荷韩愈之德。

其实，无论是早年的阳山，还是晚年的潮州、袁州，韩愈都是来去匆匆的，居于贬所的时间并不很长。但无一例外，这几个地方的百姓全都感念韩愈。有意味的是，阳山和潮州之贬，都与韩愈的直言进谏脱不开关系。孤勇的代价，就是被远贬。而在贬所，韩愈依然要倔强地做出成绩。袁州的韩刺史，亦不愧良吏。

元和十五年九月，皇帝下诏拜韩愈为朝散大夫、守国子祭酒，复赐金紫。这意味着韩愈的贬谪生涯终于彻底结束了！这是韩愈第四次做学官，不过不一样，国子祭酒是国子监的长官，从三品，"掌邦国儒学训导之政令"，地位清要，受人尊敬。

十月五日，韩愈在袁州，为江西观察使王仲舒作《新修滕王阁记》。初唐王勃的《滕王阁序》珠玉当前，脍炙人口，韩愈要怎样写，才能不落窠臼，独树一帜？再直白点说，韩愈不能被比下去。王勃的文章，是骈文史上数一数二的佳篇，写江上风物，山水之胜，兼抒青云之志，令人叹为观止，难以超越。韩愈思来想去，故意通篇不及滕王阁中情事，"偏把欲游未得游之意作线……读之如天半彩霞，可望而不可即，异样神品"（清人林云铭评语）。题目是《新修滕王阁记》，但其实韩愈根本未到阁，通篇都是"顾左右而言他"，剑走偏锋，富于巧思，高明之至。老来的韩愈，作文已如"老狐狸精"，入化境矣。今人去滕王阁，韩愈文中的"瑰伟绝特"四字，作为匾额，高悬阁上，令人临江兴怀想之思。

十月稍晚，韩愈自江州溯江而上，经武昌，过安陆，历襄阳。终于，他来到一处伤心地，即商南层峰驿旁山下女挐墓——爱女之墓，他悲不自已，作诗题驿梁：

数条藤束木皮棺，草殡荒山白骨寒。

惊恐入心身已病，扶舁沿路众知难。

绕坟不暇号三匝，设祭惟闻饭一盘。

致汝无辜由我罪，百年惭痛泪阑干。

这是一位老父亲的哀号，亦是最痛彻心扉的伤悼，韩家的第四女挐惠而早夭，百身莫赎！潮州之贬造成的身心创伤，恐怕永不能抚平了。做直言极谏的忠臣的代价，就是家破人亡，这是怎样的人间悲剧啊！

这一年，韩愈的"老领导"郑馀庆去世，享年七十五岁。在唐人中，绝对是高寿了。

"韩校长"来了，国子监不寂寞矣

韩愈的一生，与教育有着不解之缘。他"抓教育"，以扶树教道为用心，始终不曾改变。无论在地方，还是在中央政府的学校——国子监，皆是如此。韩愈归朝任国子祭酒后，王建赠诗赞叹"重登大学领儒流，学浪词锋压九州"，真可谓实至名归。

韩愈最后的学官阶段，担任国子祭酒时期，仍有一番作为。办学首要的，是师资问题，韩愈清醒认识到了。他向吏部提出，今后到国子监任教的，应该是"专通经传、博涉坟史及进士五经诸色登科人"，对师资提出了很高的要求。如果学官本身的学识不精不博，是不能指望教出好学生的。他推荐秘书省校书郎张籍担任国子博士，可谓举贤不避亲。张籍亦仕途坎壈，元和元年开始长期做太常寺太祝，竟十年不迁，沉沦下僚。不过，张亦安之若素，自言"老大登朝如梦里，贫穷作活似村中"，可称君子。张籍一度患眼疾，几乎失明，孟郊调侃他"西明寺后穷瞎张太祝"。其实，韩愈看人的眼力不差，张籍耿直率真，人品极佳。白居易送张籍的诗说："昔我为近臣，君常稀到门。今我官职冷，唯君来往频。……况君秉高义，富贵视如云。五侯三相家，眼冷不见君。问其所与游，独言韩舍人。"（《酬张十八访宿见赠》）朋友得意时，不去凑热闹；失意时，反而多来往安慰。张籍安贫乐道，慎独慎友，如此高风，能有几人？

国子监是贵族学校，其痼疾永远是学风问题。"韩校长"针对"公卿子孙耻游太学"的积弊，开始整肃学风，制定了一定的惩罚措施。他还降低国子监入学的门槛，尽可能吸纳更多好学的学生。具体措施，如太学馆，放宽限制，招收八品以上官员的子弟入学，这对于低阶官员的孩子，无异于福音；四门馆，则酌情招收长安五百里内的"无资荫"但有才业的学子，这一点，尤其值得称道，惠及了一批寒门子弟，助其改变命运。至于惩罚措施，如对于那些有"资荫"但不入学的官员子弟，建议礼部取消其参加科举考试的资格；如有假冒"资荫"取得入学资格的，即弄虚作假者，则要移送司法治罪。总体看，韩愈办学，具有有教无类的教育理念。国子监作为国家的贵族学校，韩愈不可能打破其贵族性质；但是，在他的积极努力下，推出了一些得力的措施，让国子监的门开得更大了。韩愈在一定程度上改革了国子监的"教育垄断"，于教育范围的扩大和教育的普及，做出了力所能及的贡献，特别是提振了儒风。我想，韩愈的这些改革，跟他本人的出身，还有早年求学的艰辛，都有着密切的关联。正因为自己的寒素，他才深知求学的不易。他希望更多像他一样的学子，得到良好的教育机会，早日改换门庭，有所作为。

可以举一个韩愈日常工作的实例，看看"韩校长"是如何言传身教的。国子监有位直讲（协助博士讲授经学的助教），人品学问都很好，但容貌丑陋。那些"官二代"学生就不尊敬他，不接近他，甚至不愿跟他坐在一起吃饭。韩愈得知情况，特意邀请这位老师一起用餐，礼貌有加，做出示范。之后，其他学生就不敢轻慢了。这是韩愈在国子监整肃学风的实例，他在亲身示范何谓"学高为师，身正为范"。

我们不要以为韩愈就是一个整天板着面孔、愁眉苦脸的"大学校长"。韩愈其实很会活跃学校氛围，他不但擅长作游戏文章，而且还奏请聘任有德有才的儒生到国子监来，每天师生聚会、宣讲、切磋，这不就像今天的学术沙龙、辩论吗？学生"奔走听闻，皆相喜曰：'韩公来为祭酒，国子监不寂寞矣。'"。请看，韩愈这位"大学校长"，是受到学生的真心拥戴和欢迎的。

何必老来履险？舍我其谁！

长庆元年（821年）七月，韩愈自国子祭酒转任兵部侍郎。这是从清要之位转到了"要津"职位，从中可以看出穆宗对韩愈的器重。

这一年，朝廷追赠恩封韩愈之母（嫡母）为郡国夫人，又赠韩父仲卿为吏部侍郎。这在古代，可谓光宗耀祖了，也是皇帝笼络臣下的手段。

苏轼的《潮州韩文公庙碑》评价韩愈的一句名言——"勇夺三军之帅"，流传众口，具体是怎么回事呢？难道说韩愈武艺高强，会打仗吗？如果真是那样，他早几年平淮西时就带兵奇袭蔡州了。设想韩愈是武林高手，肯定是思路清奇，想多了。唐代的文人，不少有从军的经历，亦喜作边塞题材的诗歌，不过文人从军不一定是拿起兵器，在战场上拼杀，多数是加入军幕，在军队里做一些秘书类的文职工作。像电影《长安三万里》中的高适，大耍所谓的"高家枪法"，未免离奇。

每个人的人生中，都有所谓的高光时刻。当盖棺论定时，往往就要把这些时刻记录下来，以彰显人生的意义。苏轼讲的"勇夺三军之帅"，就是韩愈的高光时刻，特指韩愈任兵部侍郎时的一件大事——宣抚强藩。前已屡言，唐代的藩镇割据是一大痼疾。藩镇除了搞割据、对抗中央政府之外，藩镇之间或内部也互相杀伐，争权夺利，攻城掠地。特别是当藩镇节度使去世时，往往会起兵变，形成骚乱。类似情况，韩愈见识过多次了。长庆初年，镇州叛将王庭凑就是很棘手的问题。

长庆元年七月，镇州成德军乱，王庭凑煽动叛军杀节度使田弘正及家属、僚佐等，自称"留后"，要挟朝廷任命他为节度使，并侵扰周边的冀州、深州。"留后"一词，在本书中已出现多次，有特殊含义。当节度使身亡或遇有事故，多以子侄或亲信代行职权，称留后；如叛将造反，杀死节度使，亦可自称留后。王庭凑就属后一种情形。至此，河朔一带，又呈割据之势。

穆宗不愿纵容叛将，就派兵征讨。十月，以老臣裴度为镇州四面行营都招讨使征剿。王庭凑虽汉姓，但其先人是回纥"阿布思之遗种"，好几代为镇州王武俊的骑将，于是就"冒姓王氏"，实则乃胡人。

长庆二年（822 年）正月，王庭凑围困深州刺史牛元翼，官军裴度等三面救之，"竟无成功，财竭力尽"，久不得解围。后朝廷只好退一步，同意王庭凑任成德军节度使，又派韩愈出使镇州宣慰，希望稳住王，化干戈为玉帛。王虽受旌节，但并不解深州之围，可谓狡诈而无信。

此时的韩愈，已进入晚年，五十五岁了，一方面早就功成名就，另一方面身体和精力也大不如前了。韩愈如果称病不去，也在情理之中。换了旁人，或爱惜羽毛，或不敢前去。但韩愈接受王命后，义无反顾地上路了，没有丝毫的迟延。韩愈本人，早就"领教"过藩镇叛乱的凶险。行前，朝臣都为韩愈担心，翰林学士元稹说了四个字："韩愈可惜！"足证危险。

韩愈此行虽不是刀山火海，但确是凶多吉少，何以见得？熟悉唐史者或许会思及一桩旧事。唐德宗时，李希烈叛乱，老臣颜真卿受派遣，往叛军中晓谕宣慰，结果反被扣押。叛军百般凌辱，真卿凛然拒贼，始终不降。一代忠良，幽辱三载，终被缢杀，令人扼腕！韩愈何等熟悉本朝历史，颜真卿就是前车之鉴啊！然而，对于孤勇之人，颜真卿亦可说是表率，其事迹之壮烈，会让韩愈充满义无反顾的力量。

英雄本色："止，君之仁；死，臣之义！"

韩愈出发后，皇帝也有些后悔，感觉韩愈德隆望重，不该让他身陷险境，万一遭遇不测，那就无可挽回了。于是皇帝让韩愈"度事从宜"，也就是说，到时见机而行，未必一定要冒险进入敌营。

沧海横流，方显英雄本色。韩愈早年的名言是"君子居其位，则思死其官；未得位，则思修其辞以明其道"。关键时刻，正是考验一个人气节的时候。韩愈如果此时退缩，那就不是苏轼讲的"勇夺三军之帅"了。他在路上还拜见了"老领导"裴度，裴度劝他："镇州是虎狼之地，叛军凶残，千万不可身履险境。"但韩愈此刻想的，却是"安有受君命而滞留自顾"。他的内心深处坚守秉持的信念是："止，君之仁；死，臣之义！"早已将生死置之度外。镇州路上，他与裴度的酬唱诗写道："衔命山东抚乱师，日驰三百自嫌迟。风霜满面无人识，何处如今更有诗？"（《镇州路上谨酬裴司空相公重见寄》）一方面，马不停蹄，赶赴镇州，丝毫不畏惧；另一方面，忧心如焚，担心完不成使命，无闲情逸致作诗了。

藩镇的情况，韩愈是熟悉的。他早年在汴州、徐州幕府，节度使一去世，马上就兵变，争权攘利，杀人如麻。前几年的平淮西之役，更是一场硬仗。此番宣慰镇州，单身匹马闯龙潭、入虎穴，真可谓是危如累卵，命悬一线。王庭凑的镇州大营，早就摆好了"鸿门宴"，等着韩愈呢。客馆里刀枪剑戟，甲士罗列，但韩愈神情自若地进入了。这让王庭凑颇为惊讶，这个韩侍郎，如入无人之境啊！之后，就是韩愈和王庭凑及叛军的谈判，正面交锋。王庭凑阴险狡猾，把责任都推到军队的哗变上，自己撇清干系。韩愈面对的，其实是两难局面，两股势力都要压服，如蹈汤火，非常棘手。被王庭凑煽动起来的叛乱军士，群情激愤，向朝廷派来的韩侍郎讨要说法，而王则冷眼旁观，等着落井下石。千钧一发之际，韩愈义正词严，厉声责难，一方面要稳住王庭凑，另一方面还要弹压叛军。韩愈对着叛军大声说："天宝以来，安禄山、史思明、李希烈这些反贼头目，还有子孙在吗？还有居官的吗？"一下子就点出了造反者没有好下场，最终落得个断子绝孙的结局，镇住了叛军。之后又针对镇州情况，晓之以理，动之以情。王庭凑很狡狯，更会演戏，在驱走了众军士后，哭着对韩愈说："韩侍郎这次来，想让我怎么做？"韩愈传达了朝廷欲王解除深州之围的意思，王同意照办。韩愈稳住了王庭凑，至此，韩愈的使命就算完成了。其实，韩愈虽然在道义上占上风，但仅是凭三寸不烂之舌；而王庭凑和叛军手里，则是杀人的钢刀，搞不好韩愈就成为刀下鬼了！

道高一尺，魔高一丈。王庭凑是心虚的，韩愈的堂堂之威，压服了他。史书的记载是："愈既至，集军民，谕以逆顺，辞情切至，庭凑畏重之。"韩愈首先说服了军民，让王庭凑畏服，他才不敢再造次。试想，如果军民不服哗变，王再一旁拱火，后果真不堪设想。终究是邪不压正，镇州的警报暂时解除。韩愈不辱使命，朝野叹服。

其实，关于宣慰镇州的情况，只是根据史书和相关史料，敷衍而成，谁也无法重返历史现场。我最感兴趣的，是韩愈的"话术"，他到底怎样侃侃而谈，才能语惊四座，镇服镇州的各方势力，特别是邪恶阴毒的王庭凑？我思来想去，认为还是正义加气势，岂有他哉！我浮想联翩，韩愈为幽州节度判官张彻作的墓志铭中，记录了忠义臣张彻骂贼的一段话："汝何敢反！前日吴元济斩东市，昨日李师道斩于军中，同恶者父母妻子皆屠死，肉喂狗鼠鸱鸦。汝何敢反！汝何敢反！"张彻和韩愈，皆忠烈之臣，大道至简，大巧若拙，大辩若讷。义烈之言，可泣鬼神！

我又想到，《张中丞传后叙》是韩文中的名篇，我最喜欢其中写名将南霁云的一段。读来真令人肝胆欲裂。不妨引在这里：

> 南霁云之乞救于贺兰也，贺兰嫉巡、远之声威功绩出己上，不肯出师救。爱霁云之勇且壮，不听其语，强留之，具食与乐，延霁云坐。霁云慷慨语曰："云来时，睢阳之人不食月余日矣！云虽欲独食，义不忍；虽食，且不下咽！"因拔所佩刀，断一指，血淋漓，以示贺兰。一座大惊，皆感激为云泣下。云知贺兰终无为云出师意，即驰去，将出城，抽矢射佛寺浮图，矢着其上砖半箭，曰："吾归破贼，必灭贺兰！

此矢所以志也！"

安史之乱中，睢阳城危，张巡派偏将南霁云到河南节度使贺兰进明处求救，贺兰不愿出兵，但喜欢霁云的勇壮，备美酒乐舞，想要强留。霁云慷慨陈词："我来之时，睢阳城的军民已月余无食，我如果一个人食用，道义上不忍；勉强食之，更难以下咽！"霁云不但拒食，更拔佩刀断指为誓，鲜血淋漓。满座大惊失色，为霁云感动下泪。当霁云离开时，抽箭射浮图以明志："吾归破贼，必灭贺兰！"

南霁云拒食、断指、射箭，铁骨铮铮，千载之下，读之犹凛凛有生气！我以为，韩愈虽是一介文人，但他的宣慰镇州，视死如归，其慷慨激昂，不减名将南霁云！文臣和武将虽然大不相同，但内在的风骨却有一致的地方。南霁云不但感动了韩愈，也感动了柳宗元，柳作有《南霁云睢阳庙碑》，旌表其义烈。

林则徐说："苟利国家生死以，岂因祸福避趋之。"韩愈的"勇夺三军之帅"，是不战而屈人之兵，是"为君谈笑静胡沙"。韩愈《上李尚书书》有云："非阁下条理镇服，布宣天子威德，其何能及此？"恰可移来形容他自己的宣慰镇州。古往今来的文人墨客中，文章高手多的是，但"勇夺三军之帅"，于万马军中侃侃而谈，镇服叛军，大节凛然，唯有韩愈足以当之。

韩愈在返京的路上作了《镇州初归》，诗云："别来杨柳街头树，摆弄春风只欲飞。还有小园桃李在，留花不发待郎归。"很显轻松愉快，可是这小轻松的背后，却是当时的大危险。东晋谢安在下棋时得到淝水之战打胜的消息，徐云："小儿辈大破贼。"风仪令人怀想。韩愈的胆略气度，亦令人叹服。

壮哉！韩侍郎！

视觉中国供图

第十四章

最后的官场岁月，仍深陷是非

长庆初年的诡异朝堂

客观讲，韩愈的镇州宣慰，虽然不辱使命，但也只能暂时稳住逆贼，缓解矛盾。王庭凑的阴毒狡诈，出尔反尔，是无法控制的。王虽当面答应韩愈，但始终不解深州之围。四月，王终于攻陷深州，大肆屠戮。韩愈的历险，从事后的效果看，又可谓劳而无功。河朔一带，陷入割据乱局，直至唐亡。

韩愈回朝后，面奏皇帝，穆宗很高兴，一度"欲大用之"，甚至还有"且欲相之"的传闻。韩愈真的能拜相吗？

从长庆二年到三年（823年），朝政极为复杂，诡秘莫测。长庆二年二月，元稹拜相。三月，裴度为司空同平章事。裴度乃老宰相，元稹为新宰相，二人不和，一时争斗达白热化程度。甚至有传言，元稹派刺客行刺裴度，但无佐证。裴、元的侧面，还有一个觊觎宰相之位的李逢吉，长袖善舞，挑逗是非，兴风作浪。六月，裴度罢相，元稹出为同州刺史，可谓两败俱伤。而李逢吉渔翁得利，代门下侍郎、同中书门下平章事。

长庆二年九月，韩愈由兵部侍郎迁为吏部侍郎。吏部为六部之首，看起来离拜相真就一步之遥了。为显圣恩，朝廷又封赠韩父仲卿为尚书左仆射。这充分显示出皇帝的恩宠，韩愈是显亲扬名、光前裕后了。

当时朝堂的政治斗争错综复杂，韩愈想不卷入都不可能。面对政治旋涡，韩愈的态度如何，不得而知，但平情揣测，他大概率会支持"老领导"裴度。不过，他也不宜得罪李逢吉。从诗文看，长庆二年，韩愈与裴度、李逢吉都有诗往还，《奉和仆射裴相公感恩言志》是和裴，《奉和李相公题萧家林亭》又是和李。官场的生存法则，很多时候就需要周旋、妥协。韩愈一辈子为官，不能说不懂。此年，张籍除水部员外郎，白居易为中书舍人，而刘禹锡在夔州刺史任上。这三位，张籍居冷曹闲官而心态甚好，白居易春风得意，而刘禹锡的仕途已迎来转机。四十四岁的贾岛仍在科举路上苦苦挣扎，柳宗元则去世三年矣……人生如轮回，各自有境遇，前世今生缘，庄生蝴蝶梦。

宰相阴谋下的"提线木偶"

长庆三年六月，韩愈为京兆尹兼御史大夫。这个任命，其实略显委屈韩愈。皇甫湜《韩文公神道碑》中记录了穆宗的话："朕屈韩愈公为尹，宜令无参御史，不得为故常。兼御史大夫，用优之。"《旧唐书》亦有"宜放台参，后不得为例"的记载。请问"放台参"是怎么回事？"台参"的字面意思，就是去御史台参拜。御史台对文武百官有监督职责，新任命的官员，依规须参拜台官。京兆尹的官阶虽然高于御史台的御史中丞，但亦不能免台参之礼。此外，如果京兆尹在街市上遇到御史中丞，还应主动让路。此时的御史中丞是李绅，御史大夫在其上。按理，作为御史中丞的李绅，倒是应该拜见御史大夫韩愈。但韩愈兼的御史大夫，乃虚衔。总之，这些"鸡零狗碎"的烦冗官场礼仪，本身就可能引起一些无谓的争执。皇帝的敕命特别优待韩愈，说明不必按常礼行事；还明确：这只是特例，下不为例。御史中丞李绅，就是名诗"锄禾日当午，汗滴禾下土。谁知盘中餐，粒粒皆辛苦"的作者。早年，李绅到长安应试，韩愈还曾提携过，向陆傪举荐他；现在，如此安排，着实有点费解，也有点可疑。

万万没料到，韩、李二人，竟为台参事，你来我往，争斗得不可开交。韩愈虽然有圣命，可不去参见李绅，但李绅还是不依不饶，借此生事。韩愈在街上遇到李绅，亦不让路，李绅更是恼火。虽然韩愈曾有恩于李绅，但此一时彼一时，现在的李绅，势头极好，"旦夕且相"（马上就要做宰相）。有时，大官之间，会因鸡毛蒜皮的小事而闹僵。参拜、让路，貌似细事，实则官场无小事，很多官场礼仪都是能显示官威的，万不可省，更不可忽视。韩愈即便有不台参的皇帝诏令，李绅照样上疏弹劾他，不予理睬。两人的矛盾，还在进一步升级，有激化的趋势。李绅和韩愈，在对犯人的处置上，亦各执己见，御史台和京兆府互相推诿，相持不下。事情越闹越大，两方"文刺纷然"，朝野震动。既然"台府（御史台和京兆府）不协"，出现严重矛盾，就得解决。皇帝欲"两改其官"，即韩、李都调职，韩愈再为兵部侍郎，李绅调离京城，为江西观察使。结果两人都不乐意，仍争执不休。最后韩愈仍任吏部侍郎，李绅转任兵部侍郎，不了了之。

这一场热闹的政坛闹剧，发生在韩愈晚年，而且非常蹊跷。一般而言，政坛双方激烈争斗的结果，多是两败俱伤。客观讲，韩、李二人互斗，没有赢家。而且韩、李本无芥蒂，其矛盾冲突，不免令人疑窦丛生。背后是否有人挑拨离间？或者说两人争斗，是谁愿意看到的？韩、李如鹬蚌相争，谁会坐收渔翁之利？

其实，史书已经一语道破，原来是宰相李逢吉居心叵测，他厌恶翰林学士李绅与其作对，而穆宗偏偏厚待李绅，李逢吉为了阻止李绅拜相，就借"放台参"，阴谋挑起韩、李两人的争斗，他"坐山观虎斗"，可借机除去"眼中钉"。《新唐书》说李逢吉"性忌前，险谲多端"，真可谓是阴谋家了。不久前，他就在裴度、元稹的斗争中获益。这次，李逢吉可说是煞费苦心。前两年，有个科场案，搞得沸沸扬扬，而韩愈、李绅的意见是不协的。李逢吉看到了这一点并想利用之。更重要的是，他对韩、李的个性，分析得很清楚，两人都有些狷急、狂疏，他就是要利用韩、李争强好胜的执拗个性，挑起斗争。后来，事情的发展，果如其所料。这一招确实阴险。

韩愈的一生，宦海沉浮，经历过太多的风浪、旋涡、是非。之前的诸多斗争、谏诤，都是有意义的。但这次"争台参"，却成为意气之争，毫无意义。按说，韩愈和李绅官职都不小了，却陷入宰相设计的机关、伎俩之中。特别是韩愈，还年高望重，竟然成为宰相的"棋子"，或者说"提线木偶"，被利用，却还不自知。这真有点可悲了。不过，韩愈被人利用，被当作斗争工具，却也从另一侧面说明了他有赤子之心，做了一辈子官，城府还不够深，心机还不够重，他从来都不是个耍阴谋诡计的人。

韩愈在京兆尹任上，只干了短短三四个月。时间虽短，但"韩市长"还是做出了成绩的，他是"铁腕市长"，名声在外。李翱的《韩公行状》中说："改京兆尹……六军将士皆不敢犯，私相告曰：'是尚欲烧佛骨者，安可忤？'故盗贼止。遇旱，米价不敢上。"军人不敢为非作歹了，纷纷传言："这个'韩市长'，连佛骨都敢烧，怎敢不听他的！"长安的社会治安向好，粮食价格在灾年亦保持稳定。有这几点，足以证明"韩市长"的魄力、能力。

人生的最后一年光阴

韩愈最脍炙人口的诗无疑是："天街小雨润如酥，草色遥看近却无。最是一年春好处，绝胜烟柳满皇都。"（《早春呈水部张十八员外二首》其一）作于其人生的最后一两年，描摹帝都早春之景，流丽闲婉，风光绝佳，足见其晚年的心态相对安适。这说明他的诗风文风也在起微妙变化，从中年的奇崛诡怪，转变为晚年的温和淡泊了。

长庆四年（824年）五月，韩愈五十七岁了，在吏部侍郎任上，精力渐感不济，身体日益衰疲，终于因病请假，于长安城南之别业——韩庄养病。他自己的诗说："少年乐新知，衰暮思故友。"（《除官赴阙至江州寄鄂岳李大夫》）这时，与韩愈谊在师友之间的张籍罢水部员外郎，常陪伴韩愈左右。夏日，韩愈有《南溪始泛三首》，他与张籍、贾岛、姚合等泛舟、垂钓、登高、观水，好像身体还不是很差。在诗中，韩愈屡言"余年懔无几，休日怆已晚""我云以病归，此已颇自由""足弱不能步，自宜收朝迹"，反复表达了身体有病、来日无多、退而休息的意思。特别是"足弱"的病症，困扰着他，甚至影响了他的上朝。这足弱之症（即脚气病），很有可能是数年前被贬潮州长途跋涉所埋下的病根。到了八月，韩愈的病假已满百日，循例免去了吏部侍郎。从此，他可以离开纷纷扰扰的朝堂，彻底休息了。

韩愈的生命力，是非常顽强的。韩、柳虽然并称，但柳宗元抵抗挫折的能力似不如韩愈。韩比柳大五岁，柳却比韩早逝五年。这里外里，就差了十年。可是，倔强了一辈子的韩愈，到了长庆四年，明显感觉衰老和力不从心了，他不再有那种勇猛精进的斗志，甚至认为早点退休才好。这，或许意味着他的人生快走到终点了。韩愈虽身体渐差，上一年却还为柳宗元力疾书写了一篇《柳州罗池庙碑》。碑文记录了柳宗元在柳州的灵异之事，子厚得民爱戴，死而为神，"侯朝出游兮暮来归，春与猿吟兮秋鹤与飞"，写得潇洒出尘，情韵不匮。韩愈难道真的相信子厚死后成神？他在梦中梦到了老友吗？人鬼相隔，幽明难测……

大文星陨落

大约八月间，韩愈由城南返回长安城内居住。"十五的月亮十六圆"，是年的八月十六，韩愈和张籍、王建等一起欢聚，韩愈作《玩月喜张十八员外以王六秘书至》诗：

前夕虽十五，月长未满规。君来晤我时，风露渺无涯。

浮云散白石，天宇开青池。孤质不自惮，中天为君施。

玩玩夜遂久，亭亭曙将披。况当今夕圆，又以嘉客随。

惜无酒食乐，但用歌嘲为。

这是韩愈人生中的最后一首诗了。张籍后来也有诗记录此夜之游："中秋十六夜，魄圆天差晴。公既相邀留，坐语于阶楹。乃出二侍女，合弹琵琶筝。"（《祭退之》）将韩、张二诗合而观之，可知此夜的韩愈心情颇佳，中天月色亦好，所谓"浮云散白石，天宇开青池"，他们一同欣赏中秋时节的银河星月。从"玩玩夜遂久，亭亭曙将披"看，与友人几乎是彻夜未眠，不但赏月，且有女乐之乐，足见兴致之高。值得注意的是，如此良夜，"惜无酒食乐"，或许此时的韩愈，病体羸弱，已不能饮酒了。

韩愈在九、十月间的情况，不得而知。大约入冬以后，病情转危，药石罔效。长庆四年十二月二日，韩愈在长安靖安里宅第与世长辞，享年五十七岁，天子为他不御朝，赠礼部尚书，谥曰文。次年三月，归葬河南河阳。

弟子李翱的《韩公行状》记录了韩愈临终前的话："某伯兄德行高，晓方药，食必视《本草》，年止于四十二。某疏愚，食不择禁忌，位为侍郎，年出伯兄十五岁矣。如又不足，于何而足？且获终于牖下，幸不至失大节，以下见先人，可谓荣矣。"可知韩愈面对死亡，已然想开看淡，他庆幸比德高又精通医药的长兄韩会多活了十五年，而且得善终，有大节，不辱门楣。总之，临终之际的韩愈颇知足，无悔尤，可以瞑目矣。

至此，韩愈、柳宗元皆已去世，当年的同僚、好友刘禹锡却还在世。禹锡的生命顽强，一直到会昌二年（842年），年逾七旬后才亡故。韩、柳、刘三人中，柳最先凋零，韩居中，而刘最长寿。禹锡在人生的最后一年，抱病为自己写了传记，最终的自评铭语为：

> 不夭不贱，天之祺兮。重屯累厄，数之奇兮。
>
> 天与所长，不使施兮。人或加讪，心无疵兮。

老天是眷顾我的，让我活了那么久，又让我做官。但我这一生，屡遭不幸，命途坎坷！老天啊，你让我长寿，却不让我施展抱负，岂不遗憾！虽然不时遭人毁谤，但我心光明，问心无愧！

　　俗话说，达人知命，君子固穷。比较起来，柳宗元孤傲敏感，但愁山闷海，到底想不开，离世最早；韩愈孤勇刚硬，但太较真、太刻苦，早衰而未享上寿；刘禹锡虽也倔强刚直，却有豪放洒脱的一面，故能长寿。韩、刘、柳三人的人生，各是一场好戏，又互为配演，真是喜怒哀乐，悲欢离合。我想起柳宗元的《对贺者》，意味深长地写道："嬉笑之怒，甚于裂眦；长歌之哀，过于恸哭。"我们真能理解宗师们的悲欣交集吗？

视觉中国供图

第十五章

意想不到的身后谜案——因服食而亡？

白居易的诗引波澜

韩愈人生的最后时光，大致如上章所述。不过，我们只知韩愈因病去世，具体因何病症，却又不得而知了。出人意料的是，后来关于韩愈的死因，竟有不同说法，且迷雾重重。唐宋笔记中就有一些相关的"传奇"。

起因是白居易老年时作的一首诗《思旧》，谈到了他的诸多友朋，都因服食，中年而亡，而他自己，反因不服食，得长寿，于是感到侥幸。简言之，服食就是服用丹药，乃道家修炼养生之术。白诗的前半说：

闲日一思旧，旧游如目前。再思今何在，零落归下泉。

退之服硫黄，一病讫不痊。微之炼秋石，未老身溘然。

杜子得丹诀，终日断腥膻。崔君夸药力，经冬不衣绵。

或疾或暴夭，悉不过中年。唯予不服食，老命反迟延。

这里关键的句子，是"退之服硫黄，一病讫不痊"，后人据此，就认定韩愈（退之）是因服食而亡。除了韩愈，白居易还讲了元稹

（微之）、杜元颖（杜子）、崔玄亮（崔君）三人，在当时皆有大名。其中，元、白最称莫逆，不用说了。韩、白两人相差仅四岁，且为旧友，白如此讲韩，必有缘故。

唐代服食之风盛行，是无可讳言的，帝王、士大夫、隐士、道士等各阶层乐此不疲。然则，唐人服食又是为了什么？东晋葛洪《抱朴子》有仙药篇，言上药"升为天神"，中药"养性"，下药"治病"。由此生发之，服食有多种可能，一祈成仙得道，二求延年益寿，三为治疗疾病，四亦不排除固肾壮阳的目的。古医书有云："万物之中，无一物而非药者。"服食之材质既无比丰富，服食之层次亦各有差异。总之，情况千差万别，目的亦千奇百怪。

韩愈对道教、神仙和服食的态度如何？他自己的诗说："神仙虽然有传说，知者尽知其妄矣！"（《谁氏子》）犹如一声棒喝。他的文章《故太学博士李君墓志铭》，更是旗帜鲜明地反对服食："余不知服食说自何世起，杀人不可计，而世慕尚之益至，此其惑也！"这位李君叫李于，是韩老成（十二郎）的女婿，跟韩愈的关系至近，四十八岁因服食而亡。韩愈在文中举了多位因服食而死的当世名人，表示："蕲不死，乃速得死，谓之智，可不可也？"他对服食以求长生造成的非正常死亡，极感痛心疾首。文末更大感慨："呜呼！可哀也已！可哀也已！"可谓扼腕叹息，唏嘘不已。从此文看，韩愈为求仙而服食，可能性微乎其微。

不过，为延年养生而服食，一般人恐怕都不会拒绝。今人对"保健品"的耽溺，足证古今一也。韩愈的诗《寄随州周员外》云："陆孟丘杨久作尘，同时存者更谁人？金丹别后知传得，乞取刀圭救病身。"此周员外，指周君巢，乃韩愈早年在汴州董晋幕府中的同僚，极热衷金丹服饵之术。有趣的是，柳宗元有篇文章《答周君巢饵药久寿书》。

这位周员外显然与柳宗元也认识，似乎周某人到处劝朋友服食，大讲饵药可得长寿。韩愈的诗和柳宗元的文章，都是对周氏劝服食的一种回复。柳文斩截地表示自己"愚不能改"，又劝周"不为方士所惑"。很明显，周对柳的劝说是无效的。韩愈的诗，略有调笑的意味，三、四句的意思是："我知道您已经得到灵丹妙药了，我要向您讨来服用治病呀！"请注意，韩愈说的是治病，而不是求仙，这很重要。玩笑归玩笑，韩愈到底服没服周氏的"金丹"，仍不好说。

匪夷所思的"火灵库"

宋代王谠《唐语林》的一条笔记很值得玩味："韩愈病将卒，召群僧曰：'吾不药，今将病死矣。汝详视吾手足支体，无狂人云韩愈癫死也。'"大约因求仙服食而死者，常有肢体溃烂流脓等症状，韩愈表示自己是清白的，非"癫死"。这又是他没有为求长生而服食的证据。富有意味的是，韩愈是"召群僧"来验看的，坚决辟佛的他，难道临死还怕和尚造他的谣吗？《唐语林》虽为逸事小说，真伪难说，但此事被系于"方正"条下，似乎能看出王谠的态度是偏向韩愈的。

其实，"癫死"一词，有特殊含义，不可轻轻放过。《法苑珠林》卷五十三记载了一个南朝关于"癫死"的故事，限于篇幅，不赘述。简言之，"癫死"不是普通的病，指涉的是因对佛不敬而导致的死亡，也可说是恶之报应。如果《唐语林》的材料是真的，说明韩愈临终前还担心被别有用心的佛教徒利用，把"癫死"作为他"谤佛"的惩罚报应，所以要让群僧亲眼验看自己的症状，确认是正常亡故，而非因果报应。这则材料的背后，反映出韩愈与佛教的关系势如水火，判若鸿沟。就是韩愈死了，芥蒂也未能消泯。由此言之，大凡韩愈与佛道的遗闻逸事，恐怕都要放到显微镜下审视一番。

中唐的元白与韩孟两大诗派交相辉映，元稹、白居易都是风流才子，而韩愈、孟郊相对坎坷困顿。如果说与女性的缘分，自是元白深而韩孟浅。今人有称元白为"渣男"者，大约即指他们多情却不专一。让人始料未及的是，关于韩愈晚年服食，偏偏有一条为女色而壮阳的材料。五代陶毂《清异录》载："昌黎公愈晚年颇亲脂粉。故事：服食用硫磺末搅粥饭啖鸡男，不使交，千日烹庖，名'火灵库'。公间日进一只焉。始亦见功，终致绝命。"这就是说，韩愈晚年为固肾壮阳而服食，而且用的是很"邪性"的民间偏方，先喂公鸡硫黄，且一直保其"贞洁"，日久再食之，开始时有效果，但终于因此丧命。这"先鸡后人"的间接服食，真可谓煞费苦心，亦匪夷所思。果若如此，以崇儒卫道为"人设"的韩愈何其尴尬？这则有着情色指向的"小道消息"，甚至引起了汉学家的关注，戴高祥（Timothy M. Davis）曾撰文《纵欲、药物滥用与韩愈？》加以讨论。

试问此记载是否可靠？说韩愈晚年近女色的证据，也只能是前面引过的张籍的"乃出二侍女，合弹琵琶筝"了，仅此而已。有人又举出韩诗"艳姬蹋筵舞，清眸刺剑戟"，可是别忘了下一句就是"心怀平生友，莫一在燕席"（《感春三首》其三），韩愈显然对"艳姬"心不在焉。须知，在唐代参加有女色乐舞的宴席太正常了，并不意味着当事人就好这口。宋代王谠的《唐语林》"想象力丰富"，据张籍诗里的"二侍女"，再加上韩愈《镇州初归》中的"还有小园桃李在，留花不发待郎归"，就穿凿附会出韩愈的二侍妾，一名绛桃，一名柳枝，两人还争宠……这种风流韵事，最易流播，宋人已写到诗里。然而，无论《清异录》还是《唐语林》，皆无真凭实据，恐怕只能当作小说家言。退而思之，就算韩愈晚年曾服食，最不可能的就是为女色而壮阳。这一瓢沉溺声色的"脏水"，是泼不到韩愈身上的。

服食谜案暗藏玄机

引了多条材料，还是扑朔迷离，韩愈到底有没有服食过呢？韩愈本人有明确的反对服食求仙的文章和观点，而服食又是道教色彩浓厚的行为，韩愈一生坚决反对佛、道二教，如果他自己服食，岂不是自相矛盾？

韩愈的一生，有许多看似矛盾的现象，其实都可以解释。譬如，他在理论上坚决反佛，但不影响他在现实中与有真才实学的佛教徒交往，也不影响他受禅学的浸润。韩愈到了人生后期，当身体不佳，甚至病入膏肓时，不排除会去试一试所谓的"灵丹妙药"，人的求生欲望使然，再加上有周君巢这样的人劝说，是可以解释得通的。退一步说，韩愈服的丹药，未必就是"虎狼之药"，如水银丹砂之类。韩愈担任过祠部员外郎，管理范围就包括卜筮医药之事，他对医卜之书是涉猎过的，又有家学，故不能说一点不懂。总之，他虽对求仙的"猛药"忌惮，但对一些温补的养生药，未必就排斥，也有可能浅尝辄止。前已言之，所谓服食，本身就是宽泛概念。那些服食用的丹砂、云母、石英、雄黄等，与养生中药之间，到底有多大的差别，实难界定。

平心而论，韩愈服食的可能性极小，但现有证据，又不能排除韩愈服用过丹药。需要明确和辨析的，一是服食目的和层次，在长生、成仙、疗病、养生等众多目的中，韩愈应该尝试过因疗病、养生的服食，他自言"食不择禁忌"可为旁证。二是服食与因服食而死，根本是两码事。韩愈绝非因求长生、成仙、壮阳，服食而亡。换句话说，因何服食很要紧，韩愈即便服食，亦与神仙术无关涉。

其实，在韩愈的时代，只要不是痴迷成仙得道的，一般都对求仙的服食有相对客观的认知。这不仅体现在韩愈自己的诗文里，他的友人、学生如白居易、孟郊、张籍等都有类似的观点。白居易的一首诗，名字就意味深长，叫《戒药》，中有句云："暮齿又贪生，服食求不死。朝吞太阳精，夕吸秋石髓。微福反成灾，药误者多矣！"这跟韩愈文章里的态度，有何不同？无独有偶，与韩愈关系最好的孟郊的《求仙曲》云："仙教生为门，仙宗静为根。持心苦妄求，服食安足论？"批评服食求仙，一如韩愈。张籍的《学仙》云："药成既服食，计日乘鸾凰。虚空无灵应，终岁安所望。……虚羸生疾疹，寿命多夭伤。身殁惧人见，夜埋山谷傍。求道慕灵异，不如守寻常。"更是直接点出因服食而夭亡的可悲结局。诸家观点如出一辙，为求仙而服食只能是适得其反，事与愿违。可见韩愈的同时代人，只要稍具常识，都对服食求仙保有高度的警惕。韩愈一代文宗，何等睿智，绝不会迷信所谓的"金丹"。

掩卷沉思，韩愈服食谜案的背后，还是因为他太有名、太倔强了。韩愈在生前，就是战斗着的孤勇者，赞同者固然多，树敌亦不少。有人攻击他，更属正常。其赫赫大名、特立独行，让他在生前身后，都毁誉参半、褒贬不一。后来的"各路人马"，既有坚定不移的声援、爱护者，亦不乏虚构、捏造事实去诋毁、诽谤者。譬如，在维系儒家道统、高度认同韩愈的人看来，韩子是铁杆儒家，怎么可能服食？于是卫道者千方百计地回护，甚至绞尽脑汁找出一个同时代字"退之"

的卫中立来，说明白居易的诗不可信。但陈寅恪已辨析"退之"就是韩愈，而非卫中立，甚有理。而讨厌韩愈的人，特别是佛道中人，无疑又"心怀叵测"地想让韩愈与佛道扯上关系。一个坚定反佛道的人，居然与佛道"暗通款曲"，这是他们最希望看到的吧？如果"坐实"了韩愈因服食而亡，多么具有讽刺意味！亦不能排除，还有杜撰、臆造流言蜚语，如"火灵库"，想要达到暗锤打人、贬低人格等阴暗目的的。总之，名人的生前身后事，远较一般人复杂。一大原因，就是有后来者的介入，他们要争夺"解释权"，在死人身上做文章。万万没想到，韩愈的死因，也造成了众说纷纭的情形。

请还韩侍郎清白

回到历史的、具体的语境，服食原本只是在科学、医学认知有限的古代采取的行险侥幸的生活或治疗方式。在后世，韩愈与服食的矛盾被人为"制造"出来，根子还在于儒、释、道的矛盾纠葛。原本属于生活与宗教实践范畴的古代日常行为，因牵涉了宗教信仰与举足轻重的人物，就意外造成了纷扰的情形，被赋予了过多符号上的象征、隐喻意味。

其实，谊在师友之间的张籍，是韩愈去世的唯一见证人，他的《祭退之》说得很明白："自是将重危，车马候纵横。门仆皆逆遣，独我到寝房。公有旷达识，生死为一纲。及当临终晨，意色亦不荒。赠我珍重言，傲然委衾裳。"张籍最得信任，唯独他一人进入寝房，见证了一代文豪的临终之际。韩愈死时很安详，还有遗言赠张籍，并从容穿好了寿衣，绝非因服食而暴卒的情形。

关于韩愈服食的谜案，至此就基本讲完了，我忽然想起他的《祭柳子厚文》中的几句话：

> 人之生世，如梦一觉；其间利害，竟亦何校？当其梦时，有乐有悲；及其既觉，岂足追惟！

虽说是祭奠柳子厚的，但移用于韩愈本人身上，有何不可？人生一场大梦，其间的升沉利害、喜怒哀乐，令人无限感慨。等到梦醒之时，方悟万事转头空也。陆游的诗云："死后是非谁管得，满村听说蔡中郎。"（《小舟游近村舍舟步归四首》其四）我改几个字，或可说"死后是非谁管得，满城风雨韩侍郎"。此章研讨韩愈的服食谜案，并无任何新材料，所用皆是人所常见的旧史材，但以常情常理，细细斟酌一番，也有拨云见日之望。

韩愈的一生，排佛、抑老、倡儒，孤勇无比，但却无法制止身后的别有企图者给他制造是非纷扰。服食分层次，韩愈或许为养生、治病而尝试服食，但他绝没有为求仙而服食，更非因服食而亡。请还韩侍郎清白。

视觉中国供图

第十六章

当时的孤勇者与后世的百代文宗

孤勇映千春：唐代的韩愈与现代的鲁迅

韩愈早年写给好友崔群的《答崔立之书》中说："仆见险不能止，动不得时，颠顿狼狈，失其所操持。困不知变，以至辱于再三，君子小人之所悯笑，天下之所背而驰者也。"从这段话足可见韩愈人生道路的艰险，他感觉到颠顿狼狈，再三受辱，他似乎是人世间"最背时"的那一个。但其实，这话又恰恰反映出韩愈的孤勇，他是义无反顾的，即便被嘲笑，也不背弃一贯的操守。

韩愈的孤勇，体现在诸多方面：科举路上的孤勇，仕途上的孤勇，谏诤上的孤勇，作文章上的孤勇，坚持己见上的孤勇……正如南宋王十朋所言："韩子以忠犯逆鳞、勇叱三军之气，而发为日光玉洁、表里六经之文。"孤勇的背后，是如冰雪一般的肝胆和高悬日月的文章。

不妨考察一下韩愈诗文中的孤和勇。韩愈诗文中，"孤""勇"没有合用的，但"孤"和"勇"分用者，甚多。"孤"字，如孤臣、孤鸣、孤魂、孤舟、孤士、孤鳏、孤吟、孤遗、孤翮、孤凤皇、孤芳、孤羁、孤云、孤身、孤轩、孤掌、孤寡、孤栖等；"勇"字，如勇士、勇气、勇身、丈夫勇、知耻足为勇、感激生胆勇、勇往无不敢、勇士赴敌场、矫矫义勇身等。

韩愈的人生，既好像是孤臣和勇士的合体，又仿佛是孤凤皇与义勇身的结合，更是"孤臣昔放逐""勇士赴敌场"！从某种意义上讲，孤勇也就意味着"求与人异"。孤勇者，要有一条道走到黑的巨大勇气。韩愈是孤儿，欲有作为，则必勇；三上宰相书，亦必勇；抗颜为师，亦必勇；敢于谏诤，亦必勇；参与平淮西，亦必勇；宣抚强藩，亦必勇；传承道统，亦必勇；得风气之先，为开宗立派之宗师，亦必勇。通常，做官日久，则易油滑，老于世故，但韩愈始终不懈怠，不改易初心。他的一生，屡踬屡起，孤独而勇猛精进。

韩愈有一首诗，叫《利剑》，是所有韩诗中最慷慨决绝的，也最能看出他的锋锐个性。请看：

> 利剑光耿耿，佩之使我无邪心。故人念我寡徒侣，持用赠我比知音。我心如冰剑如雪，不能刺谗夫，使我心腐剑锋折。决云中断开青天，噫！剑与我俱变化归黄泉！

韩愈一片冰心，佩着寒光闪闪的利剑，欲"刺谗夫"，干一番惊天动地的事业。如果不能达成理想，宁可人剑俱亡，也绝不妥协！我读出了一种宁为玉碎、不为瓦全的英勇无畏来！

二十世纪的世界文化巨人鲁迅去世以后，闻一多在清华大学举行的鲁迅追悼会上讲了一段意味深长的话，他把现代的鲁迅比作唐代的韩愈：

> 鲁迅先生死了，除了满怀的悲痛之外，我们还须以文学史家的眼光来观察他。我们试想一下，在中国文学史上的人物中，支配我们最久最深刻，取着一种战斗反抗的态度，使

我们一想到他，不先想到他的文章，而想到他的人格，是谁呢？是韩愈。唐朝的韩愈跟现代的鲁迅都是除了文章以外还要顾及国家民族永久的前途；他们不劝人作好事，而是骂人叫人家不敢作坏事。

这是一种恰到好处的睿智比拟，闻一多看到了韩愈和鲁迅身上共有的那种"战斗反抗"的态度、特立独行的人格，这是一针见血的。韩愈和鲁迅不但文章好，还都抱有深沉的家国情怀。他们不仅苦口婆心地开导人、化育人，还时时做金刚怒目状，揭社会之病灶，令乱臣贼子惧。还有一点，韩愈是唐代古文运动的领袖，而鲁迅为"五四"白话文运动的主将，两人都在文体、语言、文风的变革上做出了杰出贡献。韩愈是孤勇者，鲁迅也是孤勇者，他们虽相隔一千余年，但异代同心。这样伟大的孤勇者，在中国漫长的历史上，屈指可数！

在传承儒家道统上，韩愈有一种舍我其谁的大愿力，他表示"使其道由愈而粗传，虽灭死万万无恨"。我们今天，如果自比于古代圣贤，常会被旁人耻笑，以为不自量力。可是，韩愈就是有自我作古、自比圣贤的雄心壮志。我愿再引一遍韩愈豪迈的表态："如仆者，自度若世无孔子，不当在弟子之列。"我韩愈只给孔子当弟子，换第二个人都不愿意！这真是昂首望天，睥睨天下，舍我其谁！

明代的张岱，记录了韩愈的一则故事。说韩愈早年应进士试，陆贽为主考官，韩愈作《不迁怒不贰过论》，陆贽阅卷后，没有看上，不予录取。第二年，又是陆贽主考，还是去年的题目，韩愈竟然把去年的文章重写了一遍，一字不改。这回，陆贽大加赞赏，取为第一名。张岱就此发表议论：只有韩愈敢于将上一年落第的文字，第二年一字不改地再拿去应试。他面对的，居然还是上一年的主考官。如果不是陆贽求才若渴，又怎么会把上一年失败的韩愈录取为第二年的第一名？因此，考生韩愈和主考陆贽，都属于古人中的非常之人。

这个故事是真的吗？仅依据常识判断，就大有问题。两年的考题怎能一样？两年的主考又都是同一人？天下没有如此巧合的事情吧。如果看过本书前面的章节，亦可推断为虚构。既然是假的，我为什么还要讲呢？因为事情符合韩愈的行事和作为。韩愈从来都是超级自信的，他的孤勇，他的特立独行、不屈不挠，可谓"举世非之而不加沮"，大唐一人而已。他如竹之贞，如菊之洁。

大唐一人，天下一人，千百年一人

韩愈的名文《伯夷颂》，非常重要，对于理解韩愈的追求和志向，帮助甚大。他说："士之特立独行，适于义而已，不顾人之是非，皆豪杰之士，信道笃而自知明者也。"古代的士，特立独行，所作所为都是符合义的。只要有坚定的信仰，不随波逐流，那就是豪杰之士了。他接着说："一家非之，力行而不惑者，寡矣。至于一国一州非之，力行而不惑者，盖天下一人而已矣。若至于举世非之，力行而不惑者，则千百年乃一人而已耳。"有人非议，但能坚持不惑的士，已经很少了。当一个州、一个国家都非议，还能坚持力行的，那就是天下一人。当举世非议，但决不退缩的，可谓千百年才出一人。韩愈进而认为："若伯夷者，穷天地、亘万世而不顾者也。昭乎日月不足为明，崒乎泰山不足为高，巍乎天地不足为容也！"伯夷甚至超过了天下一人、千百年一人，具有"穷天地、亘万世而不顾"的非凡勇气，比日月还明亮、

河南省孟州市韩园山门　作者供图

比泰山还高大，充盈于天地之间。韩愈赋予伯夷无以复加的崇高赞誉，这难道不是韩愈自己的追求吗？不是他自己的夫子自道吗？清代伟人曾国藩认为："举世非之而不惑，乃退之生平制行作文宗旨。此自况之文也。"自况，就是自比自励。特立独行，就是不同流俗，这是韩愈人生的一贯宗旨。哪怕是举世非我，又有何妨？但行吾道，无愧于心，如是而已。

大唐中兴，迫切需要中流砥柱般的人才。欲为大事，就不能照本宣科、拾人牙慧。旁人不敢说的，韩愈直言不讳；旁人不敢做的，韩愈血战到底。即便是年纪大了，地位高了，韩愈也没有心机重重、城府深沉，韩愈的孤勇是一以贯之、不计后果的。韩愈要做的，不但是大唐一人，更是天下一人、千百年一人，他以伯夷的"特立独行""穷天地、亘万世而不顾"自相期许，可谓壮志凌云、豪气冲霄！有此心胸，才能成就百代文宗的伟业。

客观讲，宋儒对韩愈是颇有微词的，但连大儒程颐也不得不肯定韩愈是"近世豪杰之士"。我们不妨再复盘一下韩愈人生中的大事件。

三上宰相书，意味着韩愈的百折不挠，标新立异，绝不屈从于命运的安排。

在徐州张建封幕府的屡次劝谏，意味着韩愈从仕途之始就是直言敢谏的，终身不改。

国子监四门博士任上的《师说》，意味着韩愈的不顾流俗、抗颜为师。

监察御史任上的上疏极谏、被贬阳山，意味着满朝朱紫不敢言，唯独韩愈敢言。

在东都洛阳的一段仕宦经历，韩愈虽略有蛰伏，但与贵人郑馀庆的龃龉，特别是与宦官、不法军人的斗争，意味着韩愈孤勇到底，不屈不挠。

国子监太学博士任上的《进学解》，意味着韩愈的不平则鸣，与命运顽强抗争，永不屈服。

行军司马任上的平淮西之旅，意味着韩愈的赤心报国，不惮艰险。

刑部侍郎任上的谏迎佛骨、被贬潮州，意味着韩愈将生死置之度外，发出了谏诤的最强音。

兵部侍郎任上的只身赴险、宣抚强藩，意味着韩愈足以"勇夺三军之帅"，是其孤勇、孤忠淋漓尽致的体现。

京兆尹兼御史大夫任上与李绅的争执，意味着韩愈的孤勇，宁为玉碎，至老不变。

这就是韩愈，他有着异常强大的心理素质，一生不服、不退，不懈、不屈，不朋、不党，不忍、不饶。他是非主流，他是边缘人，他行走在大唐的暗夜里，手中的火把，却照亮了漆黑的夜空。张籍在《祭退之》中说他"三次论诤退，其志亦刚强"。他被一贬再贬，却又三落三起，于宦海沉浮中，百折不挠，初心不改。他是铁骨铮铮的孤勇者。大唐到了中叶，时代亦需要这样一位孤勇者。他的人生，生动诠释了"时人始而惊，中而笑且排，先生志益坚，其终人亦翕然而随以定"（李汉《昌黎先生集》序）的峰回路转过程，可谓"德不孤，必有邻"，更堪称"敢教日月换新天"。

百炼成钢，成就百代文宗

清人叶燮有一精辟观点，他认为韩愈虽生活在中唐，但理解这个

"中"，却不宜采狭义，仅作大唐之"中"，而应具有更广阔的视野，理解为"古今百代之'中'，而非有唐之所独得而称'中'者也"。换句话说，中唐是古代社会承上启下的转折阶段，而韩愈恰是文化转型时期应运而生的巨匠。后来陈寅恪的《论韩愈》，对此有精辟阐发，"退之者，唐代文化学术史上承先启后转旧为新关捩点之人物也"，已成定论。

早年的韩愈，在《答崔立之书》里"畅谈理想"："仆虽不贤，亦且潜究其得失，致之乎吾相，荐之乎吾君，上希卿大夫之位，下犹取一障而乘之。"韩愈表示，要潜心研究政治的得失利弊，报告给国君、宰相。他的最高理想，是谋取卿大夫之位；最低理想，是建功边陲小镇。盖棺论定，韩愈是实现了人生理想的，而且有着更丰满、更立体、更有意义的人生。在立功这一点上，他比李白、杜甫都要成功。

刘禹锡《祭韩吏部文》云："高山无穷，太华削成。人文无穷，夫子挺生。典训为徒，百家抗行。当时勃者，皆出其下。古人中求，为敌盖寡。贞元之中，帝鼓薰琴。奕奕金马，文章如林。君自幽谷，升于高岑。鸾凤一鸣，蜩螗革音。手持文柄，高视寰海。权衡低昂，瞻我所在。三十余年，声名塞天。"韩愈是立法者，是为古文建立标准的人，秦汉的文章，距离已远，韩愈在中唐要为文章建立新的标准，后来者就要照他的标准去作文章。他成功了，他为后世的文章，打造了一套全新的话语系统，开宗立派，无人能及，在当时已是领袖群伦，一千余年来更被视为"泰山北斗"，这就是宗师的意义。在唐宋八大家中，他是打头炮的，也可说是他创辟了古文，他创造的成语亦最多。

李翱《祭吏部韩侍郎文》云："孔氏去远，杨朱恣行。孟轲拒之，乃坏于成。戎风混华，异学魁横。兄尝辨之，孔道益明。……六经之风，绝而复新。学者有归，大变于文。"一个国家，特别是泱泱大国，如果在思想文化方面没有主心骨，何以立国？韩愈以极大的魄力树立了儒家道统，慨然以孔、孟传人自居。他对佛、老二教的抨击，对仁义道德的阐释，对师道尊严的提倡，都有着为华夏文教立法的伟大意义，所谓"同道中华"，万古不磨。

苏轼《潮州韩文公庙碑》云："自东汉以来，道丧文弊，异端并起。历唐贞观、开元之盛，辅以房、杜、姚、宋而不能救。独韩文公起布衣，谈笑而麾之，天下靡然从公，复归于正，盖三百年于此矣。文起八代之衰，而道济天下之溺，忠犯人主之怒，而勇夺三军之帅。此岂非参天地，关盛衰，浩然而独存者乎？"评价韩愈，再也没有比苏轼这段话评得更鞭辟入里的了。韩愈就是数千年中国文化史上不世出的英雄豪杰。文、道、忠、勇，立德、立功、立言，他都做到了，实现了文人梦寐以求的"大满贯"，"功不在禹下"，百代文宗，舍韩其谁！

　潮州韩文公祠中"功不在禹下"石碑　作者供图

苏轼的学生秦观的《韩愈论》亦值得重视。他说："自周衰以来，作者班班，相望而起，奋其私知，各自名家。然总而论之，未有如韩愈者也。"孔孟之后，综合研判，没有超过韩愈的。秦又说："盖前之作者多矣，而莫有备于愈；后之作者亦多矣，而无以加于愈。故曰：总而论之，未有如韩愈者也。"韩愈是孔孟以后的天下一人，在思想文化方面，发凡树例，没有人比他更全面，更没有人超过他，他就是集大成者。

写韩愈，不是为发思古之幽情，而是要古今联系，对今人有所帮助、启发，对活生生的人产生影响。韩愈的人生，当然有相当多的遗憾，但总体而言，是成功的。韩愈最引人注目的，是他的个性和行事风格，韩愈天然有"名人范儿"，天然有成名成家的资质。他自言"用功深者，其收名也远"，绝对是下足了功夫的。皇甫湜《韩文公墓铭》说："平居虽寝食，未尝去书，怠以为枕，餐以饴口。讲评孜孜，以磨诸生。"可见用功到了何种程度！但韩愈又自叹"公不见信于人，私不见助于友。跋前踬后，动辄得咎"，对荆棘密布的人生充满了无奈，感慨万端。

从后世的眼光看，韩愈无疑是成功的。人生本来就有得有失，他失去了普通人的一些东西，但又得到了普通人得不到的另一些东西。他虽然是个"话题人物"，时不时让人侧目，但又不是哗众取宠的，他有一种制造热点、引领风气的特殊气质。这种堪做领袖的才华和气场，是极为难得的，更不是想有就能有的。

唐代相对开明，社会宽容，韩愈却被当时人视为狂人，他的言论被视为狂言；他如果活在更加按部就班、循规蹈矩的社会里，像他这种性格，或许荆天棘地、寸步难行。我们应该注意到古今的差异，不但人与人有差异，社会、思想、文化更有差异。个人还是渺小，系于家国时代。是中唐的大时代、大场域，造就了韩愈这个文化强人。

韩愈的仕途，已经算是非常成功了，客观讲，他离拜相，也就一步之遥了。如果他晚年再收敛些，没有制造"谏佛骨事件"，不与李绅龃龉；活得更久长些，像白居易、郑馀庆、刘禹锡这般长寿，那么绝大多数文人的迷梦——做宰相，他或许真就实现了。后世有人，甚至对李白、杜甫没有当宰相，都愤愤不平，那只能说是"粉丝"的一厢情愿，距离事实太遥远。但韩愈确实距离宰相极近了，或许可说唾手可得。我甚至觉得，晚年的韩愈，做得太多了，不懂得"无为"的哲学。可见，并不是做得越多就越好，有时候，无为，反而能让你得到想要的东西。这可以算是韩愈给我们人生的一点启示。

不必讳言，韩愈的人生，长期处在一种紧张、矛盾、纠结的状态之中。他的秉性风格，本来是不适合"混官场"的，但他还能有所作为，关键是他后期碰到了一个励精图治的皇帝——唐宪宗。如果宪宗昏聩，或者不思进取，那么韩愈的仕途也将一蹶不振。个人再厉害，也是要坐在时代这条大船上的，当时的皇帝就是掌舵人。皇帝这个舵手，决定了船上人的出处和命运。这很无奈，但人生就是如此。大唐的皇帝，除了太宗、武则天和玄宗，恐怕就要数到宪宗了。宪宗强烈渴望大唐昔日的荣光再现，他要平定藩镇叛乱、加强中央权威，他迫切需要人才，而韩愈本身就是个雄心勃勃、壮志凌云的人。宪宗亲口说："韩愈助我者！"可知推重。韩愈后半生总算碰到了一个好舵手，于是才能成为中唐的中流砥柱，有一番作为。

青史留名，是需要个人、环境、机遇等多方面条件、因素的。自己强，也只是一方面。韩愈的一生，还是碰到了几位伯乐的。或可说，宪宗皇帝就是韩愈最大的伯乐，而董晋、郑馀庆、武元衡、裴度等，也是韩愈阶段性的伯乐，提携帮助了他。

清人龚自珍有句诗"从来才大人，面目不专一"，韩愈是名副其实的才大之人，他的面向也是多元的，成就更体现在许多方面。即便韩愈在仕途上无所作为，那他也不失为一个开宗立派的大学者、大思想家。这就是韩愈的厉害之处了，他是"可进可退"的。我们看，韩愈那么早就作出纲领性的"五原"，气象峥嵘，是具有极大的理论魄力的。他又有领袖气质，身边聚集了一大批人，愿意追随他，跟他切磋斟酌学问，唱和诗文。他后来是把主要精力放到官场上去了，做官牵涉了他的大部分精力。如果不是这样，如果没有给他做官的机会，那他的学术成就、理论建树，以及诗文创作，会更高更强更精彩。这是毫无疑问的。

"后生可畏，安知不在足下？"

韩愈早已成为圣人，今人似乎只有顶礼膜拜的份儿。但作为圣贤的韩愈，距离老百姓太遥远了。如果"祛魅"，早在唐代的《刘公嘉话录》里，就写韩愈有矫激、尖刻、争胜、重名的弊病……人非圣贤，孰能无过？我想，今人不宜把韩愈捧上神坛，而应关注其可亲可爱的一面。韩愈最大的优点，或者说对今人最大的启示，就是饱经坎坷却百折不挠的拼搏态度和锐意求索精神。

一个人的人生，如何走，没有确定的路线。世界上的大部分人，都是循规蹈矩、安分守己的。但韩愈，绝对是个不走寻常路的人。墨守成规的人生，不是说不好，不是说平庸，可往往就会平淡，甚至淡而寡味。韩愈给我们很多的人生启示，后来者是否可以学做韩愈？我想，当然可以！没有榜样的人生，很可能流于平庸。但如果真要做韩愈那样的人，也要做好思想准备。

第一，要努力学习和造就韩愈那样的才华和判断力。韩愈在《与冯宿论文书》中颇为尖锐地谈道："仆为文久，每自则意中以为好，则人必以为恶矣。小称意，人亦小怪之；大称意，即人必大怪之也。时时应事作俗下文字，下笔令人惭，及示人，则人以为好矣。小惭者，亦蒙谓之小好；大惭者，即必以为大好矣。"我韩愈作文章已经很久了，凡是自己中意的，别人一定以为不好。自己小满意，别人却小奇怪；自己大满意，别人则大奇怪。我也常为应酬而作时下流行的文字，真是惭愧！但旁人却以为很好。自己小羞愧的，旁人认为小好；自己大羞愧的，旁人则认为大好。现实就是那么魔幻、残酷！做探路先锋、孤胆英雄的代价，往往就是超越时代，知音其稀，不被时人理解。

韩愈对自己的写作，要求太高了，就是要"辞必己出""自树立"，绝不投时俗之好。他永远是写作上的叛逆者、执拗者、桀骜不驯者。能做到这一步的，几乎绝无仅有。他甚至认识到，为当时所怪，才能收后世之名。这个逻辑，似乎有些问题，但又千真万确。在韩愈身上，亦是验证了的。

第二，要有韩愈那种宁折不弯、迎难而上的心理素质。当众人质疑、不解，甚至谩骂，目为狂人时，是不是能够坚守心中的那份自信，绝不动摇？一个人的定力到底如何？是否能把外在的纷扰轻轻拭去，去做无比坚强的自己？这份自信，这份定力，韩愈是有的，但世界上的大多数人，没有，或缺乏。还有，韩愈在很多时候，"火候"掌握得似乎不好，时不时就用力过猛了。这是遗憾的。我们今人，如果学韩愈，也要注意"收敛"一点，懂得欲速则不达、过犹不及的道理。

百代文宗，距离我们已经一千余年，时空的距离遥远了，但心理与情感的距离并不遥远。他的思想，他的故事，他的文章，他的表达，他创造的那些瑰伟绝特的成语，都活在今人的日常生活中。退一步说，即便不师法韩愈，他的人生和行事，也能给我们启迪。

韩愈既是千古文章之宗师，又是士人安身立命之楷模，更是精忠报国之良臣。您愿意怎么称呼韩愈？——韩昌黎？韩退之？韩博士？韩县令？韩市长？韩刺史？韩侍郎？韩校长？韩文公？在我的心目中，还是韩夫子、韩老师比较亲切，对今人而言，韩愈有点"邻家韩老师"的感觉。但如果说漂亮话，我也愿意称韩愈为韩家的千里驹，大中华的百代文宗！

韩愈的一生，"行道化今"，以兴起名教、弘奖仁义为己任。千载文脉世代传，宝剑倚天星斗寒！韩愈的文章里，有一句话："后生可畏，安知不在足下？亦宜勉之！"（《答刘秀才论史书》）读起来何等亲切！他老人家无比期待着"长江后浪推前浪"啊！让我们引领而望，见贤思齐。一轮明月照古今，传统文化的传承传播，永远在路上。作为唐宋八大家之首的韩愈，其文章与事功、境界与抱负，正是我们今天文化自信和文化认同的不竭源泉。

纪录片《千古风流人物》项目组供图

外 篇

多面的韩愈和韩愈的周边

相差十七岁的韩愈
和孟郊为什么成为最好的朋友？

　　韩愈是个外向、很爱社交的人。他三十五岁时，写给好友崔群的信里说："仆自少至今，从事于往还朋友间一十七年矣。日月不为不久，所与交往相识者千百人，非不多。其相与如骨肉兄弟者，亦且不少。"可见他善与人交，赤心待友，还交到了一些彼此如骨肉兄弟般的好友。在韩愈的朋友圈，众多的朋友里，谁和韩愈的关系最好？也许有人说，韩愈和柳宗元并称，韩、柳应该是最好的朋友吧。这显然不是正确的答案。

　　韩愈最好的朋友，是跟他相差十七岁的孟郊，也就是作"谁言寸草心，报得三春晖"的孟郊。让我们先来认识一下孟郊吧。

　　孟郊的科举之路，走得比好友韩愈要艰辛许多。他四十六岁才进士及第，比韩愈晚了整整二十一年。这些人都是大才子啊，可见唐代的科举考试有多"卷"。说实话，在任何时代，想要脱颖而出，都是极不容易的。

　　孟郊比韩愈年长十七岁，在当年，可谓两代人了。他们是怎么认识的呢？贞元七年，孟郊、韩愈同在长安准备应进士试，次年他们开始有篇什往来。也就是说，韩、孟最早是"考友"。贞元八年，韩愈第四次考进士，成功了，孟郊却失败了。孟郊写了《长安羁旅行》，抒发愤懑，诗里说："万物皆及时，独余不觉春。失名谁肯访，得意争相亲。"孟郊感叹世态炎凉："只有我感受不到春天，谁来安慰我呀！"而韩愈，则专门作了一首《长安交游者一首赠孟郊》，劝慰这位年长的朋友。从这里，已经可以看出韩、孟是患难之交了。在孟郊困顿的时候，韩愈好言慰藉，令孟郊感动不已。孟郊不久离开长安，写了一首《下第东归留别长安知己》，此时的孟郊也把韩愈看作知己。

此后多年，韩、孟为了前途，各自奔忙，只是偶有相聚。贞元十四年，韩、孟聚首，韩愈作了一首《醉留东野》，极有感情：

> 昔年因读李白杜甫诗，长恨二人不相从。吾与东野生并世，如何复蹑二子踪？东野不得官，白首夸龙钟。韩子稍奸黠，自惭青蒿倚长松。低头拜东野，愿得终始如驱蛮。东野不回头，有如寸莛撞巨钟。我愿身为云，东野变为龙。四方上下逐东野，虽有离别何由逢？

开头以李白、杜甫起兴，韩愈把他和孟郊，比作李、杜，足见自负。可以看出，韩愈对孟郊倾倒之至，两人的关系，是如同俞伯牙、钟子期那样的知音、知己。文中写韩愈愿意为云，四方上下追逐龙一般的孟郊，写得酣畅淋漓。在交往中，韩愈似乎比孟郊更主动，而孟郊倒显得有点矜持。在李杜的交往中，杜甫比李白要主动。为什么在少弟与老大哥之间，总是年轻的更热情呢？！贞元十六年，韩愈写了一封信给孟郊："与足下别久矣。以吾心之思足下，知足下悬悬于吾也。"请看，两人虽然不在一起，但真是心心相印呀。

韩愈才高八斗，是个很骄傲的人，孟郊凭什么打动韩愈，让韩愈倾心？答案是：人品和才华。韩愈说孟郊"孟生江海士，古貌又古心"，又说他"才高气清，行古道"。也就是说，孟郊的相貌是忠厚的，人品是淳厚的，行为是端方的，才华又极高，这正是韩愈理想中的人物啊，他如何不青睐有加呢！

韩愈写给孟郊的最有名的文章是《送孟东野序》，其中提出了一个非常著名的观点，就是"不平则鸣"。文章劈头就说"大凡物不得其平则鸣"。孟郊的人生是蹭蹬坎坷的，韩愈的意思是，"有不得已者而后言，其歌也有思，其哭也有怀"，你的心里不平静，有郁勃不平，就大胆地"鸣"出来吧！你可以借诗和文章来浇自己胸中的块垒。钱锺书有个观点很精辟，他说："韩愈的'不平'和'牢骚不平'并不相等，它不但指愤郁，也包含欢乐在内。"（《诗可以怨》）也就是说，不要把"不平"仅仅理解为因不公平而引发的不满、愤怒，其实，欢乐、喜悦也是一种心情的跌宕起伏，亦是"不平"，这多么辩证呀。孟郊有一首《猛将吟》：

拟脍楼兰肉，蓄怒时未扬。

秋鼙无退声，夜剑不隐光。

虎队手驱出，豹篇心卷藏。

古今皆有言，猛将出北方。

这亦是韩愈讲的不平则鸣。楼兰肉、夜剑光、虎豹与猛将……我们看，韩孟诗派的书生们，都擅"鸣"，"鸣"得何其慷慨激昂！

韩愈是真心帮助孟郊的，元和元年，他呈献给郑馀庆一首诗《荐士》。请问推荐的是谁？就是蹉跎老大的孟郊啊！此时的孟大哥已经五十余岁了。这首诗整整八十句，韩愈尽最大努力推许赞誉孟郊，讲得慷慨淋漓、口角流沫。对于孟郊的才华和文章，韩愈赞美说："有穷者孟郊，受材实雄骜。冥观洞古今，象外逐幽好。横空盘硬语，妥帖力排奡。"用"雄鸷"二字形容孟郊的才华，可见韩愈的心折。最难描摹的东西，孟郊都能处理得妥妥帖帖，将其降伏在他的笔下。韩愈写孟郊，让我最感兴趣的，是写了孟郊的眼睛，特别是他的"眸子"。韩愈观察孟大哥的瞳仁"杳然粹而清"，用今天的话讲，就是孟郊的眼神清澈纯粹，韩愈很喜欢，觉得这种眼神是有治愈力的，看着"可以镇浮躁"。我们现在常说"眼睛是心灵的窗户"，而韩愈结交孟郊，判断他的善恶邪正，居然就是靠眼神，这何其有趣！仿佛韩愈学过心理学。

元和元年，韩愈和孟郊在长安有较长时间的相聚。那时的好朋友见面，不像今天，就是吃饭喝酒，他们其实是雅集，在宴饮酬酢时，是要联句的。何为联句呢？就是两人或多人共作一诗，联结成篇。联句可以一人一句一韵，也可以一人两句一韵。或者甲出上句，乙接下句，同时再出一个上句，甲也如法炮制，两人错综交济。总之，联句的形式很灵活。有时，韩愈和孟郊玩的，就是比较高阶的错综联句法。

韩、孟是联句的行家里手，他们作有《同宿联句》《纳凉联句》《斗鸡联句》《秋雨联句》等，最长的《城南联句》，1530 字，押韵153 次，真是前无古人，洋洋大观！《城南联句》堪称联句里的"华山论剑"了，也是韩孟诗派的标志性作品。古人说，韩、孟的联句，如棋逢对手，有"交济之美"。这当然不错，不过，也有人认为，这么长的联句，是文字游戏，浪费笔墨。我不同意这种看法。韩、孟的联句，实在有一种锻炼笔力的重要作用。比如，今天很多人喜欢健身，有的健身者喜欢找教练陪练。正如清代赵翼所说："昌黎本好为奇崛矞皇，而东野盘空硬语，妥帖排奡，趣尚略同，才力又相等，一旦相遇，遂不觉胶之投漆，相得无间，宜其倾倒之至也。"（《瓯北诗话》）韩、孟在一起联句，就是互相"飙歌"，"横空盘硬语，妥帖力排奡"，他们互为文学上的最佳陪练。换了其他人，都不行！就是他们哥俩，玩起联句来，争一字之奇，斗一韵之巧，最快意，最过瘾，最能达到锻炼笔力的效果。我们应该参透这一层意思。

所谓好朋友，如果仅仅是在一起吃喝玩乐，那不过是酒肉朋友，不值一提。韩愈、孟郊在一起，还有共同的建树。文学史上有著名的韩孟诗派，是说韩愈和孟郊在一起创立了诗派，他们有共同的审美追求，崇尚奇崛之美，喜欢创造新的风格、新的形式。我觉得，韩孟诗派就是在韩愈和孟郊的联句中慢慢磨炼而成的，所以不能小看韩、孟的联句呀！补充一句，韩孟诗派先是以孟郊为主，后来才转为以韩愈为主，有一个转移，这是比较独特的。因此千万不要小看孟郊，韩愈向孟郊学了不少东西哩！

从韩愈和孟郊的友谊，我们看出了古人的交友之道。孔子说："益者三友，……友直，友谅，友多闻，益矣。"韩愈和孟郊就属于典型的"益者三友"，两人都是耿直的，都是有信用的，都是见闻广博的。因此，他们才能互相砥砺，互相援助，互相劝慰。所谓物以类聚，人以群分。"韩门"的张籍其实也比韩愈年长，但他甘心做韩愈的学生，足以看出韩愈的号召力和个人魅力。

孟郊写给韩愈的诗说："何以保贞坚，赠君青松色。"（《赠韩郎中愈》其一）两个人的友谊，真如松柏长青，万古长存了。人生知己，最难相遇。我想，一个人一辈子，如果能有一位像孟郊这样古貌古心、才华横溢的老大哥，也是一件很幸福的事呢！

韩愈和柳宗元并称，
但两人隐隐有一种竞争关系

　　韩愈和柳宗元并称已久，两人也是很好的朋友，形容他们的关系，用什么词合适？用"好友"？我觉得太泛。用"挚友"？我以为不贴切。用"至交"？也仿佛不理想。我个人认为，韩、柳的关系，用"诤友"形容是最合适的。他们虽然并称，但其实是两种命运、两种风格的人。他们之间，坦言直率，不谄不谀，和而不同，日久见真心。

　　柳宗元少年得志，他的求仕之路，比韩愈要顺得多。柳宗元二十一岁就进士及第，二十六岁登博学宏词科，看起来真是前程远大。韩愈比柳宗元年长五岁，早年的求仕之路，可就艰难多了。但是，年轻时太顺的人，往往承受挫折的能力就会差一些。柳宗元仕途的起点虽高，后来却直线下降，因"站队"错误而被贬，先永州，后柳州，极为坎坷，再也没有振起，中年就郁郁而终；反观韩愈，入仕较晚，更几经贬谪，后来总的趋势却是向上的，中年后越来越好，渐入佳境。韩、柳的不同人生经历告诉我们，即便早年很顺，后来也要小心谨慎，特别是不能缺乏后劲，更不能犯颠覆性错误；如果起始艰难，也不要紧，后面是可以扭转的，所谓"好饭不怕晚"。韩、柳的不同人生，都是难得的经验，值得细细思考，能给我们不一样的启示。

　　韩愈和柳宗元是怎么认识的呢？其实他们是世交，韩愈的长兄韩会和柳宗元的父亲柳镇相友善。韩、柳还短暂共事，贞元十九年，韩愈、柳宗元、刘禹锡都在御史台任职。

　　韩、柳相识相交了二十年，但是相逢相聚的时间并不很多，两人友谊的建立，主要靠文字往来。特别值得注意的是，在文学和学术上，韩愈和柳宗元相互砥砺，而且隐隐有一种竞争的关系！他们之间的书信，以论辩性的书札居多。不必讳言，韩、柳的政见是不同的，学术思想也颇有差异。

　　他们在文学上，一方面惺惺相惜，另一方面更是棋逢对手，所以有人敏锐地说："昌黎每有佳制，柳州必有一篇与之抵敌。"这话是说到点子上了。怎么看出韩愈和柳宗元在文章上角力争胜呢？韩愈有《张中丞传后叙》，柳宗元就有《段太尉逸事状》；韩有《进学解》，柳就有《晋问》；韩有《平淮西碑》，柳就有《平淮夷雅》；韩有《送穷文》，柳就有《乞巧文》；韩有《复仇状》，柳就有《驳复仇议》；韩有《圬者王承福传》，柳就有《种树郭橐驼传》；韩有《师说》，柳就有《答韦中立论师道书》……这倒不是说韩、柳明争暗斗、钩心斗角，而是说他俩是八仙过海，各显神通。韩、柳都是一世人杰、文学巨匠，两人你追我赶、并驱争先，才共同推动了古文运动的蓬勃兴起，中唐文学的面貌才为之一新。

　　韩、柳两人的惺惺相惜，也有细节的体现。韩愈作《毛颖传》，奇奇怪怪，当时的人都讥笑，唯有柳宗元赞叹不已，还写了数百言为韩愈辩解。柳宗元在指点后辈求学的书信里明确表示，韩愈非常尊敬汉代的司马迁和扬雄，拿司马迁与韩愈相比，固然不相上下，但扬雄怎么比得上韩愈？在柳宗元的眼里，韩愈比扬雄强多了。由此可见，柳宗元是真懂、真赏识韩愈的知音。

　　柳宗元贬官南方十余年，早已习惯了南方的生活和饮食；而韩愈被贬潮州，年月很短，他对那里的数十种海鲜，莫不惊叹。柳宗元就担心韩愈吃不惯海边的食物，特别推荐韩愈试试虾蟆，也就是今天说的牛蛙。两人还有诗歌酬和，很是风趣。

　　韩愈在《答柳柳州食虾蟆》中写道："大战元鼎年，孰强孰败桡？居然当鼎味，岂不辱钓罩？余初不下喉，近亦能稍稍。常惧染蛮夷，失平生好乐。而君复何为，甘食比豢豹？"韩愈真是苦中作乐，太会"掉书袋"了，"大战元鼎年"用了《汉书·五行志》中的典故："武帝元鼎五年秋，蛙与虾蟆群斗。"柳宗元看了，一定会拊掌大笑。这个韩退之，真是善戏谑啊！柳宗元喜欢吃牛蛙，韩愈却不大能接受，也就是浅尝辄止吧。有了韩愈这种戏耍心态，才能熬过痛苦的贬谪时光啊。由此看来，柳宗元应该向韩愈学习。这是他们交往中的细节，很有趣。韩愈的《初南食贻元十八协律》记录了唐代潮州菜的真实风貌，丰盛的海鲜，还有特殊的蘸料，让今天的潮州人戏称他为千年前的"美食博主"。

　　元和十四年，中唐文坛陨落了一颗巨星，柳宗元去世了。临终前，柳宗元写信给韩愈，一是请韩愈在他身后为他写墓志，柳宗元清醒地认识到，要想青史留名，一定要请大手笔韩愈为其作传。二是托孤，把孩子托付给老友刘禹锡、韩愈等。韩愈接信后，倍感伤痛。他先后写了三篇文章，纪念旌表柳宗元：《祭柳子厚文》，是话两人的绵绵友情；《柳子厚墓志铭》，是对柳宗元的盖棺论定；《柳州罗池庙碑》，有意作成五彩斑斓，写宗元死而为神，护佑柳州百姓。柳宗元留下的子女，刘禹锡、韩愈、崔群等收为义子，善加抚养。韩愈对诤友柳宗元，亦是尽了朋友的交情。

　　其实，柳宗元托孤韩愈，不是偶然。韩愈从来就是个抚恤孤幼的忠厚长者，张籍《祭退之》云"亲朋有孤稚，婚姻有办营"，《新唐书》说他"凡内外亲若交友无后者，为嫁遣孤女而恤其家"。韩愈不但抚养孤幼，还为孩子将来的婚姻大事操持，李翱《韩公行状》中就说"凡嫁内外及交友之女无主者十人"。这种施恩布德的善举，对韩愈来说是始终如一的，所谓但行好事，不计回报。

古人认为，《柳子厚墓志铭》是韩愈墓志里写得最好的，更是古往今来墓志里最好的，不愧千秋绝唱。韩愈在文中讲了一段意味深长的话。柳宗元为什么在事功方面失败了？韩愈有思考，他要盖棺论定。请看：

> 子厚前时少年，勇于为人，不自贵重顾藉，谓功业可立就，故坐废退。既退，又无相知有气力得位者推挽，故卒死于穷裔。材不为世用，而道不行于时也。使子厚在台、省时，自持其身，已能如司马、刺史时，亦自不斥；斥时，有人力能举之，且必复用不穷。

少年的柳宗元，虽勇于敢为，但不太爱惜羽毛，持身不谨。他把建功立业看得太简单了，结果遭到贬谪废弃。遇到重大挫折后，又没有在高位、有大力者的援助，一身才华不得施展，最后苦死贬所，太令人扼腕叹息了。后面，韩愈话锋一转，大意是，做官的柳宗元虽然失败了，但做文学家的柳宗元却无比成功。假如柳宗元"得所愿，为将相于一时，以彼易此，孰得孰失，必有能辨之者"。换句话说，韩愈更看重的，是作为文学家的柳宗元，而不是做将相大官的柳宗元。三国时的曹丕说文章是"经国之大业，不朽之盛事"。由此看来，韩愈同样也是真懂柳宗元的。功名富贵不过是过眼云烟，而诗文学术才能让柳宗元真正不朽。

如果发一灵魂拷问，韩、柳两雄并立，旗鼓相当，将韩、柳的文章相比较，差别在哪里？谁胜谁负？我的观点是，韩文更慷慨怨怼，多感愤之词；而柳文偏郁结凄恻，显深沉之叹。两家文章各具其妙，各领风骚，难分高下，皆入第一流，如深入进去，都是越读越觉滋味悠长的。

古人说，君子之交淡如水。水的味道虽淡，却醇厚。韩愈和柳宗元一生的交谊，就生动诠释了什么叫"君子之交淡如水"。

祭文中的"天花板"：《祭十二郎文》

　　古人讲究慎终追远，祭文非常重要。南宋一位学者的话流传很广：读诸葛亮《出师表》不垂泪的，必不忠；读李密《陈情表》不垂泪的，必不孝；读韩愈《祭十二郎文》不垂泪的，必不友。确实如此，韩愈的《祭十二郎文》是"无限凄切"，是祭文中的"千年绝调"，就是铁石心肠的人，读之也要泪下。

　　《祭十二郎文》如此之好，是有原因的。因为十二郎是韩愈最亲的亲人。讲到这里，再谈谈韩愈的家世。韩愈出生在河南河阳，就是今天的孟州。他三岁时，父亲就去世了。韩愈是个苦命的孤儿，主要由长兄韩会和嫂嫂郑氏抚育成人。韩会在韩愈十三岁时又去世。之后寡嫂郑夫人的担子就更重了。韩会夫妻无子，过继了弟弟韩介的次子，就是十二郎，名字叫老成。唐人习惯用排行第几来称呼人，又是堂兄弟在一起排行，比如高适是高三十五，李白是李十二。韩老成排行十二，于是就叫十二郎，显得亲切。虽说十二郎是韩愈的侄子，但叔侄二人年龄只相差两三岁。后来，在韩愈家族，韩愈这辈人里，韩愈是唯一男丁；十二郎这辈里，十二郎又是唯一男丁。我们知道，韩愈排行十八。韩家的十八郎和十二郎，叔侄如"发小"。韩愈的嫂嫂曾抚摸着十二郎，又指着韩愈说："韩家两代单传，形单影只！"真是无限伤感。

家道中落，亲人早逝，让韩愈早熟，他特别渴望能够早日脱颖而出，干一番事业，既报答嫂嫂的养育之恩，同时也让家族以他为荣，光耀门楣。但嫂嫂在他二十七岁时就去世了，没有享到韩愈的福，韩愈作《祭郑夫人文》，加以怀念。老嫂比母啊！韩愈有一种子欲养而亲不待的悲痛。韩愈还给嫂嫂服期尽孝，那份感情，如同对待亲生母亲一般。此后，十二郎就成为他最亲的亲人。

韩愈早年在外苦苦奋斗时，写过思念老成的诗，请看：

> 河之水，去悠悠。我不如，水东流。我有孤侄在海陬，三年不见兮，使我生忧。日复日，夜复夜，三年不见汝，使我鬓发未老而先化。

真的是信笔挥洒，如民歌般流畅清灵，相思之意却深入骨髓，堪称绝妙之作。

韩愈和十二郎从小在一起长大，一起读书作文，虽说是叔侄，实同兄弟。韩愈的《祭十二郎文》深情回忆："吾少孤，及长，不省所怙，惟兄嫂是依。中年兄殁南方，吾与汝俱幼，从嫂归葬河阳。既又与汝就食江南，零丁孤苦，未尝一日相离也。"真是"难兄难弟"，相依为命，情真意切！

贞元十九年，十二郎意外去世。至亲离世，本就令人悲伤，何况老成去世时才三十岁上下，韩愈岂能接受！《古文观止》评价说："情之至者，自然流为至文。"也就是说，对亲人最深的怀念，铸就了最深情的祭文。可以想象，韩愈一面哭，一面写，字字是血，句句是泪，他不是有意去作文章，而是内心情感的自然喷发。

韩愈的祭文说，十二郎啊，我和你当日都在少年，我以为，暂时分别，终究还会相会。因此，我才离开你，到长安追求功名理想。如果知道你那么早就离开我，"虽万乘之公相，吾不以一日辍汝而就也"！换言之，就是让我做宰相，我也不会离开你一天的！这真情因远超功名利禄而显得感天动地！

"呜呼！其信然邪？其梦邪？其传之非其真邪？信也，吾兄之盛德而夭其嗣乎？汝之纯明而不克蒙其泽乎？少者强者而夭殁，长者衰者而存全乎？未可以为信也。梦也，传之非其真也？东野之书，耿兰之报，何为而在吾侧也？呜呼！其信然矣！吾兄之盛德而夭其嗣矣！汝之纯明宜业其家者，不克蒙其泽矣！所谓天者诚难测，而神者诚难明矣！所谓理者不可推，而寿者不可知矣！"这是真的还是做梦？传言未必可信吧？我那有盛德的哥哥怎会无后？你那么纯良怎会英年早逝？你那么年轻，怎会先我而去？我不相信啊！这是做梦吧！传言未必可信吧！苍天哪！这确实是真的。我那有盛德的哥哥真的无后了，你那么纯良真的英年早逝了。苍天无眼啊！神灵不公啊！天理何在啊！

"呜呼！汝病吾不知时，汝殁吾不知日，生不能相养以共居，殁不得抚汝以尽哀，敛不凭其棺，窆不临其穴。吾行负神明，而使汝夭。不孝不慈，而不得与汝相养以生，相守以死。一在天之涯，一在地之角，生而影不与吾形相依，死而魂不与吾梦相接，吾实为之，其又何尤！彼苍者天，曷其有极！自今已往，吾其无意于人世矣！"我不知道你哪天生病，不知道你哪天离世，活着时我们不能同居相守，去世后不得抚摸你的遗体尽我的悲伤，入殓时不能为你扶棺，埋葬时不能亲到墓穴……所有的一切，都是我的错啊！这是最痛彻心扉的生离死别，真的是肝肠寸断，令人潸然泪下。

古人说，《祭十二郎文》有六大哀伤。哪六大呢？不妨分析一下。

第一可哀，十二郎以一身承韩门世代的单传，竟然早逝；第二可哀，年少健康却突然去世，猝不及防；第三可哀，十二郎的子女都在幼年失去了父亲；第四可哀，韩愈万万没料到十二郎的猝死，长辈送晚辈；第五可哀，少小朝夕相处，现在叔叔因求仕远离，叔侄睽隔，不能送终；第六可哀，报凶信者，言语恍惚，究竟因何病何时亡故，还不知确切的消息。黄梅未落青梅落，这六大哀伤，令人悲痛欲绝，让活着的人情何以堪！韩愈宁愿以自己的生命去换十二郎的生命，但也百身莫赎啊！

韩愈的寡嫂郑夫人和侄子老成的去世，是他心中永远的痛。韩愈不但作祭文怀念十二郎，更收养了老成的两个孤儿韩湘、韩滂，以及乳母，承担起抚幼恤老的责任。

其实，《祭十二郎文》是祭文中的"别调"，非常有新意。请注意，这是叔父祭奠侄儿。按祭文的通常写法，要叙写十二郎的才能、品行、事功等；但韩愈与众不同，他不走寻常路，专写日常生活中的琐事，特别注重鲜活的细节。宋代王安石的名作《示长安君》里说："少年离别意非轻，老去相逢亦怆情。草草杯盘供笑语，昏昏灯火话平生。"这是抒写兄妹情的佳作，言浅却情深，质朴而自然。试问如何写亲情？就是要娓娓道来，不假修饰。韩愈的《祭十二郎文》如话家常，亲切无比，但骨子里是无尽的凄切。因是创格，固能卓然立。

《祭十二郎文》是祭文中的"天花板"，骨肉深情，长歌当哭！

《送李愿归盘谷序》
是唐代最好的文章吗？

　　对于韩愈的文章，历代评价非常之高。如果要问，您最喜欢韩文中的哪一篇？有答案吗？先介绍一下大文豪苏轼的观点吧。

　　苏轼自己说了一段很有趣的话：欧阳修认为整个晋代都没有什么好文章，只有陶渊明的《归去来兮辞》入得了他的法眼。苏轼表示，我套用一下，唐代也没有什么好文章，就是韩愈的《送李愿归盘谷序》我最喜欢。"平生愿效此作一篇，每执笔辄罢，因自笑曰：不若且放教退之独步。"我本来可以仿效着写一篇的，但是为了让韩愈独步，我就搁笔了！

　　苏东坡这段话，说得既风趣又自负。究竟是什么原因，让苏轼如此看重韩愈的《送李愿归盘谷序》？韩愈的这篇文章不但在意思表达上符合苏轼的心意，文辞的斐然也令苏轼心折。韩愈在文中，表达了人生的"愿景"，阐发了何谓"大丈夫"，并罗列出几条不同的人生路径。而韩文表达的观点，恰恰是苏轼深以为然的。换言之，韩、苏的人生观，在此文上表现出高度一致，韩文的艺术表达又灵动、鲜活，如行云流水，各方面原因叠加，才让苏轼对韩文极力赞誉。

　　文章一开始，写李愿居住的盘谷。接下来，通过李愿自己之口，谈三种人。第一种是端居庙堂的得意人。"利泽施于人，名声昭于时。坐于庙朝，进退百官，而佐天子出令。其在外，则树旗旄，罗弓矢，武夫前呵，从者塞途；供给之人，各执其物，夹道而疾驰。喜有赏，怒有刑。"他们掌握生杀予夺的大权，威名赫赫。在朝堂上辅佐皇帝，进退百官，发号施令。在外面，他们的官威就更大了，仪仗威武，武士喝道，随从尽心伺候。即便如此，他们仍喜怒无常，赏赐与惩罚，都是家常便饭。总之，此种大丈夫位高权重，钟鸣鼎食，飞扬跋扈，好不威风！但这，显然不是韩愈所喜。

第二种是洁身自好的桃花源中人。"穷居而野处，升高而望远，坐茂树以终日，濯清泉以自洁。采于山，美可茹；钓于水，鲜可食。起居无时，惟适之安。与其有誉于前，孰若无毁于其后；与其有乐于身，孰若无忧于其心。"这种大丈夫亲近大自然，闲适自得，优游不迫，过着从容如羲皇上人般的神仙日子，无疑是韩愈向往的。与其生前被人称誉，不如死后无人毁伤；与其物质享受丰富，不如内心世界充盈。由此看来，对"诗与远方"的认同，古今一也。

第三种话锋一转，形容趋炎附势的小人。"伺候于公卿之门，奔走于形势之途，足将进而趑趄，口将言而嗫嚅。处秽污而不羞，触刑辟而诛戮，侥幸于万一，老死而后止者。"这种"大丈夫"就要打上引号了，他们没有人格，曲意逢迎，蝇营狗苟，趋炎附势，卑鄙无耻，犹如依附在第一种人身上的苍蝇，结局通常不好，更是韩愈所不齿的。

李愿谈完了，他自己的志向品行也就跃然纸上了，不须旁人赞一辞。然后，文章就顺理成章地过渡到了韩愈对李愿的认同和赞颂上。"膏吾车兮秣吾马，从子于盘兮，终吾生以徜徉！"我韩愈和李愿是绝对的知音。我要为我的车上油，把我的马喂饱，赶紧跟您到盘谷去，在那里徜徉人生，自在终老。文章犹如一部抑扬顿挫的梦想奏鸣曲，戛然而止，高妙无比！难怪苏轼心折。这文章的结尾，像极了韩愈的名诗《山石》的结句："人生如此自可乐，岂必局束为人靰。嗟哉吾党二三子，安得至老不更归！"比照而读，尤有兴味。欧阳修的《集古录跋尾》也记载了韩愈的这篇序，当时送李愿诗文的人不少，独把韩愈的序刻石，足以说明韩文为时所重。

一个有趣的现象是，在韩愈的文章里，指点后学、金针度人的佳作特别多。《答李翊书》《答尉迟生书》都是谆谆教诲、论述精湛的好文章。我个人非常喜欢《答李翊书》，其中的名句成语尤多，特别是这几句："无望其速成，无诱于势利，养其根而俟其实，加其膏而希其光。根之茂者其实遂，膏之沃者其光晔。仁义之人，其言蔼如也。"既明净纯粹，又笃实辉光，催人奋进。多年前，我专门请韩愈研究会的老会长、德高望重的张清华先生，写成条幅，在书房挂起来。我认为，这几句话，"沛然莫之能御"，是鼓励年轻人不骄不躁、久久为功的最佳座右铭。

在《答李翊书》里，韩愈夫子自道，谈了治学为文的几个阶段，很值得向大家介绍。首先是最虔诚的模仿阶段，"非三代两汉之书不敢观，非圣人之志不敢存"。刻苦钻研了若干年，就进入了第二阶段，深造有得，且具判断力。这时不但识古书的真伪，写文章也心手相应、文思泉涌了。但这还不是最高阶段，再锻炼若干年，"浩乎其沛然"，特别是进入醇且肆的境地，表达上气盛言宜，才算大功告成。韩愈的路子，是非常"正"的，可谓如鱼饮水，甘苦自知。这篇名文，自古至今，不知激励了多少好学之人。

韩愈真是喜欢指点后学，而且提携后学也不遗余力。他是真正的好老师！

看不起李白、杜甫？
韩愈说"蚍蜉撼大树"！

后世有将唐朝文人姓号并称的风习，比如说沈宋（沈佺期、宋之问）、韩孟（韩愈、孟郊）、元白（元稹、白居易）。最著名的并称，当然是李杜。李白和杜甫，是诗坛的"双子星座"，也是唐代诗人中最耀眼的两颗巨星。但是李、杜崇高地位的形成有一个过程，他们并不是一开始就被共同尊崇的。韩愈是唐人中最多将李、杜并称的，他的《醉留东野》甚至说："昔年因读李白杜甫诗，长恨二人不相从。吾与东野生并世，如何复蹑二子踪。"把自己和孟郊的交往，比作李白和杜甫的相交。试问几人有此魄力？真是傲然睥睨、豪气干云。

虽然说中唐开始李、杜并称，但李、杜孰优孰劣的议论，也在此时发生。中唐的元稹、白居易，都是著名的文学家，他们看待李、杜，就是有优劣之分的。

元稹在为杜甫写的墓志铭中赞美杜甫："尽得古今之体势，而兼人人之所独专矣……诗人以来，未有如子美者。"评价至高，赞颂无以复加。对于李白，元稹就有所保留了，他说：在壮浪纵恣，摆去拘束，模写物象上，李白跟杜甫差不多。但如果说到铺陈终始，排比声韵，大或千言，次犹数百，词气豪迈而风调清深，李白就比杜甫差远了。

四川省江油市青莲镇李白故里李白像　纪录片《千古风流人物》项目组供图

杜甫像　纪录片《千古风流人物》项目组供图

元稹的好朋友白居易，也有相似观点，他说：世称李、杜。李之作，才矣、奇矣！但人就不行啦。李白的作品里，风雅比兴的，十篇里也没有一篇。杜诗可传的最多，而且杜诗的集大成和讲究格律，又超过李白。

元稹和白居易的推扬杜甫、贬抑李白，引发了文学史上长久以来的李杜优劣争论，入主出奴，喋喋不休，无有定论。

考察李白、杜甫的地位高下，还有一个视角，就是诗选和诗注。唐朝人选唐朝诗，李白入选的次数和数量，都远过于杜甫。这样看，当时的名气，显然是李胜于杜。但宋朝有句话叫"千家注杜，五百家注韩"，在宋朝，李、杜的地位又逆转了，杜甫太红了，宋朝注释杜诗韩文的如过江之鲫，数不胜数。可是注李白的，就屈指可数了。这又变成了杜胜于李。

大约韩愈看到了元、白的议论，借着调侃张籍的机会，他提出了全新的观点，就是："李杜文章在，光焰万丈长。不知群儿愚，那用故谤伤？蚍蜉撼大树，可笑不自量。"（《调张籍》）韩愈不偏不倚，把李、杜看作并驾齐驱的两位大家，齐放光芒，谁都不偏废；而且指出，看不起李、杜中的任何一家，贬低李、杜中的任何一家，都如同蚍蜉撼树，不自量力，是不值一驳的。

从韩愈的诗就能看出，中唐李、杜的地位显然没有今天那么高，甚至还有无知者质疑李或杜。但韩愈独具只眼，把李白和杜甫第一次放在同样重要的位置上相提并论。韩愈堪称李白、杜甫的"第一知音"，一视同仁，不偏不倚。天长日久，才水到渠成地形成了"大唐李杜"的说法。

韩愈的文学成就那么高，跟觑定偶像、苦学前贤有着密切的关系。韩愈虽然李、杜都学，但据实际，韩愈学杜甫显然更多，韩愈学杜有着极深的造诣。在文学史上，"杜韩"也是一个经常用到的并称，显而易见，韩愈和杜甫的诗是一脉相承的。由此言之，他评价李、杜，应该是杜过于李的，因为他本人学杜更突出；但实际上，韩愈一碗水端平了，没有厚此薄彼。如此看来，韩愈具有极为客观公允的态度和判断，他的识见，远超同时代人，实在难能可贵。

韩愈的《调张籍》是一首奇诗，光怪陆离，戛戛独造，我们来看其中很精彩的几句："我愿生两翅，捕逐出八荒。精诚忽交通，百怪入我肠。刺手拔鲸牙，举瓢酌天浆。"意思就是说：我恨不得生双翅，去追逐李、杜的境界，哪怕穷极八方荒远之地！我终于能与李、杜精诚交通感应了，于是，千奇百怪的诗思都进入了我的心肠。我反手拔出海中大鲸的巨齿，高举着大瓢畅饮天宫的仙酒。韩愈写得何其雄奇伟岸，真有光焰万丈的奇观。这些奇崛雄伟的句子，不但完美形容了李、杜诗歌所达到的高妙境地和奇伟风格，亦是韩愈学李杜、体会李杜的心血凝结。对李杜诗歌的认知，达到如此高度、如此深度，充分说明韩愈也是诗歌上的伟丈夫。

如果没有韩愈，关于李白和杜甫的优劣之争，恐怕还要纠缠更久，而且将没有那一锤定音的名句——"李杜文章在，光焰万丈长"。

穷官还是富官：漫谈韩愈的经济收入

　　古往今来，老百姓都很喜欢议论各阶层人士的经济收入，此乃人之常情。唐代官员的收入怎样？再具体到韩愈，经济情况如何？我想这是很多人感兴趣的话题。

　　贫与富，是相对而言的，很少有人一辈子赤贫，或一辈子都大富大贵。大多数人的收入，是高低起伏的。韩愈的经济情况也处在不断变化之中。早年的韩愈，家道中落，是很困顿的。他在长安待了近十年，寄人篱下，主要靠北平王马燧的周济。他日后回忆早岁长安的生活，"如痛定之人，思当痛之时，不知何能自处也"，可见艰苦受尽，真是无限感慨！

　　韩愈好友孟郊的长安苦斗生涯，也是不堪回首的。韩愈送给孟大哥的《长安交游者一首赠孟郊》说："长安交游者，贫富各有徒。亲朋相过时，亦各有以娱。陋室有文史，高门有笙竽。何能辨荣悴？且欲分贤愚。"长安之大，有贫有富，韩、孟这一对难兄难弟，虽说清贫，但精神追求是丰富的，所谓"陋室有文史"，他们的内心是充盈的，不羡慕富贵人的享乐生活。那种"不解文字饮，惟能醉红裙"的富儿宴饮，他们反而不喜欢。话又说回来，韩、孟的"京漂"生涯，拮据潦倒，可谓同病相怜。

在进士及第后，韩愈没守选，而是连续参加了三次吏部的科目选考试，都不成功。他要养家糊口，不能再考下去了，于是就到汴州、徐州的节度使幕府去做幕僚，具体说就是观察推官或节度推官。有了固定收入，经济状况才有了相当的改善。值得注意的是，幕府推官的薪俸是比较高的。可以做个简单比较。白居易初做官，任校书郎，月薪约一万六千文，他感觉"月给亦有余"，钱是够花的；而韩愈任推官的月俸可能达到三万文，就更宽裕了。这说明韩愈入仕之初的"起薪点"是相对高的。他在汴州幕时"为博塞之戏，与人竞财"，也说明经济情况尚可。如果没有闲钱，怎么与人博塞赌钱呢？

韩愈做学官的时间是最长的，但学官又是闲散官，相对清贫。他的《进学解》里有两句："冬暖而儿号寒，年丰而妻啼饥。"看来他在国子监工作时，薪俸有限，养活全家很吃力。他的《送穷文》，虽说是诙诡游戏之作，发泄愤懑不满，但现实中的穷，自然也是真切的。

韩愈经济状况的好转，应该是在入朝任职，担任了较长时间的京官之后。唐代官员的收入，主要有俸钱、禄米和职田三项。韩愈的一篇文章说"月受俸钱，岁受禄粟"，可见是每月发俸，每岁领禄米。这大概是收入的基本情况。

宋代理学兴起，读书人往往以追求富贵为耻，但人生在世，首先要解决的，就是生存问题。如果衣食无着，一切无从谈起。韩愈其实很实际，他固然要做"千里马"，建立功业；但对于金钱富贵，韩愈也并不排斥。他的家累甚重，数十口人要衣要食，他又是极有责任心的人，还动辄收养亡故亲友的孤儿，譬如他的从父兄韩俞的三子二女、韩岌的二子二女，在韩俞、韩岌去世后，皆由韩愈教养。这就不只是拖儿带女的问题了，所谓"负重致远"，不多多赚钱，怎么办呢？他自己说："至于汲汲于富贵，以救世为事者，皆圣贤之事业，知其智能谋力能任者也。"富贵与救世，鱼与熊掌，两者都是韩愈想要的。

人的日常生活花费，主要是衣、食、住、行。在这四项基本生活里，最花钱的，通常是住。也就是说，房子是最耗费钱财的。租房还好些，买房就不容易了，在一线城市买房尤其不容易。有句俗话："京城居，大不易。"唐朝的房子，哪里最贵？不用说，肯定是长安最贵呀。长安那时可是国际化大都市。在长安做官的官员们，无不梦想着在京城拥有自己的房产。甚至外地的节度使等大官，西域诸国的王子、富商，也都想在长安有套房。作为京官的韩愈，自然不例外。白居易有一首《卜居》，对京城无房大发感慨："游宦京都二十春，贫中无处可安贫。长羡蜗牛犹有舍，不如硕鼠解藏身。"可见韩、白同病相怜。他们都是第一流的大才子呀，在长安奋斗了二十年以上却仍买不起房。今天动辄说"蜗居"，其实唐代长安早已有之。白才子卑微地表示："且求容立锥头地，免似漂流木偶人。"今天在大城市为买房含辛茹苦、精疲财竭的人，看了白诗恐怕要同声一哭！

元和十年，韩愈的物质生活已大为改善，这一年的冬天，他终于在长安买了房子。韩愈自己在诗里说"辛勤三十年，以有此屋庐"。这并非开玩笑，而是大实话，为了长安的这座房子，他奋斗了三十年。此时的韩愈，已经整整四十八岁了。不过，韩愈这次买房，是大手笔了。在长安的靖安里买的，是城里的房子。这里的地段一般，宰相武元衡也住在这个区域，元稹、张籍等亦居于此。那时的房子，不像今天的楼房，严格讲，古代房子很多是庭院式的。韩愈的诗，大致描摹了新宅的情况，有宽阔高大的中堂，庭院里高树八九棵，东堂、西屋、北堂，各有所用。韩宅给人的整体感觉，是环境清幽、布置素雅。不止如此，韩愈还在长安的郊区——城南一带，购置了别墅——韩庄。这样看起来，韩愈的后期，财务是非常宽裕的。

　　或者说，韩愈的人生后期，基本上实现了"财务自由"。他比起大多数的同僚、同事，经济条件都要好。为什么呢？您能想到的原因是什么？韩愈家做生意，有买卖吗？不是的。我告诉大家：韩愈生财有道，他有外快。他是读书人，他的外快，还是靠自己的一支笔。

　　唐朝人非常看重墓志铭和碑文。从达官显贵到普通读书人家，男女老少去世，都要写碑志。韩愈甚至给乳母作墓志。碑志是应用文，是要付撰写人报酬的。唐代碑志的需求量极大，于是就形成了市场。想要得到高质量的碑志，自然要支付较多的润笔费。名家名流撰写的碑志，更是洛阳纸贵，非大价钱不能得。而韩愈，恰恰就是当时最擅长写碑志的高手。我想，这或许是生活逼出来的。韩愈家累甚重，不只是妻儿指望他养活，而是整个家族，数十口人，都依靠他。韩愈自己必须时时刻刻想着开拓财源，多赚钱财，才能解决数十口人的衣食。这是多么大的财务压力呀！

　　或许韩愈看到了撰写碑志的"商机"，在这方面格外努力，更因为他的文章功力深厚，韩文终于名声大震。这背后，有着不得已而为之的苦衷。找韩愈写碑志的人越来越多，于是相应地，他的润笔费也就水涨船高了。元和年间，尚书虞部员外郎张季友去世，他的侄子跑到韩家哭诉："我的叔父快要死了，几乎不能讲话了，但他让我告诉您，让我代他向您告别，如果得不到您撰写的墓志铭，叔父死不瞑目！"（见《唐故虞部员外郎张府君墓志铭》）这位员外郎死前的最大心愿，是得到韩愈作的墓志。由此可见，韩愈的碑志，多么受欢迎！韩愈的朋友刘禹锡甚至说："公鼎侯碑，志隧表阡，一字之价，辇金如山。"很惊人吧。举个例子，韩愈作《平淮西碑》，只是略记了原来的主帅韩弘几笔，韩弘就非常高兴，致韩愈谢绢五百匹。润金的丰厚，可见一斑！就是韩门弟子，如皇甫湜作碑志的润格，都很高！

不过，韩愈并非总是给想不朽的大官、大富之人作墓志，他也为很多穷官、小人物写，甚至家徒四壁者，只要他认为值得写、需要写，就一定会不吝笔墨。譬如《河南少尹裴君墓志铭》是为河南少尹裴复作的。此人在朝恭俭称职，在家兄友弟恭，抚恤幼孤，不求回报。就是这样一位官员中的表率，"历十一官而无宅于都，无田于野，无遗资以为葬。斯其可铭也已"，做过十一个岗位的官，可谓履历丰富，竟无房无地，连办丧事的钱都没有，真可谓是官员廉洁的楷模了。韩愈为他作墓志，当是发自内心的感佩，绝不会取一钱。宋代朱熹说："义利之说乃儒者第一义。"这一篇墓志足见韩愈的义利观，何其正大！

晚唐的李商隐记过一件趣事，在韩愈的诸多朋友中，有一个怪人叫刘叉。他一度与韩愈关系甚好，后不知什么原因，与韩愈闹僵，从韩家离开时，竟然"顺手牵羊"，拿走了韩愈撰写墓志所得的润笔金数斤，还大言不惭地说："此谀墓中人所得耳，不若与刘君为寿！"对此，韩愈或许没有追究，可见大方。后来就有人讥讽，说韩愈得了很多"谀墓之金"。据此说怪话的，亦不少。但史学大师陈寅恪就为韩愈打抱不平，认为"谀墓之金"是韩愈应得的报酬，因为他的碑志写得实在太好。我亦觉得，韩愈是凭本事挣外快，没什么丢人的！

韩愈能在长安买房子、买别墅，恐怕主要不是靠朝廷的薪俸，而是凭自己合法的润笔收入。总之，韩愈早年的贫困和晚年的富足，恰形成鲜明的对比。从韩愈的身上，我们可以看出，一个人要想富裕、改变命运，还是要凭真才实学，有一技之长啊。

不是你想的那样，
韩愈是个挺有幽默感、正义感的人

　　韩愈到底是个什么样的人？我们说，韩愈不顾流俗，作《师说》，抗颜为师；刚正不阿，直言进谏，甚至不顾皇帝的面子……一些正义凛然的故事听多了，就会觉得韩愈的形象是不苟言笑的，韩愈是个严肃、紧张的人，甚至缺乏笑容，更谈不上幽默了。这种判断正确吗？

　　我要告诉读者，越是才华横溢的人，其生活越丰富多彩。韩愈绝不是一个缺少生活情趣的穷酸书生，相反，他很有幽默感，很会生活，连写文章，也是多姿多彩的。

　　关于韩愈的文章，有"以文为戏"的说法。简单说，就是文章之中有戏谑、有意趣。苏东坡就很懂韩愈，他的诗说："退之仙人也，游戏于斯文。"大才子才能读懂大才子呀。

　　每个人对于衰老，态度都是不同的。譬如牙齿松动乃至掉落，是人生之常。韩愈对牙齿问题，就极为敏感，屡屡在诗文中写到。最有趣的，是他的两首诗：《落齿》和《赠刘师服》。不妨看看前一首：

　　　　去年落一牙，今年落一齿。俄然落六七，落势殊未已。

　　　　余存皆动摇，尽落应始止。忆初落一时，但念豁可耻。

及至落二三，始忧衰即死。每一将落时，懔懔恒在己。

又牙妨食物，颠倒怯漱水。终焉舍我落，意与崩山比。

今来落既熟，见落空相似。余存二十余，次第知落矣。

倘常岁落一，自足支两纪。如其落并空，与渐亦同指。

人言齿之落，寿命理难恃。我言生有涯，长短俱死尔。

人言齿之豁，左右惊谛视。我言庄周云，木雁各有喜。

语讹默固好，嚼废软还美。因歌遂成诗，持用诧妻子。

对韩愈的诗不熟悉的朋友，乍一看，可能疑惑，这是韩愈的诗吗？怎么看起来有点像白居易的喋喋不休、老妪能懂？但这确实是韩愈的诗。他以一种幽默的笔调，聚焦牙齿，一点点记录了自己的衰老，这不是很有趣吗？一开始，是一年掉一颗牙，牙掉了后张嘴时就有了"豁口"，他感到不好意思。等掉了几颗之后，司空见惯，就无所谓了，但又开始忧心衰老的问题。每掉一颗，就觉得有性命之忧。等掉多了，又对吃东西有了妨碍，但也没办法。他甚至还计算牙齿的数量，如果每年掉一颗，多少年可掉光。再往后，就习以为常了，甚至对生死都看淡了、看开了，更领悟了《庄子》里的"木雁之间，材与不材"的哲理。"语讹默固好，嚼废软还美"两句特别好，是反话正说，有安之若素之意。最后的"持用诧妻子"，更显风趣。这样的诗，曲折写来，明白如话，真率磊落。另一首《赠刘师服》亦颇解颐，就不全引了，只看开头几句"羡君齿牙牢且洁，大肉硬饼如刀截。我今牙豁落者多，所存十余皆兀臲"，就足以开怀一笑了。看来，韩愈已经很久不能吃"大肉硬饼"了。当他看到友人大快朵颐时，很馋、很羡慕！

韩愈除了有幽默感，还很有正义感，他喜欢打抱不平。我讲一个例子。唐代诗人里被称为"诗鬼"的李贺，极有才华，就是那个写

"男儿何不带吴钩，收取关山五十州"的李贺。韩愈爱才啊，在做河南令时，冬试乡贡秀才，推荐李贺参加进士考试。但是，偏偏有人嫉贤妒能，说李贺的父亲名"晋肃"，名字里的"晋"与"进士"的"进"同音，为了避父亲的名讳，李贺就不能应进士试。古人是很讲究避讳的，对帝王和自己祖、父的名字，不能直接称呼或书写，要用其他字替代。举一个匪夷所思的例子，唐高祖李渊的祖父叫李虎，于是"虎"字就一度成为唐人需要避讳的字。唐朝人不能说虎了，凡是要说虎的地方，都改称"大虫"。隋朝有一员大将叫韩擒虎，但在唐朝人修的《隋书》里，就叫韩擒了，"虎"字直接去掉。这些事，今天看起来何等荒唐，但却又是唐朝真真切切发生的事。

韩门高足皇甫湜善意提醒韩愈，李贺的事，必须应对，否则应举者、推荐者都会面临处罚。韩愈义愤填膺，作《讳辩》，为李贺力辩："父名晋肃，子不得举进士；若父名仁，子不得为人乎？"可谓铿锵有力之辩，但终因积习已深，孤掌难鸣，而不能改变现状。李贺终究未能参加考试。可韩愈的爱才和正直，却给我们留下了深刻的印象。

韩愈是个好客、喜欢交朋友的人，也很能提携后进，他收了很多学生，所以有"韩门弟子"的说法。在韩门，师弟子之间并不是那种冷冰冰的居高临下的关系，而是很和睦、很亲切的水乳交融的关系。甚至学生还能给老师提意见，张籍就曾规劝韩愈，认为他"多尚驳杂无实之说，使人陈之于前以为欢"，这有损老师的令德。用今天的话说，韩愈喜欢讲笑话，亦喜听各种奇谈怪论。韩愈的答复是：我是有意要戏耍呀！"比之酒色，不有间乎？"这比起好酒色，不是好多了吗？结果张籍不满意，接着劝韩愈不宜插科打诨。韩愈再次回复：孔夫子当年犹有玩笑游戏，《诗经》也说"善戏谑兮，不为虐兮"。好开玩笑，有什么不好呢？"恶害于道哉？"可见韩愈对这个规劝，始终是不接受的。他是真性情的人，喜欢打趣调侃、谈笑风生，因此始终坚持不改。人生已经够苦的了，如果不能自寻其乐，岂不是太乏味了？韩愈的幽默是其乐观人生态度的体现。比起酒与色，戏谑的确是好得多了。

　　一个颇有生活情趣，又喜欢伸张正义的韩愈，谁不仰慕心仪呢？

韩愈是怎样教育儿子的？
是否太功利了？

韩愈是苦孩子出身，他深知养家糊口的不易。他在《答崔立之书》中说："仆始年十六七时，未知人事。读圣人之书，以为人之仕者，皆为人耳，非有利乎己也。及年二十时，苦家贫，衣食不足，谋于所亲，然后知仕之不唯为人耳。"做官的目的，韩愈是逐渐认识到的。"为人"是一方面，而"为己"是另一方面。如果连自己的衣食问题尚且不能解决，又何谈为人呢？他又说："故凡仆之汲汲于进者，其小得，盖欲以具裘葛、养穷孤；其大得，盖欲以同吾之所乐于人耳。"换句话说，韩愈求做官，或许有低级纲领和高级纲领之分。低级纲领是"具裘葛、养穷孤"，不但解决自己的衣食，还帮助那些困厄孤苦的人；而高级纲领是造福于百姓，天下同乐。韩愈对做官的认识，倒是一点都不迂腐，更不是一味唱高调。

韩愈有二子五女。前面提到的韩昶系长子，次子州仇事迹暗昧不明。有意思的是，韩愈教育儿子的方式颇为古人诟病，主要是因为两首诗。元和十年，韩愈在长安买了房子，他作了一首《示儿》诗，借此教育儿子。宋代胡仔的《苕溪渔隐丛话》引了苏轼的评价："退之《示儿》……所示皆利禄事也。"当然，这未必真是苏轼的话，但此一层意思，宋代以后的文人屡屡谈到。有人说："爱子之情则至矣，而导子之志则陋也。"您同意吗？

其实，诗是忆苦思甜的，韩愈希望儿子能以他为榜样。诗开门见山地说："始我来京师，止携一束书。辛勤三十年，以有此屋庐。此屋岂为华，于我自有余。"我一介书生，奋斗了三十年，才在京城有了自己的宅邸，太不容易了。这屋子并不华丽，但对我来说，足够了。韩愈接着描绘宅第：

> 中堂高且新，四时登牢蔬。前荣馈宾亲，冠婚之所于。
> 庭内无所有，高树八九株。有藤娄络之，春华夏阴敷。
> 东堂坐见山，云风相吹嘘。松果连南亭，外有瓜芋区。
> 西偏屋不多，槐榆翳空虚。山鸟旦夕鸣，有类涧谷居。
> 主妇治北堂，膳服适戚疏。恩封高平君，子孙从朝裾。

从高大的中堂，讲到高树林立的内庭，再到看得见风景的东堂、种植瓜果的南亭，还有槐树、榆树围绕的西屋，夫人主事的北堂，一一叙来，真是各有景致、用途，韩宅井井有条。此时的韩家夫荣妻贵，子孙满堂，其乐融融。

再往后，就有教子的意味了。"开门问谁来，无非卿大夫。不知官高卑，玉带悬金鱼。问客之所为，峨冠讲唐虞。酒食罢无为，棋槊以相娱。凡此座中人，十九持钧枢。"所谓"谈笑有鸿儒，往来无白丁"，而韩家的座上客，还不只是鸿儒，多"持钧枢"的大官！韩愈自鸣得意，喋喋不休地跟儿子讲往来的公卿大夫，"晒朋友圈"，颇有优越感。

好在下面话锋一转，又谈了常来的朋友及切磋学问："又问谁与频，莫与张樊如。来过亦无事，考评道精粗。跣跣媚学子，墙屏日有徒。以能问不能，其蔽岂可祛。嗟我不修饰，事与庸人俱。安能坐如此，比肩于朝儒。诗以示儿曹，其无迷厥初。"大约张籍和樊宗师到韩家最频繁了，他们来主要是跟我谈论学术、辨疑解惑，于是就有学生来旁听了。我每天被各种杂事包围，也是无奈。这首诗写给你们，希望小儿辈不要失去初心，各自好好用功，争取远大前途。

试问这首诗，教子有无问题？我认为没有问题。韩愈辛勤三十年，才购置了宅第，他把这番艰辛说给儿子听，讲讲"创业史"，既是人之常情，也有激励孩子的味道。或许"开门问谁来，无非卿大夫"一段，略微"显摆"了，但也是实情。韩愈苦苦奋斗了几十年，难道对家人不能有点志得意满的情绪流露？难道对儿子还需要遮遮掩掩不成？宋以后文人，往往有"道德洁癖"，以理学兴起后的读书人标准去衡量前人，动辄批评讥讽，其实有点求全责备了。

大约同时期，韩愈又作了首《符读书城南》，可称姐妹篇。符是韩愈的长子，名昶，因出生在符离，于是小名叫符。在诗里，韩愈首先谈人之为人腹有诗书的重要，说明这是需要后天学习的：

> 木之就规矩，在梓匠轮舆。人之能为人，由腹有诗书。
> 诗书勤乃有，不勤腹空虚。欲知学之力，贤愚同一初。
> 由其不能学，所入遂异闾。

接着，韩愈以两家差不多大的孩子为例，叙说他们不同的成长过程，渐渐地两个孩子就拉开了差距，一个飞黄腾达，另一个在底层劳作：

> 两家各生子，提孩巧相如。少长聚嬉戏，不殊同队鱼。
> 年至十二三，头角稍相疏。二十渐乖张，清沟映污渠。

三十骨骼成，乃一龙一猪。飞黄腾踏去，不能顾蟾蜍。

一为马前卒，鞭背生虫蛆。一为公与相，潭潭府中居。

想必这种类比，是最能打动小儿之心的。记得长辈在我小时，也用过类似的话诱导，足以说明这是人之常情。请看，"乃一龙一猪"的譬喻，多么通俗有趣，跟普通老百姓家教子，有什么区别？可见大儒家也有"烟火气"，韩愈跟邻家伯伯没什么区别。这反倒显示出"韩爸爸"的接地气来。举了具体的例子之后，就上升到讲道理的高度了，进一步开导孩子：

问之因何尔，学与不学欤。金璧虽重宝，费用难贮储。

学问藏之身，身在则有余。君子与小人，不系父母且。

不见公与相，起身自犁锄。不见三公后，寒饥出无驴。

两个孩子起点差不多，后来的发展却天差地别，关键就在于学与不学。学问多了是不压身的。"金璧虽重宝，费用难贮储。学问藏之身，身在则有余"几句特别好，几乎可以作为求学格言了。一个人长大后成为君子还是小人，并不是父母能决定的。然则，怎样学习才能迈向成功呢？再继续讲道理：

文章岂不贵，经训乃菑畬。潢潦无根源，朝满夕已除。

人不通古今，马牛而襟裾。行身陷不义，况望多名誉。

时秋积雨霁，新凉入郊墟。灯火稍可亲，简编可卷舒。

岂不旦夕念，为尔惜居诸。恩义有相夺，作诗劝踌躇。

作文章固然重要，但儒家经典是根本出处，需要打好基础，心无旁骛。人如果不通古今，跟牛马有何区别？而人的基本的道义名誉更是重要。现在是秋凉时节，正是用功的好时机。你不要彷徨无主，好好看看我的这首诗，细细琢磨一番，就知道怎么努力了。

有趣的是，对这首诗的评价更显分歧。宋代的洪迈说："觊觎富贵，为可议也。"陆唐老说："切切然饵其幼子以富贵利达之美。"似乎用功名富贵诱导孩子读书，是庸俗不堪的事。大儒陆九渊也有"俗了"之评。但亦有不同意者，宋人黄震就说："亦人情诱小儿读书之常，愈于后世之伪饰者。"是啊，对自己的儿子，完全用不着伪饰了。宋朝脍炙人口的《神童诗》"万般皆下品，惟有读书高"，难道不是一样的道理吗？为什么韩愈就不能这么说？满口的仁义道德，回到家对自己的儿子也唱高调，不虚伪吗？明末的蒋之翘认为："此诗实可作村塾训言。"有意思的是，这么长的诗，宋代的李纲、王十朋，清代的袁枚、郑珍，都有次韵之作，足以说明韩愈写得循循善诱，开导有方，引得后代文人纷纷和诗。

其实，宋代大文豪黄庭坚的评价最是惬心贵当："黄口小儿得食未知饥饱，而使之谈天人之际，此何异孺子学步，遂责之佩玉中和鸾采茨哉！"小儿只知饿了就吃，喜欢玩耍，别的什么都不懂，教育小儿，就要用家常话，浅显说理，侈谈"天人之际"，不啻痴人梦话！客观讲，宋代理学兴起，注重品行，遂有"客气假象"，于是就对韩诗大加批评，但这是"以后律前"，显然是不合适的。说实话，韩愈的诗，并没有俗到完全是功名富贵。作为父亲的韩愈，除了对小儿用物质诱掖之外，也谈到了儒家经典和仁义道德，难道不是吗？

我的观点是，韩愈的教子完全没有问题。正因为他在后世被捧上"泰山北斗"的位置，有"道德洁癖"者，才会有一些吹毛求疵的讥议。如果以一位寻常父亲教子的心态审视这两首诗，就会觉得情通理顺了。换言之，读诗时不要想着韩愈是一代文宗，他不过是"邻家韩伯伯"，那种崇高的道德感自然焕然冰释。

曾有人向韩愈请教所谓"速化之术"，也可说是"快速登龙术"。"登龙术"可解释为飞黄腾达、成名成家之术，加一个"速"字，更显急功近利。韩愈的回复是怎样的？"借听于聋，求道于盲！"换句话说，不可能存在这种"术"，你问错人了。足见韩愈从来都不是一个投机取巧的人，他更没有教育儿子去偷奸耍滑。

本书的前面，已经谈过，唐代的科举，非常难考，特别是进士一科，百人里未必能挑一，难似登天。大才如韩愈，也是考了四年，才登进士第的。今人动辄说教育"内卷"，对于负担重、竞争激烈的少年学生，则以"鸡娃"目之。其实，唐代的科举考试，又何尝不"卷"？唐代就没有"鸡娃"？照我看，唐代考进士，就是最"卷"的考试，没有之一。韩愈的教子，是要望其成龙的。他是过来人，更感同身受，早年在长安缺衣少食，科举的艰辛，他经历过了，他的孩子该怎么应对？因此，就必须把道理掰开了、揉碎了，娓娓道来，乃至用拉家常一般的语言，才能真正打动小儿之心。由此言之，"韩爸爸"也是苦口婆心，极不容易的。

其实韩愈的家教还是可以的，他的长子昶，二十六岁登进士第（长庆四年），虎父无犬子。最有趣的是，韩昶给自己作了篇《自为墓志铭》，里面说："性好文字，出言成文，不同他人所为。张籍奇之，为授诗。时年十余岁，日通一卷。籍大奇之，试授诸童，皆不及之。"由此可见，韩昶颇得韩愈遗传，在读书方面是真有天赋的，很早就脱颖而出了。再加上名师张籍的传授，更是不凡。韩昶的孩子里，亦有不止一人举进士。总体看，韩家芝兰玉树，绵延不断，不愧书香门第。

韩愈的侄孙是
"八仙"之一的韩湘子吗？

"八仙"里，有位韩湘子，手持长笛，风姿绰约，是一位翩翩佳公子的形象。如果今人挑选喜爱的神仙，韩湘子大概率是"八仙"中最受人欢迎的神仙之一。他姓韩，请问他跟韩愈有关系吗？有！作为神仙的韩湘子，原型就是韩愈的侄孙韩湘，那韩家的韩湘又怎么会成为"八仙"之一呢？这是个有趣的话题。

韩愈反对佛老，坚决无比。而某些佛道中人衔之次骨，就要想办法诋毁他。直接批判当然是一种思路，另一种"逆向"的思路是，干脆胡编乱造，搅浑水，拉韩愈"入伙"，让他跟佛、道扯上关系。这样，韩愈跳进黄河也洗不清了。这清奇的"脑回路"，极有意思。比如一些佛教灯录中，就故意说韩愈奉佛甚谨，言之凿凿。最离谱的是，明代潮州的一处韩愈塑像，竟作浮屠形，真无法想象。若韩愈地下有知，棺材板恐怕都压不住了。

道家尤其会编故事，而且编出了"新花样"。唐代段成式（即段文昌之子）的《酉阳杂俎》，说韩愈有远房子侄，从江淮来，此人不读书、放浪形骸，还欺负其他同学，韩愈严厉斥责了他。侄子说："某有一艺，恨叔不知。"这个特殊技艺，就是能令牡丹花开出各种颜色。此时在冬初，不是花期，但奇迹真的发生了，牡丹花不但盛开，还变化颜色。牡丹本是紫色，花开后颜色变为白、红、黄、绿，每朵花里居然还有一联诗，其中一韵是韩愈贬官时作的"云横秦岭家何在？雪拥蓝关马不前"。韩愈惊诧极了。后来这位韩家子侄回转江淮，不愿出来做官。这是最初的情节。

其实，这个故事也不完全是空穴来风。韩愈有一首诗，叫《赠徐州族侄》，里面说："击门者谁子？问言乃吾宗。自云有奇术，探妙知天工。既往怅何及，将来喜还通。"他真有个家族的侄子，一天突然造访，而且果有奇术。但奇术究竟何指，又语焉不详了。大约这诗就成为后来编造的"基础"，可见"风起于青萍之末"，编造者也是仔细研究了韩愈的诗文，才"下手胡编"的。

稍晚，道教宗师杜光庭的《仙传拾遗》中也有叙述，不过情节更复杂了，说明编造在不断升级。这回有异术的变成了韩愈的外甥，他落拓不羁，好饮酒、赌博，不读书，韩愈偶尔教训他。但他会的法术很多，其中就包括让牡丹花变色，或一朵具五色等，令韩愈无比惊异。当韩愈被贬潮州，行至商山，泥滑雪深，外甥来相送，送到邓州分别。外甥讲自己的师父是洪崖先生（传说中的神仙），又大谈了一通修神仙的道理，让韩愈颇为向往。临别，韩愈将"一封朝奏九重天"那首诗送给他。等到第二年，牡丹花开的时候，韩愈看到的花，颜色一如外甥所说，最神奇的是，花里竟有楷书的"云横秦岭家何在？雪拥蓝关马不前"十四字。这说明神仙法术何其高明，而韩愈有眼无珠。故事最后说，韩愈后来又见到外甥，得其点化，亦得道。这段记载距离韩愈谏佛骨，大约过了百年，赠韩湘的诗，又变成给外甥的了。

从远房子侄到外甥，其实都没明确名字叫韩湘。再过百余年，这段故事就开始落实到韩湘的身上。比较完整的记载，见于北宋后期小说家刘斧的《青琐高议》，不过韩湘由侄孙长了一辈，变成了犹子，即侄子。他亦不学，韩愈勉之，他笑着作诗，有"能开顷刻花"之句，韩愈就让他验证。于是他聚土覆盆，真的催开了牡丹，叶间有小金字，还是那一联诗："云横秦岭家何在？雪拥蓝关马不前。"韩愈不理解意思，韩湘说："事久可验。"等到后来，韩愈南贬潮州，途经蓝关，有人冒雪来送，就是韩湘。韩湘问韩愈："您还记得当日花上的句子吗？应验的就是今天的事啊！"韩愈再三嗟叹，佩服极了，然后把整首诗作出来。这个故事的逻辑，显然比之前的更顺畅了，可见胡编故事也是"后出转精"，越编越精彩。

"八仙"这一群体，大约在金元之际形成。韩湘也是因缘际会，加入了"团队"，相关的传说如滚雪球，越来越丰富。韩湘生前恐怕绝不敢有做神仙的梦想，这似乎是歪打正着，亦可说是无心插柳，死后数百年居然就稀里糊涂地成了仙！韩湘，字北渚，长庆三年登第，大约三十岁。韩愈肯定想不到，世代奉儒守官的老韩家，竟然出了一位"正牌神仙"。这玩笑，开大了！

韩愈和苏轼：
两个伟大、有趣而倔强的灵魂

唐代的韩愈是天才，宋代的苏轼又何尝不是经天纬地之才？天才对天才的认识和心灵交通，显得格外引人注目。

苏轼在二十岁以前作《韩愈论》，对韩愈其人其学有所批评。苏轼说："韩愈之于圣人之道，盖亦知好其名矣，而未能乐其实。……其论至于理而不精，支离荡佚，往往自叛其说而不知。"措辞严厉，口无遮掩，批评似乎有过火之嫌。但是，可贵之处在于苏轼跟韩愈一样，少年时就具有不迷信典范的怀疑精神，他敢于自抒己见，质疑权威，有所褒贬。

随着年龄的增长，日益成熟的苏轼逐渐转变了对韩愈的态度，尤其在他入仕之后，对韩愈很是推崇，评价也愈来愈高。作于元祐七年（1092年）的《潮州韩文公庙碑》，对韩愈做出了带有总结性的历史评定。

起首"匹夫而为百世师，一言而为天下法"，就先声夺人。"文起八代之衰，而道济天下之溺，忠犯人主之怒，而勇夺三军之帅"四句，独具慧眼地拈出"文、道、忠、勇"四字，来概括韩愈在文学、儒学、品节、事功诸方面的突出历史功绩，可谓高屋建瓴，一锤定音。一般评价文官大儒，用"文、道、忠"三字，恰如其分；但苏轼对韩愈，还用了一个"勇"字，独具只眼。文人有勇，也是苏轼本人的人格追求。苏辙《东坡先生墓志铭》言其兄："见义勇于敢为，而不顾其害，用此数困于世，然终不以为恨。"这正好可与苏轼评价韩愈的勇相参照。一言以蔽之，韩、苏都是文人中义勇敢为之人，何其难能可贵！

苏轼的"理论功底"很好，还有一个"集大成论"，与韩愈有关。苏轼《书吴道子画后》云："诗至于杜子美，文至于韩退之，书至于颜鲁公，画至于吴道子，而古今之变，天下之能事毕矣。"在他看来，杜甫、韩愈、颜真卿、吴道子，都是各自领域中的大宗师，杜诗、韩文、颜字、吴画，代表了文学艺术的高峰，具有集大成的大功德。其实，苏轼本人的功力，正跟这几位不相上下，所以才能登高望远，慧眼识人，提纲挈领，一言千钧。

苏轼忠耿倔强的个性与韩愈也有类似之处，这是韩、苏之间较易产生共鸣的原因之一。苏轼说："平生倔强韩退之。"无论做人还是作文，韩愈都是倔强的，史书评价韩愈"操行坚正，鲠言无所忌"，而苏轼也是"一肚皮不合时宜"。两人在为人的出处大节方面都是坚持操守、正义敢言的倔强派。苏轼的《自题金山画像》云："心似已灰之木，身如不系之舟。问汝平生功业，黄州惠州儋州。"这首诗屡屡被引，知名度极高。很多人认为这是自嘲，可指政治失败、文学成功。但是，其中难道不可读出兀傲倔强之意吗？苏轼也是倔强的，不服输的。如果把"平生倔强韩退之"改作"平生倔强苏东坡"，无疑是恰如其分的。不但苏轼本人认同韩愈，时人也把苏轼比作韩愈，所谓"后学过呼韩退之"，很显亲切。

细细审视韩、苏二人的不平凡人生道路，会发现两位政治文化精英的生平遭际有着传奇式的相似：韩、苏都在风华正茂的青年时期进士及第，书生从政，并倔强地秉持理念，特立独行，不随时俯仰。韩愈是大唐的孤勇者，而苏轼为大宋的孤勇者。"孤勇"是他们身上共同的标签。韩愈的诗说"划然变轩昂，勇士赴敌场"，苏轼的词隐括其意："忽变轩昂勇士，一鼓填然作气，千里不留行。"唐宋两位大宗师，都以"孤勇"为标签。壮哉，勇士！

他们在朝廷做官，都立朝刚正而风节凛然。敢于挺身而出，为民请命，是他们身上共有的宝贵政治品格。正因此，韩、苏都仕途坎坷，难以在朝堂长期立足。他们都经历了人生的惊涛骇浪，尤其迁谪生涯，颇相类似。韩愈一贬阳山，再贬潮州；苏轼更曲折，一贬黄州，再贬惠州，三贬儋州，两人都是置之死地而后生。韩愈自求分司东都，是为避祸；而苏轼求外放，亦是不愿同流合污。在苏轼一贬再贬的困厄之际，他高昂地唱出"我行都是退之诗"，韩愈陪伴着难中的东坡，为他解忧。总之，官场浮沉、贬斥荒远，使苏轼在情感上、心境上，屡屡贴近韩愈。所谓"公不少留我涕滂，翩然被发下大荒"，苏轼是推韩愈为异代知音的。

与韩愈相似的贬谪经历，令苏轼再三感慨不已，他晚年说："退之得磨蝎为身宫，而仆乃以磨蝎为命。平生多得谤誉，殆是同病也。"古人认为，磨蝎主得谤誉，易于招谗。有趣的是，中国唐宋时已有了类似今日西方"星座"的命运解读，不过中国古人多谈星宫、星宿。用占星术对个人命运进行预测、解说，应是中外相似的，只是奥妙不同罢了。苏轼以为，他和韩愈的坎坷，皆因磨蝎宫所致，但二人又略有不同，韩愈以磨蝎为身宫，苏轼则以磨蝎为命。两相较之，似乎以磨蝎为命者的人生更崎岖侘傺乎？总之，大半生的坎壈蹭蹬，让苏轼迷惘疑惑，苦难的智者无法对此做出合理的解释，于是只好宿命地归之于天，是磨蝎宫，亦即命分、天意，安排了他和韩愈同病相怜的命运。

用"星座"来解释古代文人的遭际命运，倒是一个新颖的角度呢！

从韩愈和苏轼这两个伟大、有趣而倔强的灵魂身上，我们可以学到什么？我认为，最大启示，恐怕就是"见义勇于敢为"、身处逆境而随缘自适了。这真值得今人三复斯言。虽然不是让每个人都去做韩愈、苏轼，但起码应对韩、苏这样的人杰，保有一份敬意。

"见义勇于敢为"，韩、苏都做得极好；但身处逆境而随缘自适，苏轼则比韩愈做得更好。如果在韩、苏中二选一，国人喜欢苏轼的，无疑更多。不过，连苏轼都那么喜欢韩愈，我建议国人两家都爱，不应偏废。杜甫的诗说"不薄今人爱古人，清词丽句必为邻"，我戏改一下，"不薄退之爱东坡，见义勇为必为邻"，您同意吗？一笑。韩愈和苏轼在后代，有两次"骄傲同框"。一是两人同列"唐宋八大家"；二是韩愈、柳宗元、欧阳修、苏轼合称"千古文章四大家"。总之，韩、苏二人不愧中国古代文章"天团"里的"主唱"，引领风骚，魅力无穷！

刘昫等 . 旧唐书 [M]. 北京：中华书局，1975.

欧阳修，宋祁 . 新唐书 [M]. 北京：中华书局，1975.

司马光 . 资治通鉴 [M]. 北京：中华书局，2011.

吕思勉 . 隋唐五代史 [M]. 上海：上海古籍出版社，2005.

岑仲勉 . 隋唐史 [M]. 北京：商务印书馆，2015.

傅璇琮主编 . 唐才子传校笺 [M]. 北京：中华书局，1987.

屈守元、常思春主编 . 韩愈全集校注 [M]. 成都：四川大学出版社，
1996.

韩愈著，马其昶校注，马茂元整理 . 韩昌黎文集校注 [M]. 上海：上海
古籍出版社，2014.

韩愈著，钱仲联集释 . 韩昌黎诗系年集释 [M]. 上海：上海古籍出版社，
1984.

吕大防等撰，徐敏霞校辑 . 韩愈年谱 [M]. 北京：中华书局，1991.

吴文治 . 韩愈资料汇编 [M]. 北京：中华书局，1983.

朱熹 . 昌黎先生集考异 [M]. 上海：上海古籍出版社，1985.

钱基博著，傅宏星校订 . 韩愈志 韩愈文读 [M]. 武汉：华中师范大学出版社，2012.

陈寅恪 . 论韩愈 [J]. 历史研究，1954（2）.

罗联添 . 韩愈研究 [M]. 台北：台湾学生书局，1981.

卞孝萱，张清华，阎琦 . 韩愈评传 [M]. 南京：南京大学出版社，1998.

陈克明 . 韩愈年谱及诗文系年 [M]. 成都：巴蜀书社，1999.

张清华 . 韩学研究 [M]. 南京：江苏教育出版社，1998.

柳宗元著，尹占华、韩文奇校注 . 柳宗元集校注 [M]. 北京：中华书局，2013.

刘禹锡著，瞿蜕园笺证 . 刘禹锡集笺证 [M]. 上海：上海古籍出版社，1989.

孟郊著，华忱之、喻学才校注 . 孟郊诗集校注 [M]. 北京：人民文学出版社，1995.

高步瀛 . 唐宋文举要 [M]. 上海：上海古籍出版社，1982.

程千帆 . 古诗考索·唐代进士行卷与文学 [M]. 武汉：武汉大学出版社，2008.

傅璇琮 . 唐代科举与文学 [M]. 西安：陕西人民出版社，2007.

王勋成 . 唐代铨选与文学 [M]. 北京：中华书局，2001.

黄永年 . 六至九世纪中国政治史 [M]. 上海：上海书店出版社，2004.

赖瑞和 . 唐代基层文官 [M]. 北京：中华书局，2008.

赖瑞和 . 唐代中层文官 [M]. 北京：中华书局，2011.

吴宗国 . 唐代科举制度研究 [M]. 北京：北京大学出版社，2022.

张国刚 . 唐代藩镇研究 [M]. 北京：中国人民大学出版社，2010.

追随大宗师，穿越千百年——参加 央视《宗师列传·唐宋八大家》的拍摄记忆

一道流传有序的千年文脉

古典文学研究名家莫砺锋风趣地表示："如果能够穿越，最想回到北宋，到黄州当一个志愿者，帮助东坡先生种稻子。"当我得知他的这一心愿时，激动莫名，感同身受，亦跟友人玩笑："我不会种稻子，但愿意穿越到唐宋，给韩愈、苏轼做书童，可又怕人家不要。"想给退之、东坡二先生当书童的，只怕项背相望，排成长龙，我不过是痴人说梦罢了。

万万没想到，2023 年的夏天，我"梦想成真"，穿越到了唐宋，众里寻他千百度，拜见了仰之如景星凤凰的文章宗师。记得暑假中的一天，闷热而乏味，我突然接到一位央视导演的电话，邀约我参加《宗师列传·唐宋八大家》节目的摄制，并简要介绍了节目的创意和特色。我犹豫了一下，应承下来。这是因为，我对节目的穿越构思和年轻化叙

事，颇饶兴味；更重要的是，我从事的工作，往大里讲，正是优秀传统文化的传授、传承，我很愿意在传播、普及方面略尽绵薄。

说起唐宋八大家，与我还真有缘。记得小时候，趁着家大人不在，偷偷翻看书柜里的藏书，有一摞线装的《唐宋八大家古文》，繁体竖排，很多册，虽然看不懂，却是我接触八大家的开始。那是很普通的石印本，算不上好版本，但绝对是八大家"飞入寻常百姓家"的证据。旧时的读书人家，书房里怎能没有一套八大家的文章选集呢？

唐宋八大家可谓古代中国最擅长作文章的一批翘楚，捧读他们的作品，如同面对满桌的珍馐佳肴，舌尖上跳起了探戈，足令人大快朵颐。韩愈的文章"如长江大河，浑浩流转"；柳宗元的游记"如奇峰异嶂，层见叠出"；欧阳修上承韩、柳，下启北宋诗文革新，其文"纡余

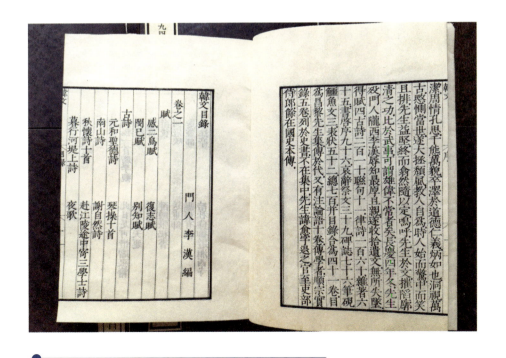

作者收藏的"和刻本"《韩愈集》书影　作者供图

委备，往复百折"；王安石"瑰玮之文，足以藻饰万物"；曾巩文"纤徐而不烦，简奥而不晦"；"三苏"中，苏洵文"博辩宏伟"，苏辙文"汪洋澹泊"，而苏轼则集宋代文章之大成，其文"浑涵光芒，雄视百代"。他们傲视横行于著述之场，名篇佳作雄拔超俊，艺术风格别开生面，不但远播芳烈，更凝结成了一道流传有序、不可磨灭的文化血脉。

扪心自问，我如今具备一定的写作能力，虽不能全然归功于八大家，但我的字里行间，无疑流淌着宗师的文字基因和血液。这极为微妙，有时本人也难以知觉。推而言之，我相信，大多数中国作家的文章中，或多或少都蕴藏、融汇了八大家的文学细胞。这就是千百年来春风化雨、润物无声的文脉绵延啊。不论你是否察觉，是否承认，八大家始终如影随形，自然而深刻地烙印在中国唐宋以来的文章中。这份如余霞成绮、繁星丽天的珍贵遗产，早已超越了时空的界限，成为中华民族共同的记忆与荣光。

中华传统文化虽然生生不息，却也是旧邦新命，面临着新的时代挑战。过去，八大家的文章传承，靠的就是书本。现在，纸本阅读正经历着前所未有的困局。而新的数字化阅读，流行短、平、快，人们愈发缺乏精读、细读的耐心与定力。八大家的文章固然如精金美玉，但进入就需要一定的门槛，更遑论全面地欣赏与理解了。

我们和宗师触达了彼此的天地

"酒香也怕巷子深"，老祖宗的好东西，怎样才能在当今时代实现突围、破圈，更好地传承、传播和弘扬？传统文化综艺类节目又如何探索年轻化叙事与表达？从这个意义上讲，央视《宗师列传·唐宋八大家》节目的出现，是应时而生、创新意味浓厚的。

《宗师列传·唐宋八大家》的最大特色，无疑是穿越，而且是别出心裁的双向穿越。由主持人、专家组成的文脉探访团，一步千年，穿越到了古代，拜见宗师，感受盛唐隆宋的慷慨长歌；而八大家，则穿越到了当代，一览华夏大地沧海桑田的巨变。我们和宗师，就这样触达了彼此的天地，"古来今往"，两两相照，肝胆如冰雪。卞之琳的名作《断章》脍炙人口："你站在桥上看风景，看风景人在楼上看你。明月装饰了你的窗子，你装饰了别人的梦。"借来形容《宗师列传·唐宋八大家》的穿越构思，似可会心一笑。

记得韩愈的名作《调张籍》颇有奇思妙想："我愿生两翅，捕逐出八荒。精诚忽交通，百怪入我肠。刺手拔鲸牙，举瓢酌天浆。腾身跨汗漫，不著织女襄。"韩愈在李白、杜甫还未受普遍尊崇的中唐，就最具慧眼地勘定了李、杜的大宗师地位，他像一个小迷弟，上下四方追随李、杜，何等虔诚，何等卓见，又何等奇妙！我参与《宗师列传·唐宋八大家》的"穿越心情"，大约就和当年韩愈对李、杜的仰慕是相似的。

《宗师列传·唐宋八大家》很会讲故事，吊足了观众的胃口。以"韩愈"两集为例，探访团屡屡寻访主人公而不遇，却先后见到了韩愈最好的朋友孟郊、韩门弟子及韩夫人，从众人口中，多方求证，得知了韩愈的确切消息。功夫不负有心人，几经波折，探访团终于拜见了韩愈！这其中，环环紧扣，悬念丛生，探访团是到处追寻，"踏破铁鞋"，终偿心愿，而观众也随之心潮起伏，感慨唏嘘。节目组还有意识地设计输出了一些好玩的知识点。穿越的开始，是探访团游逛大唐长安西市的场景，带领观众体验世界都会的繁华和唐代文化的开放包容，代入感极佳。探访团一路游逛，一路好奇，一路畅聊，于谈天说地中，大唐的科

举、饮食、娱乐、外来文明等，一一展现。观众跟着探访团，在轻松的"吃喝玩乐"之间，不知不觉就"学到了"，收获了点点滴滴的新知。

记得中老年的韩愈由北京人艺的老戏骨何冰饰演。我见到何冰古装的一刹那，感觉他就是韩愈，不禁脱口而出："我等仰先生如泰山北斗！"那举手投足间的古代文人气质，是素养、演技和底蕴共同造就的，真不可强求。何冰入戏快，台词功力深厚，表演着实令人钦佩。"韩愈宣慰镇州"那场戏，何冰的演绎可圈可点，活画出一代宗师是怎样"勇夺三军之帅"的。韩愈最好的朋友孟郊则由另一位知名演员许亚军饰演。多年前，爆红的电视剧《人民的名义》中，许饰演的祁厅长，

"胜天半子"，让人又爱又恨。其实他是少年成名，早在二十世纪八十年代就主演过工读学校题材的电视剧《寻找回来的世界》，那绝对是蒙曼和我这个年龄段的人挥之不去的童年记忆。我仿佛从蒙曼凝视许亚军的眼神中，读出了些许少年追星的迷惘感觉来！当年的那个英俊的惨绿少年，竟变成了抬头纹如沟壑的老诗人孟郊，端坐在我的面前。岁月如歌，还是岁月如刀？

撒贝宁是极有灵气的主持人，他带着蒙曼和我，一起与演员交流互动。有的场景，探访团就在演员的旁边，从某种程度上讲，也是参与表演。我看着活力四射的小撒，突然想起了孙悟空，感觉他有"大闹天宫"的魔力；蒙曼也是"久经沙场"，与小撒"飙戏"，棋逢对手；而我，就"叨陪末座"啦，素人本色出演而已。我们偶尔会有灵机一动的发挥，记得在与孟郊交谈时，就超出规定的台词，调侃了几句"保送"的话题（历史上的孟郊是个屡试不售的老大难考生），而许亚军不愧实力派，竟机趣地接过话头，回复"这超出我的认知范围"……一来一往，可谓神来之笔，碰撞出了剧本之外的精彩。

拍摄记趣

这是我第一次"触电"（指穿古装拍摄），大约因亲身经历，感触尤多。我愿分享一些拍摄中的趣事。出人意料的是，"眼镜"竟成为《宗师列传·唐宋八大家》的一个趣味话题。探访团中的蒙曼和我，都是戴眼镜的，而我们化装成古人，穿越到古代，还能戴眼镜吗？说实话，化装时我的心里就打鼓了。从中学开始，我就戴眼镜，除了睡觉，几乎没摘过。拍摄中，如果摘掉眼镜，一对大而无神的"死鱼眼"，多难看呀！庆幸的是，蒙曼帮着解了围，她当时坚定地表示："我是不摘眼镜的。摘了眼镜，我什么都看不见了。"我一边窃喜，一边附和。于是，我们俩就穿着古装、戴着"时髦"的眼镜，大摇大摆地穿越到了唐代，成就了一段"佳话"。节目播出后，一些朋友果然调侃我们的眼镜，我一本正经地"胡说八道"："眼镜是在大唐西市的胡商摊位买到的，那里有世界各国的稀奇玩意儿。世界真奇妙！我们把眼镜的发明向前推进了几百年！"我还"狡辩"："退一步讲，戴眼镜恰恰说明我们是穿越者呀！这可是穿越暗号！"没想到小小的眼镜，成为兴味盎然的

作者在《宗师列传》中的古装形象　作者供图

"关目"，让大家欢乐了一回。

　　探访团当时在"长安"市上的"网红打卡店"，买了几个举子们喜欢吃的马蹄饼品尝。我原本以为就是道具之类，加上天极热，并不想真吃。但蒙曼早上没有用餐，真的大口咀嚼起来，小撒也吃得很香。于是我只好装模作样地跟着吃起来，谁知一试，饼竟是热的，新鲜、香酥，甚是可口。不一会儿，我们三人都把马蹄饼吃得干干净净，以至于蒙曼还想让小撒再买。后面潮州街道吃海鲜，也是货真价实的新鲜海味。这些足以看出节目组道具准备的精心和用心。当节目正式播出时，我作了首打油诗《穿越大唐食马蹄饼口占》，发到朋友圈："长安市上马蹄饼，举子初尝即甚亲。当日孟郊如一啖，看花得意早逢春！"用马蹄饼调侃了一把老孟郊。

　　拍"苏洵"一集的时候，小撒、杨雨和我，站在"北宋汴京"的桥上，有一段"夸街市繁华"的戏。杨雨和我不知还未开机，在桥上就迫不及待地开讲了，噼里啪啦说了一大堆，什么"市列珠玑，户盈罗绮"，"参差十万人家"，世界都会，何等繁华，眼前就是实景版的"清明上河图"……小撒在旁边一言不发，安静地看我们"表演"。我们越讲越心虚，终于讲不下去了。小撒调侃道："你们疯狂输出，人家也没开机啊！"杨雨和我面面相觑，方知白忙一场，先是尴尬，接着笑得前仰后合，险些掉下桥去。（那桥是搭建的布景，有些危险，不能扶靠。）后来我们感慨："好容易抢一次戏，还没成功！小撒太狡猾！"

　　下了桥，探访团游走在"汴京"的大街上，挑选酒楼餐馆，各家的"店小二"把我们团团围住，用尽浑身解数，拼命拉客，什么正店、饮食果子东京第一、美女当垆沽酒……一时竟不得脱身。我突然来了灵感，甩了句："这么多馆子，宋朝也没有大众点评网，让我们怎么选呀！"当时还觉得是"神来之句"，自鸣得意。事后编导调侃说："因涉嫌给大众点评网做免费广告，被无情删去。"我不禁拊掌大笑。

我还想透露一点小秘密。"韩愈"两集的末尾，是小撒带着"韩愈"穿越到了潮州，一睹"海滨邹鲁"的时代新貌。当他们来到昌黎路小学，适逢课堂上的语文老师在教韩愈的《马说》。眼前这位穿白衬衫的年轻老师干净清爽，仿佛在哪里见过；定睛细看，会发觉其实就是十二郎的饰演者啊！接下来，穿越到当代的老年韩愈与年轻的语文老师，四目深情对视，似曾相识，欲言又止……审片时，我一下就联想到了千古绝唱《祭十二郎文》，"一在天之涯，一在地之角……彼苍者天，曷其有极！"不禁沉浸其中，泫然欲泣。"此情可待成追忆，只是当时已惘

潮州昌黎路小学　作者供图

然。"好像前世今生的漫长轮回，就发生在再次相见的须臾之间。这富含隐喻意味的穿越，是最感动我的片段之一。可惜，后来播出的版本，没有采用，略觉遗憾。

八位"千岁爷"重新焕发了青春

难忘2023年的暑假。拍摄"韩愈"的那两天，正是三伏天里最热的中伏，在江南的太湖边，我头粘假发，外戴幞头，身着里外两层古装，挥汗如雨。化妆师一遍遍帮我擦汗补妆，外面穿的圆领襕袍就不用说了，连内里贴身的轻薄长衫都湿透了不止一次。可我的心里，却一点怨言都没有，一门心思都是八大家的锦绣文章。最神奇的是，那些八大家的名句、金句，在我的脑海里飞速运转，一时纷至沓来，竟成为我片场消暑清热的良方。

当拍摄间隙，我闭目养神时，思及"韩如潮，柳如泉，欧如澜，苏如海"，瞬间风行水上，顿觉神清气爽。韩愈既有"君子居其位，则思死其官；未得位，则思修其辞以明其道"的剀切名言，又有"天街小雨润如酥，草色遥看近却无"的暖心小景。柳宗元既有"择天下之士，使称其职；居天下之人，使安其业"的治国理想，又有"孤舟蓑笠翁，独钓寒江雪"的孤独绝唱。欧阳修既有"忧劳可以兴国，逸豫可以亡身"的睿智之论，又有"人生自是有情痴，此恨不关风与月"的悟情佳句。苏轼既有"报国之心，死而后已"的为国丹心，又有"欲把西湖比西子，淡妆浓抹总相宜"的旖旎风情。八大家的名句如琼枝玉树、赤箭灵芝，真是心静自然凉！

何以消溽暑？八家集中有清风。哈哈！用八大家的名言警句消暑，或许是我的独特发明吧。这是我从未跟人讲过的一桩趣事。

杜甫的名作《梦李白》，描摹梦中对李白的思念，深情款款：

> 故人入我梦，明我长相忆。恐非平生魂，路远不可测。
> 魂来枫林青，魂返关塞黑。君今在罗网，何以有羽翼？
> 落月满屋梁，犹疑照颜色。水深波浪阔，无使蛟龙得。

可谓迷离惝恍，亦幻亦真。这瑰异的千秋绝调，于我心有戚戚焉，颇可形容我参与《宗师列传·唐宋八大家》摄制穿越的情境和心态。

穿越唐宋，仿佛一场好梦，虽然是虚拟的，但并不妨碍感情的真挚、体验的真实、回味的真切。历经这一番"亲密接触"，八大家之于我，恍如也从遥不可攀的先贤，摇身一变，成了可以入梦相忆的亲切"故人"。我们对八大家的认知、理解，就这样从二维的纸面上神采飞扬起来，卷集着文学的瑰伟绝特，间杂着历史的滚滚红尘，降落在各自三维的传奇人生中。这，或许就是《宗师列传·唐宋八大家》节目最为深情的一层意蕴吧。

人生的缘分自是奇妙，我完全没料到，这档"爆款"节目会跟我发生直接的关联、美妙的因缘。从加入文脉探访团、拍摄参演，到作为指导专家，给台本提意见、审样片，再到审校"物料"、自己写文章，我深度参与，贯穿始终，乐在其中。

"虽千万人吾往矣！"唐宋八大家的文章、风采和襟怀，千载之下，通过《宗师列传·唐宋八大家》节目的演绎和升华，沁人心脾，栩栩如生，凛然可敬。节目的年轻化叙事和表达，让八位"千岁爷"重新焕发了青春，更收获了当代年轻人的关注和追捧，令人惊喜！这是自五四运动后，白话文兴起以来，对唐宋八大家及其文章的一次规模最大、成效最好的传播与普及！效果之佳，得未曾有。我想说，八大家虽早已远去，却在天上温柔地注视着我们。他们是一个个高贵而有趣的灵魂，其人雄俊魁伟、其文浑灏醇厚、其品忠清鲠亮，永远值得国人去珍惜、爱戴与传承。我坚定地认为，八位宗师的大文章、大智慧和大情怀，将与华夏民族同在，护佑着中华风调雨顺，国泰民安，文脉绵长。

（谷曙光教授为中央电视台大型文化综艺节目《宗师列传·唐宋八大家》《宗师列传·大唐诗人传》的指导专家和文脉探访团成员）

后 记

一千二百年的回眸

坊间的《韩愈传》已经有多部了，为什么我还要再写一部呢？这缘自我与韩愈的缘分。2023年夏，我参加了央视《宗师列传·唐宋八大家》的拍摄录制，台前幕后，感慨尤深。稍早，央视《百家说故事》邀请我讲点什么，我仍讲的韩愈，播出后据说收视率不错。这些年，不断有出版社约我写传统文化类的书籍，借着这个契机，我就想作一部《韩愈传》，也算是多年来研读韩愈的一个总结，了却一桩心愿。

不敢说我的这部《韩愈传》品质好，但我确实用心写了，而且有情感投入。我常想，这么多年读韩、研韩，我现在能写点像样的文章，难道不是拜韩公所赐吗？（当然，亦不能忘老杜、东坡，等等。一笑。）韩公一生追求"辞必己出""戛戛独造"，我的这本传记如果平淡如流水账，怎对得起他老人家？由此言之，我想写的，并非学术快餐式的《韩愈传》，而是希望作出一部能传世的、"活色生香"的宗师传记。

平心而论，历史人物的传记，并无固定的写法。坊间的古人传记，多是善恶忠奸，一竹竿到底的。拿韩传来说，很多"字正腔圆"，韩公正襟危坐，俨乎其然，但却不一定能打动人。我不愿再作这样的"陈言"了。文天祥的词有云："人生翕炊云亡。好烈烈轰轰做一场！"韩愈的人生，就如轰雷掣电，又如慷慨长歌，精彩极了。然则，我心目中理想的《韩愈传》，要能"自树立，不因循"（借韩公名言），叙事既波澜跌宕，人物复荡气回肠，真正塑造出血肉丰满、元气淋漓的宗师形象。

职是之故，我下决心撰写后，耗费时间、精力甚多，而且数易其稿，反复修改，给出版社的编校增添了许多麻烦。白居易送给韩愈的诗说"户大嫌甜酒，才高笑小诗"，乐天居士在韩公面前都那么谦逊，自愧不如，予小子何许人也？才薄学疏，敢吹诩作出"自树立，不因循"的《韩愈传》？我"始惭今更羞"（再借韩诗），只能说："韩公谅之！出版社谅之！读者谅之！"

这部传记没有平均用力，而是精心设计了架构，且注意剪裁史料，突出传主生平的"过五关、斩六将"，更在叙事上讲求策略、表达上追求流畅。其中的关键词如书名所示，为"孤勇"，书中对韩愈的孤勇也有深描与细摹。可是，我担心读者的理解有偏差，专在"孤勇"二字上斟酌。以我多年读韩的经验，韩公是个多情的人。故"情"字，是读韩、研韩的另一个关键字。无论是悼念侄儿十二郎、亲生女儿，还是与老大哥孟郊、学生张籍等唱和，抑或诤友柳宗元去世后的追怀，韩公都表现得深情款款。无情或情伪，又或情不深、不切，是断然作不出那么多"蛟龙弄角牙"的雄奇诗文的。我几回深夜读韩，青灯照壁，黄卷摊书，"曲阑歌罢或潸然，何能动人一至此"？（方回句）惊叹于韩公的文字竟有如此力量，一次次为我洗心涤虑、澡雪精神，带给我审美的愉悦、情感的慰藉和心灵的震撼。

呜呼！我猛然发现，韩公辞世距今整整一千二百年了，我读公书若公在，拜公像，涕泗滂！韩公把我感动了，我想把我的这份感动再传递给读者。这就是我讲的情感投入。韩公的文字饱含深情，我的笔端如果不带着感情，何能描出韩公的风神韵度于万一？

这部《韩愈传》未出注释，也需要解释一下。我的本意，凡是引用古籍的地方，都要标注。但出版社表示，这不是学术论文，考虑读者阅读的方便，也为图书的销路着想，建议不出注释了。我思考后表示接受。不过，仍须说明，本书引韩诗，基本按钱仲联集释的《韩昌黎诗系年集释》，引韩文则按马其昶校注、马茂元整理的《韩昌黎文集校注》。其他引用，多依据常见通行的版本。

2023 年冬，我曾到贵州孔学堂做讲座，漫谈唐宋八大家，并于花溪山间漫步。虽是冬日，满山青翠，碧溪潺潺，景色不衰。我顿时思及韩公名作《山石》中的写景之句："山红涧碧纷烂漫，时见松枥皆十围。当流赤足蹋涧石，水声激激风吹衣。"觉韩公之佳句与花溪之美景，相得益彰。在山水间流连，遂有诗意，乃得句云：

> 冬日到花溪，松风玉带长。
> 今人喜穿越，真可返当场？
> 报国心犹赤，文章亘古芳。
> 焚香兼沐手，开卷咏凤凰。

诗虽拙劣，情却真挚。后四句，既是我对韩公的礼赞，亦表达了后学的拳拳之心和景仰之意。

掩卷覃思，我尤其不能忘怀韩公文章中的两个词："感激怨怼"与"不平则鸣"。他以"勇往无不敢"的孤勇气概，一生爱其所爱、仇其所仇，面对时人的嘲笑、诋毁，他志益坚定，行更端方，为了心中至高无上的"道"，虽灭死万万无恨！这就是韩愈，"龙文百斛鼎，笔力可独扛"的韩愈。

韩愈到底有多重要？读者或许会说："位列'唐宋八大家'，还不重要吗？"可是清人刘开表示："韩子之文，冠于八家之前而犹屈。"一个"屈"字，真是去皮见骨！即便韩愈位列八家之首，都有点委屈他了，他是八家中名副其实的定海神针。难怪苏东坡感叹："公（指韩愈）之神在天下者，如水之在地中，无所往而不在也。"古人已说，韩公之庙，几遍九州，应了那句"自古英雄须庙食"；我要说，韩公的诗文和风骨，已经深深融入了国人的基因和血脉之中，无往而不在，无时而不然，无形而不化。

永怀大唐孤勇者！

谷曙光

甲辰年菊月